RUSSLANDS BOTSCHAFTER

WLADIMIR M.
GRININ

MEINE JAHRE IN BERLIN

DAS NEUE BERLIN

Inhalt

Vorwort

Wir durchleben eine schwierige Zeit. Das System der internationalen Beziehungen wird durch heftige Turbulenzen erschüttert. Russland befindet sich mitten im Geschehen und wird von Kräften attackiert, die auf den Thron des Herrschers der Welt steigen wollen. Nicht zum ersten Mal ist Russland Angriffsziel. In den letzten fünfhundert Jahren fielen Polen, Schweden, Franzosen – im 19. Jahrhundert allein, im 20. Jahrhundert in einer Allianz mit den Briten – bei uns ein. Schließlich der Überfall Nazideutschlands 1941, der Eroberungs- und Vernichtungskrieg, eine Jahrhunderttragödie. Was folgt nun, im 21. Jahrhundert? Und von welcher Seite? Aus den USA oder von anderen?

Solche Gedanken bewegen einen unvermeidlich, wenn man in die russisch-deutschen Beziehungen als Diplomat eingebunden war und die Welt sowohl aus der Berliner als auch aus der Moskauer Perspektive betrachtete. Unsere Beziehungen zu Deutschland, wie ich während meiner drei Aufenthalte auf deutschem Boden beobachtete, hingen sehr stark, wenn nicht sogar in mancher Hinsicht entscheidend von der Politik der USA ab. Allerdings gab es auch gegenläufige Effekte. Verbesserungen in den deutsch-russischen Beziehungen beeinflussten auch das Verhalten der USA und das politische Umfeld insgesamt. Ich erinnere mich da an die Ostpolitik der BRD-Regierung unter Bundeskanzler Willy Brandt. Daran wollen viele vernünftige Menschen anknüpfen, etwa Matthias Platzeck, der – in der Nachfolge Brandts – ebenfalls Vorsitzender der SPD war und heute als Vorsitzender des Deutsch-Russischen Forums e. V. fordert: »Wir brauchen eine neue Ostpolitik und Russland als Partner.« Platzeck erklärte im März 2020, dass es wohl kaum zwei Völker auf der Welt gebe, die so intensiv und über so lange Zeit miteinander verbunden waren und sind wie das deutsche und das russische Volk. Ich vermute: Er hat damit recht.

Offenbar haben wir einen entscheidenden Punkt unseres Zusammenlebens erreicht, an dem nicht nur ich mich frage: Wie weiter? Haben wir aus unserer jahrhundertelangen gemeinsamen Geschichte gelernt – oder begehen wir die früheren Fehler erneut?

Meine diplomatische Tätigkeit in Deutschland begann 1973 in Bonn. Ich blieb sieben Jahre an der Botschaft der UdSSR in der Bundesrepublik Deutschland. Meine Versetzung an den Rhein kam völlig überraschend. Ich war Absolvent des ersten Jahrgangs der Fakultät für Internationales Recht am Moskauer Staatlichen Institut für Internationale Beziehungen. Nach dem Studium, das 1971 endete, setzte man mich zunächst in der Vertragsrechts-Abteilung des sowjetischen Außenministeriums ein. Dann aber gab es im Ministerium Bedarf an Deutsch sprechenden Mitarbeitern, was möglicherweise ursächlich mit der Intensivierung der Beziehungen zwischen Bonn und Moskau zu tun hatte. Deutsch war meine erste Fremdsprache, weshalb meine Versetzung in die Bundesrepublik erfolgte.

Ich will nicht behaupten, dass die Tätigkeit in der Rechtsabteilung uninteressant gewesen sei. Ich beschäftigte mich mit dem Seerecht und nahm zum Beispiel als Mitglied der sowjetischen Delegation an Verhandlungen in Genf teil. Allerdings war die Arbeit in einer diplomatischen Vertretung und ein längerer Aufenthalt in einem anderen Land und in einer fremden Kultur für einen jungen Mann Mitte Zwanzig eine attraktive Herausforderung. Zumal die Zeichen auf Entspannung standen. Sie betrafen sowohl die bilateralen Beziehungen zwischen der BRD und der UdSSR wie auch die zwischen den beiden Bündnissystemen NATO und Warschauer Vertrag einschließlich ihrer beiden Führungsmächte.

Mit dem Regierungswechsel 1969 – auf die Große Koalition von CDU/CSU und SPD war eine Regierungskoalition aus SPD und FDP gefolgt – verließ die Bundesrepublik die Schützengräben des Kalten Krieges. Dabei erwies es sich als günstig, dass sich auch zwischen Washington und Moskau die Beziehungen verbessert hatten, was zum Viermächteabkommen über Berlin führte. Im Frühjahr 1970 hatten die Vertreter der USA, der Sowjetunion, Großbritanniens und Frankreichs – ein Vierteljahrhundert nach Kriegsende – Verhandlungen über ihre Rolle in Berlin und die Verbindungen zwischen Westberlin und der BRD und ihrem Umland, der DDR, aufgenommen. Der Vertrag war im September 1971 von den vier Siegermächten unterzeichnet worden. Er galt, das nur nebenbei, auch noch am 9. November 1989, als in Berlin die Grenze überraschend geöffnet werden sollte. Völkerrechtlich gesehen verstieß dieser eigenmächtige Akt der DDR gegen das Abkommen der vier Mächte, die noch immer das Sagen in Berlin hatten.

Im Kontext dieser Ost-West-Gespräche unterzeichneten im August 1970 in der sowjetischen Hauptstadt Kanzler Brandt und Außenminister Scheel sowie Ministerpräsident Kossygin und Außenminister Gromyko den »Moskauer Vertrag«. Darin verpflichteten sich beide Seiten zur Förderung des Entspannungsprozesses und zur Achtung der bestehenden Grenzen, insbesondere der Westgrenze der Volksrepublik Polen an Oder und Neiße. Die Erklärung ihrer Unverletzlichkeit durch die Bundesrepublik war von eminent wichtiger Bedeutung, weil es noch immer Kräfte in der BRD gab, die die in Folge des Weltkrieges verlorenen Territorien im Osten, die 1945 im Potsdamer Abkommen fixiert worden waren, zurückhaben wollten. Die DDR hatte bereits 1950 mit dem Görlitzer Vertrag diese Oder-Neiße-Grenze als Staatsgrenze anerkannt, nun zog nach zwanzig Jahren die Bundesrepublik nach.

Drei Monate nach Unterzeichnung des »Moskauer Vertrages« schlossen die BRD und Polen den »Warschauer Vertrag«, der im Kern den gleichen Inhalt hatte wie der »Moskauer Vertrag«: Beide Länder bekräftigten darin, wechselseitig keine Gebietsansprüche zu erheben und die Grenzen als unverletzlich anzuerkennen.

Und 1973 folgte ein ähnlicher Vertrag in Prag.

Die Umstände, als ich am Rhein als Diplomat zu arbeiten begann, waren also günstig, die Beziehungen zwischen der BRD und der Sowjetunion entkrampften sich. Das war im Wesentlichen auf das Engagement von Bundeskanzler Willy Brandt und seinem Unterhändler Egon Bahr zurückzuführen. Er war der engste Mitarbeiter und Vertraute des Kanzlers. Bahr hatte die Politik des »Wandels durch Annäherung« in den sechziger Jahren begründet, die zur neuen Ostpolitik der BRD geführt hatte. Sie sollte zwei Jahrzehnte bestimmend für die Bundesrepublik sein – auch unter der Regierung Helmut Kohls.

Die westdeutschen Entspannungspolitiker besaßen in unserem Botschafter Walentin Michailowitsch Falin einen sehr guten Partner. Mich beeindruckte er ebenfalls. Falin verfügte über erstaunliche Geschichts- und Sprachkenntnisse und über bemerkenswerte Fähigkeiten im Umgang mit den Deutschen, insbesondere mit den politisch Verantwortlichen. Falin, der 1926 in Leningrad geboren wurde und nach dem Krieg an der Moskauer Hochschule für Internationale Beziehungen studiert hatte, galt nicht nur als Deutschlandexperte schlechthin, er besaß auch Sinn für die Wirtschaft.

Das spürte ich bald, denn ich musste mich auch mit ökonomischen Fragen beschäftigen. Ich begann am 1. Oktober 1973 mit der Umsetzung des drei Jahre zuvor geschlossenen »Deals des Jahrhunderts«. Dieses Etikett trug eine zwischen Bonn und Moskau geschlossene Vereinbarung: Wir lieferten Erdgas und bezahlten damit die

Großröhren, die wir aus der Bundesrepublik zum Bau der Pipeline geliefert bekamen. Die USA lehnten dieses Röhren-Geschäft mit dem gleichen Argument ab, das sie auch fast fünfzig Jahre später bei Nord Stream 2 vorbrachten: Deutschland mache sich von russischem Erdgas »abhängig«. Hingegen bestätigten seriöse Quellen in der westeuropäischen Wirtschaft seither, dass es sich bei den östlichen Gaslieferanten um »verlässliche Partner« handele. Diese seien auf die Einnahmen so angewiesen wie es die Bezieher vom Gas sind – wenn es denn eine Abhängigkeit gebe, dann sei sie wechselseitig.

Die Pipeline führte – wie heute – über ostdeutsches Territorium, das damals DDR hieß. Mit der DDR war 1968 im Rahmen eines Regierungsabkommens die Lieferung von sowjetischem Erdgas vereinbart worden. Im Mai 1973 begann es nach Ostdeutschland zu fließen, fünf Monate später über das Verbundnetz auch nach Westdeutschland. Alle Beteiligten profitierten von dieser Vereinbarung.

In der zweiten Hälfte der siebziger Jahre veränderte sich das internationale Klima, und auch die Beziehungen zwischen der Bundesrepublik und der Sowjetunion verschlechterten sich stetig. Das lag nicht ausschließlich daran, dass 1974 ein Wechsel im Bundeskanzleramt erfolgt war. Auf Willy Brandt folgte Helmut Schmidt, zuvor Verteidigungsminister, ebenfalls SPD. Dieser wies – erstmals im Oktober 1977 in London – auf vermeintliche Disparitäten in der Bewaffnung von Warschauer Vertrag und NATO hin, er sprach von einer »Raketenlücke«. Verteidigungsminister Georg Leber (SPD) forderte eine »angemessene kompensatorische Gegenrüstung«, die dann Ende 1979 zum sogenannten NATO-Doppelbeschluss führte. Dieser sah neben anderem die Stationierung neuer US-Mittelstreckenraketen und Marschflugkörper in Europa vor, vornehmlich auf dem Territorium der BRD. Das sei, so hieß es, die Reaktion auf die Stationierung sowjetischer Mittelstreckenraketen in der DDR und in der ČSSR, wobei kaum noch erkennbar war, wer vor- und wer nachgerüstet hatte. Trotz massenhafter Proteste stimmte die Bundesregierung der Stationierung zu. Als dann zeitgleich – auf Bitten der Führung in Kabul – sowjetische Truppen in Afghanistan einrückten, nahm das der Westen zum Anlass für eine weitere Verschärfung der Konfrontation.

Trotz oder gerade wegen dieser schwierigen politischen Lage taten wir Diplomaten unser Bestes, um die Beziehungen der UdSSR zur BRD und zu anderen westlichen Staaten zu verbessern. Ungeachtet aller Schwierigkeiten konnten wir Zeichen setzen. Hierbei möchte ich die unerwartet positive Resonanz auf eine Ausstellung erwähnen, die von Wladimir Semjonowitsch Semjonow – seit 1978 in der Nachfolge Falins Botschafter in Bonn – organisiert worden war. Die Exposition »Russische Kunst aus der Sammlung Semjonow« präsentierte im Frühjahr 1980 im Museum Ludwig Köln hauptsächlich Werke von sowjetischen Avantgardisten.

Ich selbst verließ Bonn und besuchte von 1980 bis 1982 die Diplomatische Akademie des Ministeriums für Auswärtige Angelegenheiten der UdSSR in Moskau.

Meine zweite diplomatische Tätigkeit auf deutschem Boden trat ich 1986 in Berlin an. Bis dahin hatte ich als Mitglied der sowjetischen Delegation in Genf mit Vertretern der USA über Abrüstung und Rüstungskontrolle verhandelt. Meine Vorgesetzten beriefen mich von dort als Berater an die sowjetische Botschaft in der Deutschen Demokratischen Republik. Schon bald wurde ich dort Leiter der Arbeitsgruppe Außenpolitik. In jener Zeit erlebte ich die dramatischen Veränderungen in der DDR und schließlich auch ihr Ende. Ich blieb Abteilungsleiter in der sowjetischen Botschaft Unter den Linden, die seit dem 3. Oktober 1990 als Berliner Niederlassung der Botschaft in Bonn firmierte.

Um es einmal deutlich zu sagen: Die Vereinigung der beiden deutschen Staaten war nur durch die Vereinbarungen zwischen Bonn und Moskau möglich geworden. Die Initiative zur deutschen Einheit ging von dieser Achse aus. Die USA und ihre Verbündeten dachten ursprünglich nicht einmal darüber nach, die deutsche Zweistaatlichkeit zu beenden. Washington stimmte jedoch nach kurzer Überlegung den auf verschiedenen Kanälen zwischen Bonn und Moskau getroffenen Verabredungen zu. London und Paris lehnten eine deutsche Vereinigung erkennbar ab, wie den Äußerungen der Regierungschefin Margaret Thatcher und Frankreichs Präsident François Mitterrand zu entnehmen war.

Leider betrachteten die USA den Zusammenbruch der Sowjetunion 1991 als eine Legitimation ihrer Vorherrschaft in der Welt und zogen damit den gesamten Westen, einschließlich des vereinten Deutschlands, in den Sog ihrer Politik.

Während meiner beiden Aufenthalte in Deutschland – von 1973 bis 1980 in Bonn, von 1986 bis 1992 in Berlin – habe ich unter der Leitung von bedeutenden Diplomaten und Politikern wie Walentin Falin (1926–2018), Wladimir Semjonow (1911–1992), Juli Kwizinski (1936–2010) und Wjatscheslaw Kotschemassow (1918–1998) gearbeitet. Am Beginn meiner diplomatischen Laufbahn standen mir zudem erfahrene Kollegen wie Alexander Bondarenko, Wladislaw Terechow, Igor Maximytschew und Walerij Popow zur Seite. Einige von ihnen hatten berichtet, was ich später während meiner Tätigkeit auf deutschem Boden bestätigt fand. In ihren Büchern schilderten und erklärten sie sehr detailliert und deutlich die Entwicklung der Beziehungen zwischen unseren Staaten einschließlich der historischen Hintergründe und der Zusammenhänge. Vieles von dem deckte sich mit meinen Erfahrungen, die ich während meiner ersten beiden Aufenthalte in beiden deutschen

Staaten gesammelt hatte. Deshalb halte ich es für unnötig, die Ereignisse in ihrer Gesamtheit noch einmal zu reproduzieren und die Themen zu wiederholen. Ich konzentriere mich auf meinen dritten Aufenthalt in Deutschland, der von 2010 bis 2018 dauerte. Zuvor, das zur Ergänzung, war ich Botschafter der Russischen Föderation in Österreich (1996–2000), in Finnland (2003–2006) und in Polen (2006–2010) gewesen.

Das Gefühl höchster Dankbarkeit gegenüber all meinen Lehrern und Unterstützern für alles, was ich von ihnen lernen durfte, bewog mich, dieses Buch zu schreiben. Und aus Verantwortung gegenüber den vorangegangenen und den kommenden Generationen von Russen und Deutschen.

Ich bedanke mich ebenfalls beim Verleger Frank Schumann für seine wertvolle Mitarbeit. Als Lektor war er bei der sinngemäßen Übertragung der russischen Originalausgabe in die deutsche Sprache sehr behilflich. Insbesondere die Verweise und Fußnoten ermöglichen den deutschen Lesern, glaube ich, meine Einschätzungen und Eindrücke, die ich in vielen Dienstjahren in Berlin gewonnen habe, zu verstehen und sich meine Gedanken und Intentionen zu erschließen.

Wladimir M. Grinin
Moskau, im Frühjahr 2020

Kapitel 1
Das andere Gesicht Deutschlands

Meine dritte »Komandirowka« nach Deutschland begann im Hochsommer des Jahres 2010. Das erste Eintauchen in die Vorgänge im Land, in unsere gegenseitigen Beziehungen, die Begegnung mit den Deutschen in ganz unterschiedlichen Formen, all das bescherte mir wohltuende Eindrücke und erlaubte mir sogar, ein wenig zur Ruhe zu kommen. Wobei die Anspannung nicht einzig und allein im Charakter meiner künftigen Arbeit begründet war, als vielmehr darin, dass ich geradewegs aus Warschau nach Berlin kam.

Das Ende meines Aufenthaltes in Polen wurde von einem tragischen Ereignis überschattet.

Am 10. April 2010 stürzte bei Smolensk das Flugzeug mit dem polnischen Staatspräsidenten Lech Kaczyński ab. Fast hundert Menschen – Regierungsmitglieder, Parlamentsabgeordnete, Militärs und Kirchenvertreter – fanden dabei den Tod. Sie wollten die Gedenkstätte Katyn aufsuchen. Anlässlich der Ereignisse vor siebzig Jahren[1] hatten sich Russlands Präsident Wladimir Putin und Polens Premierminister Donald Tusk bereits drei Tage zuvor gemeinsam des Massenmords erinnert. Der polnische Staatspräsident wollte an dieser Gedenkveranstaltung nicht teilnehmen, sondern eine eigene Würdigung vornehmen.

Dieses Flugzeugunglück, wie auch die Ereignisse damals in Katyn, sind unverändert Thema in Polen und belasten die Beziehungen zwischen unseren Staaten. Trotz der Entschuldigung beim polnischen Volk, die das sowjetische Staatsoberhaupt am 13. April 1990 aussprach, und trotz des gemeinsamen Gedenkens von Präsident Putin und Polens Premier Tusk 2010. Trotz der Untersuchung des

Flugzeugunglücks, das zweifelsfrei seinen Ursprung im schlechten Wetter hatte. Die Katastrophe und die nachfolgenden Trauerfeiern und Beisetzungen in Warschau und in Krakow belasteten auch meine Seele und mein Denken auf das Äußerste. Da halfen auch nicht die wohlmeinenden Äußerungen mehrerer polnischer Politiker, deren Meinung sich in einem Offenen Brief[2] des Chefredakteurs der Zeitung *Gazeta Wyborcza,* Adam Michnik, widerspiegelte, der an die russische Seite gerichtet war. »Jeder Tod löst Schmerz aus und scheint sinnlos. Aber Ihre Reaktion auf die Tragödie bei Smolensk kann sich wohltuend auswirken auf unsere beiden Völker, die in der Geschichte so viel Bitteres erlebt haben.«

In Deutschland trafen wir auf Vorgänge ganz anderer Art. Ich sah mich sofort einbezogen in die Vorbereitung der deutsch-russischen Regierungskonsultationen auf höchster Ebene, und ehe ich mich in Berlin häuslich einrichten konnte, fuhr ich nach Jekaterinburg. Dort fand am 14. und 15. Juli 2010 die zwölfte Runde dieser Konsultationen unter dem Vorsitz von Russlands Präsidenten Dmitri Medwedew und der Bundeskanzlerin Angela Merkel statt. Am Treffen nahmen sechs Bundesminister, fast das halbe Kabinett, und fünfzehn hochkarätige Vertreter aus Wirtschaft und Wissenschaft teil.

Jekaterinenburg und die Begegnungen dort brachten mich auf andere Gedanken. Die Gespräche zeugten von dem hohen Niveau und dem Potenzial der strategischen Partnerschaft Russlands und Deutschlands. Auf Dauer, so meinte ich, würde das zum Motor für die Herausbildung einer neuen Qualität der Beziehungen zwischen Russland und der Europäischen Union sowie der transatlantischen Gemeinschaft insgesamt werden.

Formal orientierte man auf eine »Modernisierungspartnerschaft« zwischen der Russischen Föderation und der Bundesrepublik Deutschland, aber die strategischen

Akzente lagen auf der »europäischen Dimension«. Beide Seiten vereinbarten, weiter aktiv an der Umsetzung dieser Strategie zu arbeiten, weil sie diese als komplexe, integrative Aufgabe bei der Lösung technologischer Probleme verstanden. Das sollte für einen Innovationsschub in den Volkswirtschaften Russlands und der EU sorgen.

Die strategische Orientierung sahen beide Seiten als ein Instrument für die politisch-gesellschaftliche Zusammenarbeit, für den Dialog und das Miteinander der Zivilgesellschaften, als Initiative für die demokratische Entwicklung und die Gewährleistung der Rechtsstaatlichkeit.

Im Wesentlichen stellte sich die Frage einer Annäherung von Russland und der EU angesichts der Herausforderungen der Globalisierung. Letzten Endes ging es um die Konkurrenzfähigkeit Europas als selbstständiges Machtzentrum in der Weltpolitik und im System der internationalen Wirtschaftsbeziehungen. Die positive Stimmung, die ich auch auf deutscher Seite spürte, als es etwa um den visafreien Reiseverkehr von Bürgern Russlands und der EU ging, erfasste auch mich.

Bei den Konsultationen erfuhr ich Details der Vereinbarungen, die von Dmitri Medwedew und Angela Merkel zuvor bei ihrer Begegnung im Gästehaus der Bundesregierung auf Schloss Meseberg bei Berlin am 4. und 5. Juni 2010 getroffen worden waren. Die sogenannte »Meseberger Initiative« sah unter anderem die Bildung eines Komitees Russland-EU zu den Fragen der Außen- und Sicherheitspolitik (KASP) vor. Dieser Mechanismus war als Instrument für die operative Zusammenarbeit von Russland und der EU gedacht. Die Initiatoren wollten, dass die Agenda des Komitees alle Fragen der internationalen Politik umfasste, einschließlich der Initiative zum Abschluss eines Vertrages über die europäische Sicherheit.

Der Teil der Gespräche zu Abrüstungsfragen war in Jekaterinburg sehr umfangreich und breit gefächert. Je tiefer man in die Materie einstieg, desto deutlicher wurde die Notwendigkeit, sobald wie möglich ein solches Komitee ins Leben zu rufen. Dieses sollte mit bereits bestehenden Formaten, die ebenfalls der Öffnung der EU nach Osten dienten, kooperieren, etwa mit dem deutsch-französisch-polnischen Gesprächsforum »Weimarer Dreieck«[3].

Alles in allem erschien es ferner dringend notwendig, einen Dialog mit der BRD zu beginnen zur Raketenabwehr, zu Fragen der Abrüstung und der bestehenden Verträge, zur Stationierung von amerikanischen Atomwaffen auf deutschem Territorium, über den wechselseitigen Zusammenhang strategischer Angriffs- und Verteidigungswaffen sowie zur nuklearen und konventionellen Abrüstung. Das perspektivische Ziel dieser Gespräche und Verhandlungen sollte eine kernwaffenfreie Welt sein. In den achtziger Jahren hatte ich der sowjetischen Delegation angehört, die in Genf mit den USA über Abrüstung und Rüstungskontrolle verhandelte. Insofern verfügte ich über einschlägige Erfahrungen, und eingedenk der Feststellung Willy Brandts »Frieden ist nicht alles – aber ohne Frieden ist alles nichts« war dies für mich persönlich ein wesentlicher Punkt der Konsultationen.

Im Zentrum jedoch standen die bilateralen Wirtschaftsbeziehungen, die – trotz der weltweiten Finanz- und Wirtschaftskrise – von beiden Seiten als verlässlich und erfolgreich bezeichnet wurden. Vor allem in der Hochtechnologie wollten Russland und Deutschland künftig noch stärker kooperieren. Russland, darauf wies Präsident Medwedew wiederholt hin, wollte und musste seine Wirtschaft modernisieren und forderte die deutschen Firmen dazu auf, sich daran zu beteiligen. Daher überraschte es denn nicht, dass noch in Jekaterinenburg Verträge in Milliardenhöhe unterzeichnet wurden. So schloss beispielsweise Siemens einen Vorvertrag mit den russischen Staatsbahnen zum Bau von etwa zweihundert Regionalzügen im Wert von 2,2 Milliarden Euro.

Im Kontext der Modernisierungspartnerschaft wiesen die Pläne den gemeinsamen Weg zu einer innovativen Entwicklung. Die Felder waren abgesteckt, es ging um Energieeffizienz, Automobilität, Medizintechnik, Landwirtschaft und Lebensmittelwirtschaft. Und es sollten nicht nur die großen Wirtschafts- und Wissenschaftseinrichtungen, sondern auch kleine und mittelständische Unternehmen in die Zusammenarbeit einbezogen werden. Dafür musste die Politik die Rahmenbedingungen schaffen. So beklagte der Vorsitzende des Ost-Ausschusses der deutschen Wirtschaft, Klaus Mangold, der die deutsche Wirtschaftsdelegation anführte, die leidige Visa-Frage. Die bestehenden Beschränkungen im deutsch-russischen Personenverkehr seien ein »Ärgernis«, monierte Mangold, der auch dem Lenkungsausschuss des deutsch-russischen Petersburger Dialogs[4] angehörte. Er bat die Bundeskanzlerin, hier aktiver auf den Meinungsbildungsprozess innerhalb der EU einzuwirken und sich für gegenseitige Visa-Freiheit einzusetzen. Auch Präsident Medwedew betonte, dass eine vollwertige Partnerschaft mit Deutschland und der EU ohne eine Liberalisierung der Reise-Bestimmungen nicht möglich sei.

Merkel kündigte an, Deutschland werde sich für Erleichterungen einsetzen, schränkte jedoch ein, dass die Bundesrepublik hier von der EU abhänge: »Eine vollkommene Visa-Freiheit wird es so schnell nicht geben. Aber wir setzen uns dafür ein, dass es Erleichterungen zumindest für den Wirtschaftsbereich gibt.«

Die stetig wachsende wirtschaftliche Kooperation, die ja ohne die politische nicht zu denken war, machte deutlich, dass die Beziehungen zwischen Deutschland und Russland ein Fundament für das gemeinsam europäische Haus bilden konnten. Die deutschen Industrie-Investitionen halfen unserer Wirtschaft, die sich damals in einem kritischen Zustand befand, sich zu erneuern und zu erweitern. Besonders bei der Entwicklung der kleinen und mittleren Unternehmen gab es Nachholebedarf auf unserer Seite, denn dieser Bereich war im Ersten Weltkrieg nahezu völlig untergegangen. In der sozialistischen Zeit schien dieses Thema nicht vordringlich. Unter den Bedingungen der Marktwirtschaft jedoch spielten die kleinen und mittleren Betriebe nicht nur in ökonomischer Hinsicht, sondern auch unter menschlichen, sozialen und letztlich auch politischen Gesichtspunkten eine wichtige Rolle. Die Nutzung der deutschen Möglichkeiten und Erfahrungen schien uns dabei hilfreich. Denn die Deutschen waren und sind die absoluten Weltmeister bei der Entwicklung des kleinen und mittleren Unternehmertums. Und wenn sich dies über unsere geografischen Weiten erstrecken würde, sogar noch mit einer Beteiligung und parallelen Entwicklung unserer eigenen gleichartigen Produktion und dem Ausbau des gegenseitigen Exports, dann taten sich ungeahnte Perspektiven auf. Ob solche strategischen Überlegungen im Kalkül waren, ist schwer zu sagen. Beweise dafür habe ich nicht.

Michail Gorbatschow hatte seinerzeit die Idee eines gemeinsamen europäischen Hauses entwickelt. Diese Vorstellung wurde damals auch in der Bundesrepublik begrüßt, aber nach dem Zerfall der UdSSR schnell vergessen. Im September 2001 sprach erstmals in der Geschichte der deutsch-russischen Beziehungen ein russisches Staatsoberhaupt im Deutschen Bundestag. Präsident Putin griff in seiner auf Deutsch gehaltenen Rede diesen Gedanken wieder auf. »Ich bin der Meinung, dass Europa seinen Ruf als mächtiger und selbstständiger Mittelpunkt der Weltpolitik langfristig nur festigen wird, wenn es seine eigenen Möglichkeiten mit den menschlichen, territorialen und Naturressourcen sowie mit den Wirtschafts-, Kultur- und Verteidigungspotenzialen Russlands vereinigen wird.«[5]

Das war der Schlüsselsatz, der die Dimension der strategischen Beziehungen Russlands und der EU klar zum Ausdruck brachte. Es ging Moskau um die Herstellung eines gemeinsamen einheitlichen humanitären und ökonomischen Raumes von Lissabon bis Wladiwostok. Ein Vorschlag, der in weiten Teilen Europas auf großes Interesse traf.

Obwohl diese Idee, wie viele andere Überlegungen auch, der weiteren Entwicklung zum Opfer fiel, erinnerte man sich später auf deutscher Seite gelegentlich daran. So bot beispielsweise Kanzlerin Angela Merkel im Januar 2015 auf dem internationalen Wirtschaftsforum in Davos Verhandlungen zwischen der Europäischen Union und der Eurasischen Union über »Möglichkeiten einer Kooperation in einem gemeinsamen Handelsraum« an.

Ich befasste mich in Jekaterinburg mit dem kulturell-humanitären und dem Jugendaustausch sowie mit der Entwicklung von Kontakten gesellschaftlicher Organisationen, mit dem interparlamentarischen Dialog und regionalen Partnerschaften. Als wertvolle Quelle von Ideen erwies sich dabei der Petersburger Dialog. Das Forum tagte, wie üblich, parallel zu den Regierungskonsultationen und beschäftigte sich mit der russischen und mit der deutschen Gesellschaft im beginnenden zweiten Jahrzehnt.

Die zweitägigen Gespräche mündeten in eine ganze Reihe von Dokumenten der Zusammenarbeit, darunter Vereinbarungen über die Kooperation im Gesundheitswesen und bei der Ausbildung von Führungskräften in der russischen und in der deutschen Wirtschaft. Es gab gemeinsame Erklärungen zur Zusammenarbeit im Sport, bei der Realisierung gemeinsamer Kulturprojekte – darunter die kulturhistorische Ausstellung »Russen und Deutsche. 1000 Jahre Geschichte, Kultur und Kunst«, die am 4. Oktober 2012 im Neuen Museum zu Berlin eröffnet werden sollte – sowie eine Vereinbarung zwischen den

Entwicklungsbanken über die Unterstützung kleiner und mittlerer Unternehmen bei der Einführung von Innovationen. Siemens erklärte seine Beteiligung am Aufbau der Wissenschaftsstadt Skolkovo[6], bei der Modernisierung des rollenden Materials und von Knotenpunkten der Russischen Eisenbahn OAO RZD, ferner bei der Herstellung von Windenergieanlagen mit der Unternehmensgruppe Rostechnologi und dem Wasserkraftwerksbetreiber RosHydro. Beschlossen wurde ein »Russisch-deutsches Jahr der Forschung, Wissenschaft und Bildung« (2011) und ein »Jahr der deutschen Sprache und Literatur« in Russland 2012 und in Deutschland 2013, mit Wiederholung 2014 und 2015.

Bereits 2009 waren Bau und Nutzung einer europäischen Laser-Röntgenanlage vereinbart worden. Ich besuchte später, neugierig geworden durch die Gespräche in Jekaterinburg, das Großprojekt in der Hamburger Region, der Bau sollte 2017 fertiggestellt sein. Das *European XFEL* war eine Forschungsanlage der Superlative. Mit ihr sollten ultrakurze Laserlichtblitze erzeugt werden – 27 000 in der Sekunde und mit einer Leuchtstärke, die milliardenfach höher war als die der besten Strahlungsquellen herkömmlicher Art. Die fast dreieinhalb Kilometer lange Anlage reichte von Hamburg bis nach Schenefeld in Schleswig-Holstein. An dieser gigantischen interdisziplinären Einrichtung der Grundlagenforschung beteiligten sich zwölf Länder, Russland trug 27 Prozent der Baukosten in Höhe von 1,22 Milliarden Euro, die anderen Teilnehmer übernahmen zwischen einem und drei Prozent. Die deutsche Seite war mit 58 Prozent beteiligt. Die Idee für den European XFEL war bereits über dreißig Jahre alt und kam aus unserem Budker Institut für Nuklearphysik (BINP) in Akademgorodok. Das Institut, welches sich insbesondere mit Plasma- und Teilchenphysik beschäftigte, war 1959 von Gersh I. Budker gegründet worden. Insgesamt hinterließen die Regierungskonsultationen in Jekaterinburg bei mir einen starken positiven Eindruck, ich nahm sie als ermutigende Ouvertüre für meine Tätigkeit als Botschafter in Berlin. Die Fülle der unterschiedlichen Formen der bilateralen Zusammenarbeit beeindruckte und ließ mich optimistisch in die Zukunft schauen.[7]

Dieser grundsätzlich gute Eindruck vom Stand unserer Beziehungen wurde am 3. August 2010 im Schloss Bellevue bestätigt, als ich dem Bundespräsidenten mein Beglaubigungsschreiben übergab. Christian Wulff[8] hatte erst vor einem Monat das höchste Staatsamt übernommen und offenbarte mir, dass ich der erste Botschafter sei, den er empfange. Er erklärte, dass er sehr an der Entwicklung der deutsch-russischen Beziehungen interessiert sei und gern Russland besuchen möchte. Diesen Hinweis verstand ich sehr wohl. Ich informierte umgehend Moskau über den Wunsch des deutschen Staatsoberhauptes. Die Antwort ließ nicht lange auf sich warten. Der Staatsbesuch erfolgte vom 11. bis 15. Oktober 2010, das heißt die fünftägige Reise wurde mit Eiltempo vorbereitet. Neben den politischen Gesprächen mit Präsident Medwedew und Premier Putin hielt Wulff an der Moskauer Höheren Schule für Ökonomie einen Vortrag zum Thema »Deutschland und Russland, Partner für Modernisierung«.

Weitere Stationen des Staatsgastes waren die nordwestlich von Moskau gelegene Region Twer, die Millionenmetropole St. Petersburg sowie die rund 700 Kilometer südöstlich von Moskau gelegene Stadt Uljanowsk. Auch bei den Gesprächen und Kontakten mit den regionalen Führungen unterstrich Wulff die Absicht seines Landes, die weitere Entwicklung der Zusammenarbeit in allen Bereichen auf jegliche Art zu fördern. In die Reihe der auf Verständnis und Sympathie fußenden Gesten gehörte auch das Gedenken an die Opfer der Leningrader Blockade. Der Bundespräsident suchte Gräber auf und legte einen Kranz nieder auf dem kurz zuvor eröffneten deutschen Soldatenfriedhof in der Ortschaft Sologubowka bei St. Petersburg, Dort war die bei der Belagerung zerstörte russisch-orthodoxe Kirche wieder aufgebaut worden.[9]

Alles in allem war die Reise des Bundespräsidenten reichlich mit Begegnungen angefüllt und für beide Seiten sehr inspirierend.

In Jekaterinburg und mit diesem Staatsbesuch waren deutliche Zeichen gesetzt worden.

Schon bald folgte ein weiteres Signal von nicht zu unterschätzender Bedeutung. Ministerpräsident Wladimir Putin nahm an einem von der *Süddeutschen Zeitung* organisierten Forum mit deutschen Topmanagern teil. Dort wiederholte er seine Vision eines eurasischen Wirtschaftsraumes vom Atlantik bis zum Stillen Ozean. Bereits am 2. September 2010 hatte sich Putin in Moskau mit dem Vorstandsvorsitzenden der Volkswagen AG, Martin Winterkorn, getroffen. Ein Vierteljahr später, am 23. Dezember, kam er in Nishni Nowgorod mit dem Chef von Daimler-Benz, Dieter Zetsche, zusammen. Das Treffen mit den Spitzenmanagern der beiden großen deutschen und international führenden Automobilhersteller hatte nachhaltige Folgen. 2019 beispielsweise nahm – im Beisein von Zetsche, Putin und Bundeswirtschaftsminister Peter Altmaier – ein neues Mercedes-Benz-Werk in Moskau die Produktion auf. Und VW investierte in Kaluga und in Nishni Nowgorod fast zwei Milliarden Euro. Die Volkswagen Group Rus produzierte bis heute mehr als anderthalb Millionen Fahrzeuge für den russischen Markt ...

In jenem Jahr 2010, meinem ersten in Deutschland als russischer Botschafter, fanden zahlreiche weitere Treffen und Begegnungen auf hoher Ebene statt. Sie besaßen kaum, wie ich fand, den Anstrich des Außergewöhnlichen, des Besonderen. Es handelte sich um normale, inzwischen nahezu routinemäßige Arbeitskontakte zwischen Ministerien und Institutionen, zwischen regionalen und kommunalen Verwaltungen. Am Rande der Feierlichkeiten zum 20. Jahrestag der deutschen Einheit, die am 3. Oktober 2010 in Bremen stattfanden, traf sich der Vorsitzende des Föderationsrates, des Oberhauses der russischen Staatsduma, mit der Bundeskanzlerin zu einem Gedankenaustausch. Sergej Mironow hielt sich zu einem Arbeitsbesuch in Deutschland auf. Ende Oktober flog Außenminister Guido Westerwelle nach Moskau[10] und anschließend nach Kasan und sprach mit seinem russischen Amtskollegen und der tatarischen Führung. Am 21. November kam Außenminister Sergej Lawrow nach Nürnberg, wo eine Ausstellung eröffnet wurde, die an das Internationale Militärtribunal (IMT) erinnerte, das nach dem Weltkrieg über die Nazi- und Kriegsverbrecher geurteilt hatte. Außenminister Lawrow traf sich natürlich auch mit seinem deutschen Kollegen.

Im Kontext der nahezu stürmischen Entwicklung unserer Beziehungen zu Deutschland baute ich einen engen Kontakt zur Führung von Wintershall auf. Das Unternehmen ist der größte deutsche Erdöl- und Erdgasproduzent mit Sitz in Kassel und eine hundertprozentige Tochter der BASF. Seit den neunziger Jahren engagierte sich Wintershall verstärkt im Erdgashandel, kurz vor der deutschen Einheit hatten das Unternehmen und Gazprom, das weltweit größte Erdgasförderunternehmen, eine Kooperation vereinbart. Ein Ergebnis dieser Zusammenarbeit war eine Pipeline, die vom russischen Vyborg durch die Ostsee nach Greifswald führt, Nord Stream 1 genannt. Eigentümer und Betreiber dieser Gasleitung ist die Nord Stream AG, Anteilseigner sind Gazprom, Wintershall, E.ON, Gasunie und Engie aus Frankreich.

Die Idee, Gas durch die Ostsee und internationale Gewässer zu leiten, wurde erstmals 1995 formuliert, zehn Jahre später wurde es amtlich. Bundeskanzlerin Merkel und Präsident Medwedew gaben gemeinsam am 8. November 2011 den Startschuss.

Vor Abschluss der Verlegung der Rohre hatte ich Gelegenheit, mir auf See persönlich einen Eindruck vom Fortgang der Arbeiten zu verschaffen. Die Anreise war ein Abenteuer. Erst flog ich mit dem Flugzeug, dann brachte mich ein Hubschrauber zum Verlegeschiff, das das Rohr im Ostseewasser versenkte. Mich begleitete bei dieser ungewöhnlichen Reise Rainer Seele, damals Vorstandsvorsitzender von Wintershall, seit 2015 leitet er den österreichischen Mineralölkonzern OMV.[11] Die ungewöhnliche Tätigkeit auf See beeindruckte mich sehr.

Die Querelen wegen der Pipeline Nord Stream 2 stellten sich erst später ein. »Rainer Seele zufolge ist die Kritik von Polen und Ukrainern, die Ostsee-Pipeline zementiere Europas Abhängigkeit von Russland, durchsichtig und vorgeschoben. Dahinter stecke in Wahrheit das wirtschaftliche Interesse an den Durchleitungsgebühren«, zitierte ihn die *Frankfurter Allgemeine Zeitung* am 18. Februar 2019. »Nicht nur in Osteuropa richtet die Politisierung des Gasmarkts aus Sicht des OMV-Vorsitzenden Schaden an. Auch das immer offensiver propagierte Interesse der Amerikaner, eigenes Flüssiggas (*Liquified Natural Gas*, LNG) zu exportieren, sei mit dem Wettbewerbsgedanken nur bedingt zu vereinbaren.« Die Fertigstellung von Nord Stream 2 wurde von Attacken insbesondere aus den USA begleitet.[12]

Das erste halbe Jahr meines Aufenthaltes als Diplomat in Deutschland verging wie im Fluge. Es war angefüllt mit zahlreichen Begegnungen in kleiner und in großer Runde, auf höchster Ebene und im Rahmen von Arbeitsgesprächen. Es gab eine Vielzahl von Veranstaltungen in den Bereichen Politik, Wirtschaft, Kultur und Wissenschaft. Ich nahm an unterschiedlichen Diskussionen und Foren zu historischen Ereignissen wie auch zu aktuell-politischen Themen teil, besuchte Ausstellungen und Konzerte, informierte mich in Unternehmen über Möglichkeiten der Zusammenarbeit mit Russland. Ich war offen für alles, was der weiteren Entwicklung unserer Beziehungen dienlich sein würde. Und machte neue, andere Erfahrungen, als ich in den Ländern zuvor hatte sammeln können, in denen ich die Ehre hatte, Russland zu vertreten. Dabei beherzigte ich die Hinweise meines Lehrers Juli Kwizinski[13], der mir geraten hatte, stets ausgewogen auf das Verhalten der Deutschen zu reagieren. Aber was hieß »ausgewogen«? Ich las seine Bücher und publizistischen Beiträge, in denen er sich mit Haltungen von deutschen Spitzenpolitikern in internationalen Angelegenheiten beschäftigt hatte. Das reichte vom sogenannten Eisernen Kanzler Otto von Bismarck bis zur Bundeskanzlerin Angela Merkel. Bemerkenswert fand ich seine beiden Beiträge in der außenpolitischen Zeitschrift *Nasch Sowremennik* (»Unser Zeitgenosse«) Nr. 2 und 3 im Jahr 2006, die ich mit vielen Unterstreichungen versehen hatte. Einer von Kwizinskis Schlüssen lautete: »Die Beziehungen Deutschlands zu Russland trugen niemals gleichmäßigen Charakter, es war ein ständiges Auf und Ab.«

Das schien meinen aktuellen Beobachtungen zu widersprechen. Ich war Zeuge und Beteiligter eines gewaltigen Aufschwungs unserer Beziehungen, was mich glauben ließ, dass unsere beiden Staaten untrennbare Partner geworden seien. Kwizinski hingegen hatte gewarnt: »Man muss davon ausgehen, dass es in den russisch-deutschen Beziehungen nichts Unerschütterliches, Dauerhaftes, Endgültiges gibt.«

Ich greife vor: Mein Leben in Deutschland hat alle Einschätzungen Kwizinskis bestätigt. Vor allem hinsichtlich des Denkens und Handelns der Deutschen. Alles, so Kwizinski, hänge davon ab, wer an der Spitze dieser starken, dynamischen Nation steht. Die Deutschen, so meinte er, zeichneten sich nicht nur durch Arbeitseifer, Fähigkeiten und Disziplin aus, sie neigten auch zur Selbstüberschätzung und zu Vorurteilen. Im Land herrschten ein tief wurzelnder Konservatismus mit einem Anflug von Nationalismus und eine gewisse Selbstgerechtigkeit vor. Kwizinskis Schlussfolgerung, dass Deutschland immer danach strebte und unverändert danach strebe, eine dominante Position in Europa einzunehmen, fand ich zunächst nicht bestätigt, und vielleicht war diese Haltung ein wenig unterdrückt. In der gegenwärtigen Entwicklung jedoch war und ist sie nicht zu übersehen. Den Weg nach oben gehen die Deutschen nach wie vor vorzugsweise mit den Angelsachsen[14], gegenwärtig in Gestalt der USA. Russland sei, wie Kwizinski damals feststellte, »die zweite, weniger bevorzugte Wahl«. Heute wie früher, seit den Zeiten Bismarcks, werde diese Option nur gezogen, um Druck auf die Angelsachsen auszuüben.

Es ist offensichtlich, dass die Bewertungen Kwizinskis, des herausragenden Deutschlandkenners, nahezu ausschließlich den politischen Bereich betrafen, wo sein Urteil im Wesentlichen auch immer wieder Bestätigung fand und findet. Allerdings meine ich, dass in einigen anderen Bereichen offenbar neue Trends zu erkennen sind.

Nach meinem Eindruck existiert in der deutschen Gesellschaft ein weit verbreitetes Bedürfnis nach einer Vertiefung der Beziehungen und der Zusammenarbeit mit Russland.[15] Das wird nicht immer sichtbar, weil dieser Wunsch nicht vom politischen Establishment gesteuert und auch nicht so artikuliert wird, wie es früher etwa in der DDR der Fall war. Und weil zweitens vieles unterm Radar bleibt, will heißen: Nicht jeder, der für bessere Beziehungen zu Russland ist, zeigt dies auch öffentlich. Ich halte es darum für durchaus möglich, auch unter den aktuell vorherrschenden Bedingungen Fäden zu knüpfen, die uns wieder fester mit den Deutschen verbinden.

Inwieweit dieser Schluss richtig ist, wird die Zukunft zeigen.

Kapitel 2
Der Einfluss Berlins auf die politische Wetterlage

Im Hochgefühl der frischen Eindrücke aus den ersten Begegnungen und Gesprächen richtete ich meine Aufmerksamkeit auf die Details, wie die getroffenen Verabredungen und Vereinbarungen praktisch umgesetzt werden könnten. Allerdings registrierte ich bald, dass auf offizieller deutscher Seite die Empathie merklich zu schwinden begann und die Zusammenarbeit ins Stocken geriet. Vereinbarungen aus der »Meseberger Initiative« wie etwa die Bildung eines Ministerkomitees von Russen und der EU, das sich mit Fragen der Außen- und Sicherheitspolitik auf dem Kontinent beschäftigen sollte, waren allem Anschein nach nicht mehr so wichtig und traten sukzessive in den Hintergrund. Es gab für mich keinen unmittelbaren Anlass für die merkliche Abkühlung, es war ein schleichender Prozess, in dem die »Modernisierungspartnerschaft« anscheinend zu Grabe getragen wurde. Zwar forderte am 9. November 2012 das Parlament die Bundesregierung auf, »die Partnerschaft mit Russland in bilateralen Kontakten als gesamtgesellschaftliche Modernisierungspartnerschaft einschließlich einer Entwicklung zu mehr Demokratie und Rechtsstaatlichkeit weiterzuentwickeln«.[16] Gleichzeitig aber fand ein gemeinsamer Entschließungsantrag der Koalitionsparteien Union und FDP eine Mehrheit im Bundestag, mit dem die russische Führung scharf kritisiert wurde. »Mit besonderer Sorge stellt der Bundestag fest, dass in Russland seit dem erneuten Amtsantritt von Präsident Wladimir Putin (*er war im März 2012 mit 64,35 Prozent zum Präsidenten Russlands gewählt worden – W. G.*) gesetzgeberische und juristische Maßnahmen ergriffen wurden, die in ihrer Gesamtheit auf eine wachsende Kontrolle aktiver Bürger abzielen, kritisches Engagement zunehmend kriminalisieren und einen konfrontativen Kurs gegenüber Regierungskritikern bedeuten. Das steht im deutlichen Widerspruch zu den im Wahlkampf von Präsident Wladimir Putin gegebenen Versprechen einer stärkeren Zusammenarbeit mit der Gesellschaft und einer Abkehr von ›repressiven Tendenzen‹ im System der gesellschaftlichen Interessenwahrnehmung in Russland.«

Diese Behauptungen waren mit elf Vorwürfen untersetzt worden, deren Substanz vergleichsweise dürftig war, aber in der Summe beeindruckend wirkte. So monierten die Freien und die Christdemokraten zum Beispiel die »unverhältnismäßig harte Verurteilung der drei Musikaktivistinnen der Punkband Pussy Riot zu einer zweijährigen Lagerstrafe ›wegen Rowdytums aus religiösem Hass‹« und dass sich seit dem 6. Mai 2012 »15 Personen wegen Widerstands gegen die Staatsgewalt bzw. Teilnahme an Massenunruhen in Untersuchungshaft« befänden.[17] Kritisiert wurden ferner »die Lage der Menschenrechte und der Rechtsstaatlichkeit« im Nordkaukasus, die »nicht akzeptabel« sei. »Die Region spielt im Hinblick auf die Austragung der Olympischen Winterspiele 2014 im benachbarten Sotschi eine wichtige Rolle.«

Angesichts der vielen Vorhaltungen wirkte es reichlich scheinheilig, wenn es abschließend in der Entschließung hieß: »Russland steht vor großen Herausforderungen im Inneren wie im Äußeren. Der Deutsche Bundestag befürchtet, dass derartige Entwicklungen auch die Möglichkeiten der gegenseitigen Beziehungen einschränken. Wir haben das Interesse an einer engen Kooperation mit Russland, nicht an seiner Isolierung. Die angesprochenen Probleme dürfen nicht zu einer wachsenden Entfremdung zwischen Russland und dem restlichen Europa führen. Der Deutsche Bundestag ist überzeugt, dass gerade in schwierigen Zeiten eine enge und konstruktive Zusammenarbeit auf allen Ebenen erforderlich ist.« So etwas nennt man Demagogie.

Entledigte man diese Bundestags-Entschließung vom 9. November 2012 ihrer diplomatischen Umhüllung, so ließ sich der Frontalangriff auf Russland und namentlich auf dessen Staatsoberhaupt nicht übersehen.

Der von der SPD-Fraktion bereits am 16. Oktober 2012 eingebrachte Antrag (»Gemeinsam die Modernisierung Russlands voranbringen – Rückschläge überwinden – Neue Impulse für die Partnerschaft setzen«, Drucksache 17/11005) fand im Parlament hingegen keine Mehrheit. Die Sozialdemokraten hatten darin zunächst festgestellt: »Russland ist mitunter ein unbequemer, aber auch unverzichtbarer Partner bei der Bewältigung globaler Probleme. Ganz gleich, ob in der iranischen Nuklearfrage, der Überwindung des Bürgerkriegs in Syrien oder der Stabilisierung Afghanistans: Eine Lösung der genannten Konflikte ohne oder gegen Russland ist kaum vorstellbar. Auch auf anderen Gebieten ist die Kooperation mit Russland angezeigt, sei es beim Klimawandel oder den Herausforderungen der demografischen Entwicklung. Dauerhafte europäische Sicherheit ist ohne Konsultation und Kooperation mit Russland nicht zu gewährleisten. Eine strategische Partnerschaft mit Russland ist von elementarem Interesse für die EU.«[18]

Die Autoren des Entschließung-Antrages verwiesen auf die positive Entwicklung der wirtschaftlichen Zusammenarbeit. »Bereits 2011 ist der deutsch-russische Außenhandel gegenüber 2010 um 29 Prozent gestiegen und umfasst ein Gesamtvolumen von 75 Milliarden Euro. Damit ist Deutschland mit 8,7 Prozent Anteil am russischen Außenhandelsvolumen Russlands zweitwichtigster Handelspartner. Mehr als 6300 deutsche Unternehmen sind heute in Russland aktiv. Maschinen und Geräte stellen das wichtigste Importgut für Russland dar, womit Deutschland in diesem Sektor eine besondere Position einnimmt. Vor fünf Jahren beliefen sich die deutschen Direktinvestitionen in Russland noch auf acht Milliarden Euro. Inzwischen sind sie bis 2011 bereits auf 22,2 Milliarden angestiegen.«[19]

Doch auch die Sozialdemokraten forderten abschließend die Bundesregierung auf, »den neugewählten russischen Präsidenten Wladimir Putin an seine Zusagen hinsichtlich der Stärkung der Meinungs- und Pressefreiheit, des Aufbaus einer unabhängigen Justiz sowie der Modernisierung der Wirtschaft, der staatlichen Verwaltung und des Bildungssystems zu erinnern« und »auf höchster politischer Ebene darauf hinzuwirken, dass auch künftig friedliche Demonstrationen, die Einhaltung der Menschenrechte sowie die Respektierung bürgerlicher Freiheiten, wie sie Russland mit der Charta des Europarates zugesichert hat, gewährleistet werden«.

Die tieferen Ursachen für den offenkundigen Strategiewechsel in der deutschen Politik, der oberflächlich an der Wiederwahl Wladimir Putins und an der russischen Innenpolitik festgemacht wurde, blieben verborgen. Die Korrektur ließ sich kaum damit erklären, dass Deutschland als erfolgreicher Manager der Finanzkrise 2008/2009 seinen führenden Platz in der Europäischen Union gefestigt und das deutsche Selbstbewusstsein erkennbar gestärkt hatte, weshalb man meinte, weniger zurückhaltend auftreten zu dürfen. Wenn es Kraftmeierei gewesen wäre, hätte die Bundesregierung etwa die Überarbeitung des Partnerschafts- und Kooperationsabkommen zwischen EU und Russland durchsetzen können. Das alte und erste Kooperationsabkommen war 1997 geschlossen worden und galt für zehn Jahre, es verlängerte sich automatisch jeweils um ein Jahr. Doch nein, das unterblieb. Wie eben auch die immer wieder von verschiedener Seite angemahnte Einführung der Visa-Freiheit zwischen EU und Russland. Der Krieg im Kaukasus im Sommer 2008[20] und dessen Wellen in der internationalen Politik ließen Deutschland angeblich zögern, sich über Gebühr für Russland zu engagieren. Warum nicht? Wer tiefer und vorurteilsfrei auf die internationale Politik schaute, kam jedoch nicht an der Erkenntnis vorbei: Die EU und Deutschland waren enger mit der Führungsmacht der NATO, den Vereinigten Staaten von Amerika, und deren globalen Interessen verflochten, als sich die Westeuropäer eingestanden. Ganz offensichtlich wurde dies bei der neuerlichen Wahl Barack Obamas Ende 2012 zum Präsidenten der USA. Mit ihm nahm der Einfluss der US-Politik auf die deutsche Politik erkennbar zu.

Die schon erwähnte Russland-Resolution des Deutschen Bundestages war gewiss nicht zufällig eine Woche vor der Reise der Bundeskanzlerin nach Moskau gefasst worden und sorgte dort verständlicherweise für Verstimmung. Frau Merkel hatte zwei Jahre lang Russland nicht mehr besucht, das Treffen in Jekaterinburg war ihre letzte Visite gewesen. »An der Euro-Krise allein, die Merkel viel Konzentration und Kraft abverlangte, kann es nicht gelegen haben«[21], versuchte sich die Wochenzeitung *Die Zeit* an einer Erklärung für die auffällige Abkühlung der Beziehungen zwischen unseren Staaten. »Die deutsche Russland-Politik muss sich in jedem Fall neu definieren. Von der Freundschaft zwischen Moskau und Berlin ist nichts mehr zu spüren, und sogar die ›strategische Partnerschaft‹ steht auf der Kippe«, hieß es in der Analyse der Zeitung weiter. »Es fehlt an diplomatischen Initiativen und gemeinsamen Projekten, die neuen Schwung in die Beziehungen bringen könnten.«

Woran lag's? Warum kam beispielsweise die »ehrgeizige Modernisierungspartnerschaft« nicht in Fahrt? Weil, so das Blatt, beide Seiten unter Modernisierung Unterschiedliches verstanden? »Während Russland nur die technische Erneuerung seines Maschinenparks meint, hält die deutsche Seite eine Öffnung der Politik und Gesellschaft und das umfassende Ja zur Konkurrenz für ebenso wichtig. Die beiderseitigen Missverständnisse führten zu Enttäuschungen und Sprachlosigkeit.«[22]

Ähnliche Deutungsmuster kannte ich bereits aus der Zeit nach der Konferenz für Sicherheit und Zusammenarbeit in Europa (KSZE), deren Schlussdokument 1975 von 33 europäischen Staaten sowie von Kanada und den USA unterzeichnet worden war. Während die östlichen Staaten das System kollektiver Sicherheit und die blockübergreifende Zusammenarbeit in den Vordergrund stellten, legten die westlichen Staaten ihr Hauptaugenmerk auf den sogenannten Korb III, der allgemein die Verbesserung der menschlichen Kontakte und des Informationsaustausches behandelte. Das wiederum interpretierte man im Osten als Versuche ideologischer Einflussnahme auf seine Bürger und lehnte es darum als Einmischung in die Innenpolitik ab. Der Westen forderte Menschenrechte wie Freizügigkeit oder Meinungs- und Informationsfreiheit im Osten ein, während man selbst – und das hielt ihm dann der Osten vor – gegen die sozialen Menschenrechte verstieß.

Walentin Falin berichtete mir in einem unserer letzten Gespräche, dass er einen sehr interessanten, wichtigen Hinweis auf die Politik der Amerikaner in den Archiven gefunden habe. Es handelte sich um ein Papier aus dem Jahre 1916, das Woodrow Wilson – von 1913 bis 1921 Präsident der USA – und dessen Vize Thomas R. Marshall erarbeitet hatten. Zu jener Zeit tobte vornehmlich in Europa der Große Krieg, in welchem das russische Zarenreich stark involviert war. Die beiden US-Politiker waren sich in dem Wunsche einig, dass Russland künftig territorial und politisch gestutzt werden müsse. Das Land und sein Einfluss sollten sich ausschließlich auf Osteuropa mit Moskau als Zentrum beschränken, maximal vier Regionen um diese Metropole sollten ihm zugestanden werden. In diesen strategischen Überlegungen sah Falin auch die

Wurzel für die abfällige, beleidigende Erklärung von Wilsons Nachfolger Obama, Russland sei eine Regionalmacht. Im März 2014 – Wochen zuvor hatte es mit Unterstützung der USA den Staatsstreich in Kiew gegeben und Russland folgerichtig seine nationalen Interessen auf der Halbinsel Krim gewahrt – erklärte der US-Präsident auf einer Pressekonferenz in Den Haag, Russland sei eine »Regionalmacht, die einige ihrer Nachbarn bedroht«. Das Verhalten Moskaus sei nicht auf »Stärke, sondern auf Schwäche« zurückzuführen. Die *Süddeutsche Zeitung* erinnerte jedoch in diesem Zusammenhang daran, dass Russland »über das zweitgrößte Arsenal an Nuklearwaffen weltweit« verfüge und noch immer Veto-Macht im UN-Sicherheitsrat sei.[23] »Obamas herablassende Wortwahl am Rande des Nukleargipfels in den Niederlanden (ist) nicht ohne Risiko. Zumal es für die Amerikaner nahezu unmöglich sein dürfte, ohne Moskau einen Nukleardeal mit Iran auszuhandeln, den Bürgerkrieg in Syrien langfristig zu stoppen oder auch den Abzug aus Afghanistan wie geplant bis Ende 2014 durchzuziehen. Wenn Putin der US-Armee die Transportrouten durch sein Riesenreich sperrt, wird dies extrem teuer und gefährlich: Alternative Strecken führen durch Pakistan, wo die USA mit Terroranschlägen rechnen müssten.«

Die maßgebenden Kreise der USA begriffen es als Irrtum, sich nach dem Ersten Weltkrieg mehr oder minder aus Europa zurückgezogen und auch vom Wilson-Plan Abstand genommen zu haben. Zwar nicht aus freien Stücken, sondern auch wegen der Entstehung Sowjetrusslands, seines Erstarkens und der Attraktivität eines alternativen Gesellschaftsmodells für viele Westeuropäer. Diesen Fehler wollten die USA nach dem Zweiten Weltkrieg nicht wiederholen. Die USA wollten dauerhaft in der Alten Welt präsent bleiben.

Auch die zweite strategische Überlegung, die Wilson 1916 formuliert hatte, diktierte ihr Handeln nach dem Zweiten Weltkrieg: Russland sollte auf ein international unbedeutendes Land am Rande Europas zurechtgestutzt und damit als Konkurrent ausgeschaltet werden. Eine Regionalmacht eben.

Deshalb unterband Washington alle Versuche in Nachkriegsdeutschland, die Spaltung des Landes zu verhindern und nachfolgend diese zu überwinden. So wurde im März 1959 der von Herbert Wehner initiierte Deutschlandplan der SPD auf Druck der USA wenige Monate später zurückgenommen. Dieser Plan sollte die Road Map der deutschen Sozialdemokratie zur Wiedervereinigung der beiden deutschen Staaten in drei Schritten werden. Der erste sah die Bildung einer entmilitarisierten und atomwaffenfreien Zone in Mitteleuropa vor. Alle Maßnahmen sollte eine paritätisch besetzte »Gesamtdeutsche Konferenz« besprechen und beschließen.

Diese Neutralisierung Deutschlands, die bereits Stalin in mehreren Noten 1952 vorgeschlagen hatte, wusste die USA erfolgreich zu verhindern.

Darum verfolgte Washington auch mit einem gewissen Misstrauen die zehn Jahre nach Wehners Plan von der Bundesrepublik unter dem Sozialdemokraten Willy Brandt angestoßene neue Ost- und Entspannungspolitik. In kleiner Runde und hinter vorgehaltener Hand ließen die amerikanischen »Falken« schon mal den Satz fallen, man werde verhindern, dass sich westeuropäisches Knowhow und russische Ressourcen miteinander verbündeten. Und als der Ostblock aus verschiedenen Gründen, die ich hier nicht erörtern werde, auseinanderbrach und die Sowjetunion zerfiel, schien endlich der Weg bis Moskau frei. In den neunziger Jahren wähnte sich die Führungsmacht der NATO fast schon am Ziel.

Da entwickelte Russlands neuer Präsident Putin aber die Idee eines eurasischen Wirtschaftsraums, die er 2001 – wie schon erwähnt – im Deutschen Bundestag vorstellte.

Diese souveräne und selbstbewusste gesamteuropäische Vision kollidierte mit den Interessen der USA, was die Alarmglocken in Washington läuten ließ. Ein Russland, dass sich anschickte, seine nationale Würde und sein Selbstbewusstsein zurückzugewinnen, begann – um es vorsichtig zu formulieren – die globalen Herrschaftsansprüche der USA zu stören.

Das erklärte alle vordergründigen und unterschwelligen Widerstände, deren Auswirkungen auch ich mit Sorge beobachtete.

Beim Gipfeltreffen der NATO im November 2002 wurden die drei baltischen Staaten Estland, Litauen und Lettland sowie Bulgarien, Rumänien, die Slowakei und Slowenien zu Beitrittsgesprächen eingeladen. (Polen, Tschechien und Ungarn, vormals Mitgliedsstaaten des Warschauer Vertrages, gehörten bereits seit 1999 zum Nordatlantikpakt.) Diese sieben Staaten wurden 2004 in die NATO aufgenommen.

Im Februar 2005 – unmittelbar nach der sogenannten Orangenen Revolution in Kiew – versuchte der neue ukrainische Präsident Wiktor Juschtschenko mit Hilfe eines Aktionsplans sein Land in die NATO und gegen Russland in Stellung zu bringen. Das führte zu massenhaften Protesten in der Ukraine und zur Distanz selbst bei der NATO: Die lehnte 2008 mehrheitlich die Aufnahme der Ukraine in das Militärbündnis ab. Bis auf die USA. Washington unterstützte den Antrag Kiews und rüstete das Land weiter politisch und militärisch auf.

2010 wählten die Ukrainer einen neuen Präsidenten. Janukowitsch und die hinter ihm stehenden Kräfte wollten weder in die NATO noch in die Europäische Union, zumal der Beitritt an Bedingungen geknüpft war, die die Ukraine nicht bereit war einzugehen. Deshalb verweigerte der Präsident im November 2013 bei einem Gipfeltreffen in Vilnius die Unterschrift unter einem mehr als tausend

Seiten dicken Assoziierungsabkommen mit der EU, über das seit mehr als sieben Jahre verhandelt worden war. Die EU-Politik hatte sichtlich in eine Sackgasse geführt, sie war bei der Ukraine definitiv gescheitert.

In Kiew wurde schon geraume Zeit auf dem Maidan demonstriert. Der Protest richtete sich gegen die schlechte soziale Lage vieler Menschen im Lande, gegen Korruption und Machtmissbrauch. Doch nach dem Scheitern des Gipfels in Vilnius bekamen die Unmutsbekundungen einen neuen politischen Inhalt, woran Kräfte von außen erkennbar mitwirkten. Aus dem Maidan wurde nunmehr der »Euro-Maidan« – wie der damalige Premierminister Mykola Asarow sich erinnerte –, der Protest wurde »generalstabsmäßig durchorganisiert. Man richtete Küchen sowie Verbands- und Versorgungsstellen ein, installierte Videoleinwände und Lautsprecheranlagen«.[24] Am 11. Dezember 2013 verteilte Victoria Nuland, die für Europa zuständige Vize-Außenministerin der USA, öffentlichkeitswirksam Lebensmittel im Protestcamp auf dem Maidan. Stunden später folgte ihr Catherine Ashton, zuständig für die Außen- und Sicherheitspolitik der EU.

In der darauf folgenden Nacht telefonierte US-Vizepräsident Joseph Biden mit Präsident Wiktor Janukowitsch und drohte Strafmaßnahmen gegen die Kiewer Führung für den Fall an, dass die beabsichtigte Räumung des Maidan erfolgem würde. Die Liquidierung des Camps hätte zu unterbleiben. »Die Amerikaner forcierten erkennbar die konfrontative Entwicklung, sie wollten endlich die Rendite für ihre langfristigen Aufwendungen einfahren. Mrs. Nuland hatte am 13. Dezember in Washington über ihre Reise nach Kiew und Bidens Telefonat berichtet und dabei auch verraten, dass die USA seit 1991 mehr als fünf Milliarden Dollar in die ›Entwicklung der Zivilgesellschaft in der Ukraine‹ investiert hatten. (›We've invested over $ 5 billion to assist Ukraine in these and other goals that will ensure a secure and prosperous and democratic Ukraine‹).«[25]

Ein Geheimdienst oder ein Hacker hatte ein Telefonat zwischen Nuland und US-Botschafter Pyatt in Kiew mitgeschnitten und es am 4. Februar 2014 ins Netz gestellt. Die beiden Politiker hatten sich lebhaft und ohne diplomatische Zurückhaltung ausgetauscht. Um die Installation einer neuen, von den USA gewünschten Regierung in Kiew zu befördern, wollte Nuland auch die Vereinten Nationen aktivieren; der Stellvertreter des Generalsekretärs, Jeffrey Feltman, werde auf ihre Veranlassung hin den niederländischen UN-Diplomaten Robert Serry mobilisieren. »Ich denke das wäre sehr gut, um zu helfen, die Sache festzumachen und auch, dass die UN dabei helfen, sie festzumachen, und Du weißt schon ... Scheiß auf die EU.« (»Fuck the EU«) Womit Nuland gesagt hatte, dass Westeuropa, dessen politische Institutionen wie auch die relative Zurückhaltung der EU sie einen feuchten Kehricht interessierten. Sie, die USA, zögen ihr Ding durch.

Bundeskanzlerin Merkel erklärte, die Beleidigung der EU sei »absolut nicht akzeptabel«, und das US-Außenministerium teilte zur Beruhigung offiziell mit, Mrs. Nuland habe sich bei ihren Kollegen in der Europäischen Union entschuldigt, man solle ihre Meinungsäußerung nicht überbewerten.

Allerdings schickte die EU drei Außenminister nach Kiew, um zwischen der Regierung und den inzwischen als »Opposition« bezeichneten Protestlern auf dem Maidan zu vermitteln. Dass ein Teil von diesen »Oppositionellen« nachweislich rechtsextremen und militanten, gar faschistischen Organisationen angehörte, war bekannt, schien aber unerheblich. Der deutsche Außenminister Frank-Walter Steinmeier hatte schon beim Kaukasus-Krieg gewarnt, es seien zu viele »mit dem Streichholz unterwegs, statt den Feuerlöscher zu bedienen«, und forderte die Rückkehr zur

Vernunft. »Die Spirale der Provokationen muss aufhören, und zwar sofort! Sonst kann die Lage schneller außer Kontrolle geraten als wir glauben«, schrieb er damals. »Wenn wir nicht aufpassen, gerät die gesamte Sicherheitsarchitektur in Europa ins Wanken – mit unabsehbaren Folgen für uns alle.«²⁶

Diese Gefahr bestand. Also entschloss sich die EU zu handeln. Am 21. Februar 2014 signierten Präsident Janukowitsch, die drei Führer der Opposition auf dem »Euro-Maidan« und die drei EU-Außenminister die »Vereinbarung über die Beilegung der Krise in der Ukraine«.

Noch in der Nacht wurde in Kiew geputscht und die Vereinbarung zur Makulatur.

Nach diesem Staatsstreich, der zur Einsetzung einer amerikafreundlichen Administration in Kiew führte, zeigten sich etliche meiner Gesprächspartner in Deutschland reichlich nervös. Die Anspannung legte sich erst, als ausnahmslos alle EU-Staaten das neue Regime anerkannten und die USA das Papier vergaßen, mit dem Steinmeier sowie seine Kollegen Sikorski (Polen) und Fabius (Frankreich) einen Kompromiss ausgehandelt hatten, welcher den amtierenden Präsidenten Janukowitsch bis zur vorgezogenen Wahl im Amte halten sollte – also sich gegen einen gewaltsamen »Regime Change« in Kiew richtete.

Hier waren, auch wenn man sich im Grundsätzlichen einig war, amerikanische und europäische Interessen sichtlich aneinandergeraten. Die USA folgten ohne Umschweife ihren militärstrategischen Interessen, die sie mit Hilfe der NATO durchsetzen wollten, während die EU eine diplomatisch-zivile Lösung bevorzugte. Dabei hatte die EU taktische Fehler begangen. Nun fürchtete man offenbar Konsequenzen von der Führungsmacht.

Ein taktischer Fehler war die von Polens Außenminister Sikorski und seinem schwedischen Kollegen Bildt initiierte »Östliche Partnerschaft«, die im Mai 2009 auf dem EU-

Gipfel in Prag zum Programm erhoben worden war. Sechs ehemaligen Sowjetrepubliken – Armenien, Aserbaidshan, Georgien, Moldawa, Ukraine und Belorussland – sollte die Integration in die Europäische Union in Aussicht gestellt werden. Deutschlands Außenminister Steinmeier, offenkundig in Verkennung der damit verfolgten politischen Intentionen, hatte angemahnt, auch Russland eine solche Perspektive zu bieten. Ohne die Einbeziehung Russlands könne keine zukunftsfähige Ostpolitik der EU gestaltet werden.

Mein Chef, Außenminister Sergej Lawrow, hatte nicht nur den polnischen Vorstoß kritisiert (worauf Sikorski zur allgemeinen Beruhigung seinen schwedischen Kollegen Bildt ins Boot geholt hatte). Lawrow verurteilte die beabsichtigte Etablierung einer EU-Einflusszone gegen Russland.

Doch alle kritischen Einsprüche wurden ignoriert und die angesprochenen sechs Länder vor die ultimative Entscheidung gestellt: entweder Brüssel *oder* Moskau. Darauf hatte sich, wie erlebt, die Janukowitsch-Administration in Vilnius im November 2013 nicht eingelassen. Kiews Absage machte den Beteiligten bewusst, dass dieses Alles-oder-Nichts ein diplomatischer Fehler gewesen war. Ihn hatten Steinmeier, Sikorski und Fabius im Februar 2014 beheben wollen.

Mit dem bekannten Resultat.

Dabei hatte sich diese Entwicklung schon früh abgezeichnet.

»Das Ziel der EU, die Länder der Östlichen Partnerschaft auch untereinander zu einer stärkeren Kooperation zu bewegen, ist frühzeitig gescheitert. Zwei Wochen vor dem Gipfel 2011 trafen sich Parlamentarier aller EU-Mitgliedstaaten mit Abgeordneten der Partnerländer zu einem Vorbereitungstreffen. Es endete mit einem Eklat. Aserbaidschaner, Armenier und Georgier stritten sich wegen der regionalen Konflikte im Südkaukasus. Moldauer, Ukrainer und Aserbaidshaner weigerten sich, eine Resolution zu unterzeichnen, in der das Vorgehen von Weißrussland gegen die Opposition verurteilt werden sollte«, schrieb später *Das Parlament*.[27] »Georgien, die Ukraine und die Republik Moldau streben über die EU-Assoziierung hinaus eine Mitgliedschaft in der Union an. Im Konzept der Östlichen Partnerschaft ist ein Beitritt allerdings explizit nicht vorgesehen.«

Ich fand meine Einschätzungen und Schlussfolgerungen in Bezug auf die Östliche Partnerschaft durch Günter Verheugen bestätigt. Der SPD-Politiker war von 2004 bis 2010 EU-Kommissar und danach Professor an der Europa-Universität Viadrina in Frankfurt/Oder. Verheugen war häufig Gast der Kamingespräche in unserer Botschaft, wir verstanden uns gut.

Auch aus anderen Quellen konnten wir die Absicht des Westens erfahren, diese Staaten politisch stärker an sich zu binden oder, wie es unverblümt bei den Amerikanern hieß: sie aus dem russischen Einflussgebiet zu holen. Heute muss man konstatieren, dass diese Politik zum Zusammenbruch der strategischen Partnerschaft zwischen der EU und Russland beigetragen hat, ohne jedoch eine Stabilisierung der Region erreicht zu haben.

Der Kiewer Staatsstreich im Februar 2014 setzte eine Kette von Reaktionen in Gang. Wer Politik versteht, der weiß auch, dass solche Prozesse schon vorher angelegt sind. Der offene Ausbruch von Konflikten ist nicht das Resultat eines Tages, sondern die Folge von lange schwelenden Vorgängen. Auch der Regime Change in der Ukraine war von langer Hand vorbereitet. Und er wurde von der Bevölkerung im Osten und im Südosten des Landes nicht widerspruchslos hingenommen. Hier wurde die politisch-kulturelle und ethnische Teilung des – nächst Russland – größten Flächenstaates Europas sichtbar.

Die 1922 formierte Ukrainische Sozialistische Sowjet-republik bestand, einfach gesagt, aus einem Westteil, der bis dahin mal zum Habsburger Reich, mal zu Litauen, mitunter zu Rumänien und wiederholt zu Polen gehört hatte. Der Ostteil gehörte zu Russland. In dieser Region war vor über tausend Jahren der erste slawische Staat, die Kiewer Rus, entstanden. Aus ihm gingen im Laufe der Jahrhunderte Russland, Belorussland und die Ukraine hervor. 1654 – ein Datum, was später eine wichtige Rolle spielen würde – schlossen in Perejaslaw die Kosakenführung und der russische Zar einen Vertrag: Die polnische Krone hatte die Ukraine unterworfen, sie christianisierte und kolonisierte. Die Kosaken widersetzten sich und erbaten Unterstützung beim Zaren. Der von den Saporoger Kosaken am 18. Januar 1654 auf der Rada in Perejaslaw auf Zar Alexei I. geleistete Treueeid gilt als Wiedervereinigung der Ukraine mit Russland. Der danach geführte Russisch-Polnische Krieg endete nach dreizehn Jahren mit einem Waffenstillstand und mit einem Vertrag, der die jahrhundertelange polnisch-litauische Dominanz in Osteuropa zu Gunsten Russlands beendete – was auch mit Gebietsabtretungen verbunden war.

Das muss man wissen, um zu verstehen, weshalb dreihundert Jahre später Nikita S. Chruschtschow in seiner Funktion als Erster Sekretär des ZK der KPdSU die zur Russischen Föderation gehörende Halbinsel Krim der Ukraine »schenkte«: 1954, zum 300. Jahrestag des Vertrages von Perejaslaw, wechselte die Krim von Russland zur Ukraine. Nur die Stadt Sewastopol, seit 1948 eine eigenständige Oblast, blieb der RSFSR unterstellt: Im dortigen Hafen lag die sowjetische Schwarzmeerflotte. Die nach Gutsherrenart erfolgte »Schenkung« erklärt sich auch mit dem seinerzeit vorherrschenden Denken: Die Sowjetunion werde ewig bestehen, und danach gäbe es ohnehin jene Staaten nicht mehr. Das hatte Lenin schon 1917 gesagt.[28]

Durch verschiedene Rechtsakte nach Auflösung der Sowjetunion und der Unabhängigkeit der Ukraine 1991 konstituierte sich die *Autonome Republik Krim* (AR Krim) als Bestandteil der Ukraine. Kiew ernannte und entließ den Ministerpräsidenten der AR Krim, blieb also politischer Vormund. »Die Entwicklungen in der Ukraine seit Beginn der Protestaktionen auf dem Maidan im November/Dezember 2013 wurden auf der Krim mit besonderer Aufmerksamkeit und wachsendem Misstrauen verfolgt«, schrieb der ehemalige Diplomat und Ukraine-Kenner Manfred Schünemann. »Die Gründe dafür lagen in der Bevölkerungsstruktur und den traditionellen historischen, ökonomischen und mentalen Bindungen an Russland sowie in der starken politischen Orientierung großer Bevölkerungskreise nach Russland. Und im Argwohn gegenüber der Strategie der europäischen Ausrichtung, wie sie von politischen Kräften in Kiew und in der Westukraine verfolgt wurde. Nach der Volkszählung von 2001 hatte die AR Krim 2,024 Millionen Einwohner. Davon waren 58,3 Prozent Russen, 24,3 Prozent Ukrainer und zwölf Prozent Krimtataren. Über 77 Prozent der Einwohner gaben Russisch als Muttersprache an. Sewastopol zählte etwa 377 000 Einwohner, davon waren 71,6 Prozent Russen und 22,4 Prozent Ukrainer.«[29]

Die meisten auf der Krim lebenden Menschen betrachteten Russland als ihr Mutterland. In einer dramatischen Erklärung wandte sich darum der Oberste Sowjet der Autonomen Republik Krim am 27. Februar 2014 an die Bevölkerung. Darin wurde die »verfassungswidrige Machtergreifung durch radikale Nationalisten« in Kiew als Bedrohung für Ruhe und Frieden auf der Krim gewertet und die Überzeugung geäußert, dass »nur die Abhaltung eines allgemeinen Referendums auf der Krim zur Frage einer Vervollkommnung und Ausweitung des Autonomiestatus es der Krimbevölkerung ermöglicht, die Zukunft der Autonomie ohne Druck und Diktat von außen selbst zu entscheiden«.[30]

Das Referendum fand am 16. März 2014 statt. Bei einer Wahlbeteiligung von 83,1 Prozent votierten 96,77 Prozent für einen Beitritt der Krim und Sewastopols zur Russischen Föderation. Zwei Tage später stellte die Regierung der Krim offiziell den Beitrittsantrag und unterzeichnete in Moskau das entsprechende Abkommen. Am 21. März 2014 stimmten der Föderationsrat und die Staatsduma den von Präsident Putin eingebrachten Verfassungsgesetzen zur Aufnahme der Republik Krim und der Stadt Sewastopol als neue Föderationssubjekte zu, es erfolgte deren offizielle Eingliederung in das Staatsgebiet der Russischen Föderation.

Am 28. März kündigte Russland schließlich einseitig alle Verträge mit der Ukraine über die Nutzung des Flottenstützpunktes Sewastopol, um so die »endgültige« Zugehörigkeit Sewastopols und der Krim zu Russland demonstrativ zu dokumentieren.

Auf Antrag der Ukraine – das heißt des in Kiew an die Macht gelangten Regimes – verurteilte die UNO-Vollversammlung in einer Resolution mehrheitlich den Beitritt der Krim als »rechtswidrig«. Elf Staaten stimmten dagegen und 58 enthielten sich der Stimme. Unter den einhundert Staaten, die der Resolution – in der übrigens Russland namentlich nicht genannt worden war – zustimmten, war auch Deutschland. Und Deutschland folgte auch der zeitgleich vom US-Präsidenten abgegebenen Erklärung, dass es »weitere Sanktionen« gegen Russland geben würde, sofern Moskau nicht »einlenke«. »Die Sanktionen werden zunehmen, wenn Russland den Kurs nicht ändert«, erklärte Barack Obama in Rom.[31]

Interessanterweise illustrierte die deutsche Tageszeitung *Die Welt* den Beitrag über die UNO-Vollversammlung mit einem Agenturfoto aus dem Tagungssaal, das zwei Männer zeigte. Die Bildunterschrift lautete: »Konnten sich durchsetzen: Die Vertreter der Ukraine bei der UN-Vollversammlung, Botschafter Yuriy Sergenyev (l.) und Außenminister Andrii Deshchytsia.«[32]

Bei der »Durchsetzung« hatte der Westen massiv ökonomisch und propagandistisch geholfen. Deutschland spielte dabei eine maßgebende Rolle. Bereits am 17. März verhängte die EU erste Reiseverbote und fror Konten bestimmter Personen für zunächst fünf Jahre ein. Am 31. Juli wurden umfangreiche wirtschaftliche Sanktionen gegen Russland verordnet, die in der Folgezeit mit der Begründung verschärft wurden, Moskau mische sich unzulässig in den Konflikt zwischen der Ostukraine und der Kiewer Zentralregierung ein.

Den vorläufigen Tiefpunkt erreichten die Beziehungen zwischen Deutschland und Russland Mitte September 2014. Die EU erließ drei Verordnungen »über restriktive Maßnahmen angesichts von Handlungen, die die territoriale Unversehrtheit, Souveränität und Unabhängigkeit der Ukraine untergraben oder bedrohen«, sowie zwei entsprechende Beschlüsse.[33] Das EU-Mitglied BRD stimmte zu und schloss seine Grenzen für bestimmte Politiker Russlands. Anleihen der drei großen Energieunternehmen Rosneft, Transneft und Gazprom Neft durften ab sofort nicht mehr an den Finanzmärkten der EU gehandelt werden. Die gleichen Restriktionen galten auch für einige russische Rüstungsfirmen. Der regierungsnahe *Deutschlandfunk* kommentierte am 12. September: »Der Westen wirft Russland vor, mit eigenen Soldaten in der Ost-Ukraine einzugreifen und die pro-russischen Separatisten dort militärisch zu unterstützen. Russland bestreitet das. Dennoch will die EU Moskau mit den Sanktionen dazu bringen, seinen Einfluss auf die Separatisten zu nutzen, um ein Ende der Kämpfe zu erreichen. Sollte es dabei Fortschritte geben, will die EU die neuen Sanktionen wieder aufheben.«[34]

Deutschland spielte eine aktive Rolle beim restriktiven Umgang mit Russland.

Die 15. Deutsch-Russischen Regierungskonsultationen, die im April 2014 in Leipzig hätten stattfinden sollen, wurden immer wieder verschoben. Offiziell hieß es unverändert, man setze »weiter auf den Dialog mit Russland und will daher möglichst viele bilaterale Gesprächskanäle offenhalten«[35] – aber die Tatsachen widersprachen dem mehr als deutlich. Für mich unvergesslich ist das entschuldigende, diplomatisch-höfliche Lächeln meiner Ansprechpartner, wenn ich diesbezüglich nachfragte und um Auskunft bat. Ihr ausweichendes Schweigen war beredt.

Die Tätigkeit der hochrangigen Arbeitsgruppe für sicherheitspolitische Fragen und die der Arbeitsgruppe für Wirtschaft und Finanzen wurde ausgesetzt. Mit unklaren Konsequenzen sagte man das Treffen des bilateralen zivilgesellschaftlichen Forums »Petersburger Dialog« ab. Es hatte im Oktober in Sotschi stattfinden sollen. Der ehemalige DDR-Ministerpräsident Lothar de Maizière (CDU), der auf deutscher Seite den Lenkungsausschuss seit 2005 leitete, wurde im November 2014 vom Bundeskanzleramt »mit der Bitte bedrängt«, auch die für Ende des Monats geplante Mitgliederversammlung in Berlin »wegen der politischen Großwetterlage« abzusagen. In der *Frankfurter Allgemeinen Zeitung* erklärte de Maizière seinen Unmut darüber und meinte, »Merkel habe – während ihres Besuches in Australien – ihre Haltung verschärft. ›Merkel hat ja deutlich gemacht, an der Sanktionsschraube gegen Putin weiterzudrehen. Ich halte das nicht für zielführend.‹«[36]

Daraufhin erklärten Bundeskanzleramt und Auswärtiges Amt, dass sie eine »Reform« des »Petersburger Dialogs« unter dem Ostdeutschen Lothar de Maizière für unmöglich hielten. Das Gremium müsse »auch Raum für die kritische Auseinandersetzung mit der russischen Politik geben«. Im Mai 2015 wurde Lothar de Maizière durch

den einstigen CDU-Generalsekretär und Chef des Bundeskanzleramtes Ronald Pofalla ersetzt. Im Oktober 2015
fand der 14. Dialog in Potsdam unter Pofallas Leitung statt,
nachdem die Begegnung im Vorjahr ausgefallen war.

Die Kontakte auf höchster Ebene blieben irgendwie
bestehen. Am 6. Juni 2014 war von den Staats- und Regierungschefs Frankreichs, Deutschlands, Russlands und der
Ukraine das sogenannte Normandie-Format zur Lösung
des Ukraine-Konflikts gebildet worden. Am Rande der
Feiern zum 70. Jahrestag der Bildung der Zweiten Front
im Zweiten Weltkrieg – der Landung der Westalliierten
in der Normandie – hatten sich Merkel, Putin, Hollande
und Poroschenko getroffen und Fragen des Ukraine-Konflikts besprochen. In der Folge kam es in halbjährlichem
Abstand zu weiteren Gipfeltreffen in dieser Zusammenset-
zung, in die auch die Außenminister eingebunden wurden.

Die Wirtschaftsministerien in Berlin und Moskau
kooperierten »fallweise«. In allen anderen Regierungsbe-
reichen wurde die Kommunikation auf einen reinen Infor-
mationsaustausch zurückgefahren, der im Wesentlichen
bedeutungslos war.

Die Sanktionen wurden 2015 fortgesetzt, Maßnahmen
verlängert und verschärft. Am 12. Februar 2015 trafen sich
die vier Staats- und Regierungschef in der belorussischen
Hauptstadt Minsk und verhandelten siebzehn Stunden,
davon oft »unter vier Augen«, um eine Feuerpause zwischen den Konfliktparteien in der Ukraine und dem Rückzug der schweren Waffen von der Front zu erreichen. Am
Ende stand ein Kompromisspapier mit dreizehn Punkten,
»Minsker Abkommen« genannt[37], das als Friedensplan
verstanden wurde.

Russland brachte am 13. Februar 2015 einen Resolutions-
entwurf in den UN-Weltsicherheitsrat ein, mit dem die Vereinbarung von Minsk festgehalten und deren Umsetzung
sanktioniert wurde – der Entwurf wurde vier Tage später

von diesem Gremium einstimmig als *Resolution 2202* verabschiedet.

Dessen ungeachtet behielt sich US-Präsident Barack
Obama in einem Gespräch mit der Bundeskanzlerin das
Recht vor, weiterhin Waffen an die Ukraine zu liefern.

In den deutschen Medien wurde der deutsche Beitrag
beim Versuch, den Bürgerkrieg in der Ukraine zu beenden,
stark herausgestellt. Es war eine Art Entlastungsangriff.
Wir sollten uns nämlich daran erinnern, dass dieser Prozess zeitgleich vor dem Hintergrund des Abhörskandals
der *National Security Agency* (NSA) und der Enthüllung des
Whistle-Blowers Edward Snowden über die weltweite und
auch gegen die eigenen Verbündeten gerichtete Spionage
des größten Auslandsgeheimdienstes der USA erfolgte.
Dabei hatte die NSA nicht einmal davor zurückgeschreckt,
das Handy der Bundeskanzlerin abzuhören.

Hinzu kam noch die extreme Zunahme von Flüchtlin-
gen, die sich aus den Kriegs- und Krisengebieten in Syrien,
Afghanistan und Afrika nach Westeuropa durchschlugen.
Kamen 2013 knapp 80 000 illegal in die EU, waren es 2014
bereits drei Mal so viel. Aber in jenem Jahr 2015 explodier-
ten die Zahlen, kamen weit über eine Million Flüchtlinge
und Migranten nach Europa, Sie flohen aus Elend und Not
und suchten ein sicheres Leben. Etwa eine halbe Million
davon bat in Deutschland um Asyl. Am 5. September 2015
ließ Angela Merkel die Kontrollen an den deutschen Grenzen aussetzen. »Wir schaffen das«, erklärte sie apodiktisch,
und ich war an Kwizinskis Einschätzung erinnert, dass die
Deutschen mitunter zur Selbstüberschätzung neigten.

Die damit verbundenen Probleme ließen das Ukraine-
Russland-Thema in der öffentlichen Wahrnehmung in
Deutschland allerdings ein wenig in den Hintergrund tre-
ten – obgleich der Bürgerkrieg in der Ukraine, der inzwi-
schen auch so genannt wurde, Teil des internationalen
Flüchtlingsproblems war. Seit 2014 waren etwa eine Million

Ukrainer in den Konfliktregionen auf humanitäre Hilfe angewiesen. Weitere 1,3 Millionen galten als Binnenvertriebene, also Menschen, die wegen des Bürgerkriegs im Osten inzwischen in andere Landesteile geflüchtet waren. Etwa 860 000 Ukrainer jedoch, darunter ein Drittel Kinder, hatten inzwischen das Land verlassen. Nicht wenige davon suchten und fanden Aufnahme in Deutschland.

Das ganze Flüchtlingsproblem führte in den einzelnen europäischen Staaten zu innenpolitischen Krisen oder verstärkte die bereits vorhandenen. Es kam vielerorts zu fremdenfeindlichen Ausschreitungen und Terroranschlägen. Die Differenzen zwischen den EU-Staaten nahmen zu, nationale Interessen und nationalistische Strömungen drängten in den Vordergrund.

Obgleich die Beziehungen zwischen Deutschland und Russland 2015 praktisch auf Eis lagen und es parlamentarische und gesellschaftliche Kontakte nur in begrenztem Maße gab, bemühte sich Berlin angemessen und taktvoll mit dem 70. Jahrestag der Beendigung des Zweiten Weltkrieges umzugehen. Der Tag des Sieges (aus russischer Sicht) und der Tag der Befreiung (aus Sicht der meisten Deutschen) wurde von beiden Seiten als Anlass gesehen, wieder miteinander ins politische Gespräch zu kommen. Außenminister Frank-Walter Steinmeier traf sich am 7. Mai mit seinem russischen Kollegen Sergej Lawrow in Wolgograd und besuchte die dortigen Gedenkveranstaltungen.

Dieses Datum nahm Generalleutnant Andrej Kartapolow, Chef der operativen Hauptverwaltung des russischen Generalstabs, zum Anlass, den USA vorzuhalten, sie seien der Initiator »aller aktuellen militärischen Konflikte«. Die »systematische Eindämmung Russlands«, so der führende Militär, folge der Strategie, sich »um jeden Preis« die geopolitische Führung zu sichern.[38] Dabei verwies der Stabschef auf weitere 300 US-Soldaten, die in der Ukraine eingetroffen seien. Andere waren bereits in Artjomowsk,

Sewerodonezk und Mariupol im Einsatz. Auch Dutzende britische Soldaten hielten sich in der Ukraine auf, und Kiew erwartete 200 Kanadier ...

Steinmeier zeigte sich in der Stadt, die einst Stalingrad hieß und in der zu Beginn des Jahres 1943 die militärische Niederlage des faschistischen Deutschland ihren Anfang nahm, ganz diplomatisch. Das Gedenken an die Gräuel des Zweiten Weltkrieges müsse dazu führen, dass »wir nicht alte Feindbilder unter den Völkern schüren, sondern Verständigung üben und unsere Gegensätze und Konflikte, wo sie bestehen, friedlich überwinden«, sagte Deutschlands Außenminister in seinem Grußwort. »Die Menschen haben hier in Stalingrad die Befreiung Europas vom Nazi-Joch begonnen«, erklärte er. »Dafür haben sie unermessliche Opfer gebracht, vor diesen Opfern verneige ich mich als Deutscher in Trauer.« Dann folgten die wichtigen Worte: »Ich bitte um Vergebung.« Und Steinmeier dankte den Russen für ihren Beitrag zur Befreiung Deutschlands vom Nazi-Terror.[39]

In Rossoschka, einem Soldatenfriedhof im Wolgograder Gebiet, auf dem mehr als 50 000 deutsche und sowjetische Soldaten bestattet sind, legten er und sein Kollege Lawrow Kränze nieder. Ich wohnte dem feierlichen Akt bei, wie es diplomatischer Brauch ist.

Wir Diplomaten neigen dazu, Gesten positiv zu interpretieren. So fand ich es bemerkenswert, dass die Bundeskanzlerin – obgleich sie doch am 6. Februar bereits zu einem Arbeitsbesuch nach Moskau geflogen war – sich im Mai 2015 erneut mit Präsident Putin traf. Im Februar war sie mit Frankreichs Präsident Hollande zunächst in Kiew gewesen, um am Tage darauf mit ihm nach Moskau weiterzureisen. Natürlich ging es um die aktuelle Lage in der Ukraine. Die Kritik war auf dem Fuße gefolgt. US-Senator John McCain, Vorsitzender des Streitkräfteausschusses, erklärte: »Wenn man sich die Haltung der deutschen

Regierung anschaut, könnte man meinen, sie hat keine Ahnung oder es ist ihr egal, dass Menschen in der Ukraine abgeschlachtet werden.« Und er forderte weitere Waffenlieferungen der USA an die Ukraine.[40]

Um jedoch der Wahrheit die Ehre zu geben: Bundeskanzlerin Merkel kam nach Moskau, aber erst nach den Feierlichkeiten, um nicht bei der Parade auf der Tribüne stehen zu müssen. Sie legte in Begleitung von Wladimir Putin einen Kranz am Grabmal des Unbekannten Soldaten nieder, konferierte mit dem Präsidenten und gab mit ihm eine gemeinsame Pressekonferenz, auf der beide Seiten ihre Differenzen in der Ukraine-Frage offen benannten. Präsident Putin sagte: »Es ist kein Geheimnis, dass die russisch-deutschen Beziehungen wegen der unterschiedlichen Bewertungen der Ereignisse in der Ukraine heute nicht die besten Zeiten erleben.« Zugleich erinnerte er daran, »dass unsere Länder auch in viel schwierigeren Zeiten und unter schwierigeren Voraussetzungen als heute konstruktiv zusammengearbeitet haben, als die ideologischen Barrieren uns getrennt haben«.[41]

In ihrer Eingangserklärung äußerte Angela Merkel, dass der Krieg gegen die Völker der Sowjetunion »als brutaler Rassen- und Vernichtungskrieg geführt wurde, der unbeschreibliches Leid über Millionen Menschen gebracht hat. Ich denke dabei an Einwohner des belagerten Leningrads, die an Hunger und Entkräftung gestorben waren, an Millionen misshandelte und ermordete Zivilisten, KZ-Häftlinge und Kriegsgefangene, an einen Krieg der verbrannten Erde, in dem Wehrmacht und SS unzählige Dörfer und Städte buchstäblich ausgelöscht haben.« Sie verneige sich vor den Millionen Opfern, die dieser Krieg, vom faschistischen Deutschland entfesselt, gekostet habe.[42] Den Deutschen sei bewusst, wie viel Leid »wir über die Welt und gerade auch über die Sowjetunion gebracht haben«, weshalb es eine »historische Verantwortung« gebe: »Auch wenn wir große Meinungsverschiedenheiten haben, müssen wir das Gespräch suchen, müssen wir friedliche Lösungen suchen, und müssen wir immer wieder diplomatische Anstrengungen unternehmen.«[43]

Aussagen wie diese stimmten auch mich optimistisch.

Allerdings gab es auch Misstöne, auf die Kremlsprecher Dmitri Peskow reagierte. Er wies die Vorwürfe der Kanzlerin zurück, dass die Wiedervereinigung mit der Krim – von Angela Merkel als »Annexion« bezeichnet – eine Bedrohung der Weltordnung darstelle. Eine »Gefahr für die Ordnung in der Welt und in Europa« sei vielmehr der vom demokratischen Westen vorangetriebene »gewaltsame Machtwechsel« in der Ukraine. »Das ist und war der Wendepunkt für die europäische und weltweite Ordnung«, sagte Peskow.[44]

In diese negative Bilanz ordnete sich der Rückgang des Handels zwischen unseren Staaten ein. Zum ersten Mal seit Beginn meiner Tätigkeit als Botschafter war das Volumen gefallen – um 6,5 Prozent seit dem Vorjahr. Allein zu Beginn des Jahres 2015 ging er um etwa ein Drittel zurück. Dabei agierten etwa sechstausend deutsche Unternehmen in Russland, die mehr als 21 Milliarden Dollar in die russische Wirtschaft investiert hatten. Allein in die Vorbereitung der Olympischen Winterspiele in Sotschi waren etwa einhundert deutsche Firmen involviert gewesen, die von ihnen realisierten Aufträge hatten ein Volumen von anderthalb Milliarden Dollar. 23 Regionen in Russland unterhielten ständige Beziehungen zu vierzehn Bundesländern, im Juni 2015 fand in Karlsruhe eine Partnerstädte-Konferenz statt. Aber insgesamt belasteten die Sanktionen und Pressionen die deutsch-russischen Beziehungen sehr. Darunter litt nicht nur die russische, sondern auch die deutsche Wirtschaft, insbesondere jene in Ostdeutschland, die traditionelle Verbindungen zu Russland unterhielt. Und wir als Botschaft in Berlin waren gehalten, trotz oder gerade wegen dieser wenig guten Rahmenbedingungen aktiv für Zusammenarbeit und Völkerverständigung zu wirken.

Das Jahr 2016 erwies sich bei der Entwicklung der russisch-deutschen Beziehungen in einer Reihe spezifischer Bereiche insgesamt als dynamisch und produktiv – jedoch nicht in politischer Hinsicht.

Das einschneidende Ereignis des Jahres 2016 war für die herrschenden Eliten natürlich das Ergebnis der US-Präsidentschaftswahlen. Offensichtlich lag ein Sieg Donald Trumps außerhalb jeglicher Vorstellung deutscher Regierungskreise. Man hatte sich in Berlin darauf vorbereitet, dass mit Hillary Clinton die erste US-Präsidentin die politische Bühne betreten würde. Für die Regierung von Angela Merkel hätte die Wahl der ehemaligen Außenministerin eine unausgesprochene Aufwertung Deutschlands und eine persönliche Genugtuung bedeutet, denn sie hatte den Weg zur Etablierung eines starken weiblichen Faktors in der Weltpolitik bereitet. Nicht grundlos zitierte die deutsche Presse die von Trump im Wahlkampf gemachte Aussage genüsslich: »Clinton will die Angela Merkel von Amerika werden«.[45]

Tatsächlich erhielt Hillary Clinton etwa drei Millionen mehr Stimmen als Donald Trump, doch von den 538 Wahlmännern aus 50 Bundesstaaten stimmten 306 für den Kandidaten der Republikaner. Das unerwartete Ergebnis der US-Wahlen führte in der politischen Klasse der Bundesrepublik zu merklicher Irritation, ich beobachtete Anzeichen von Verunsicherung, die ich zuvor noch nie gespürt hatte. Dies wirkte sich auch auf das Verhältnis zwischen unseren Staaten aus.

In diesem Zusammenhang wurde auch die antirussische Propaganda forciert. Zunächst in den USA, dann in deutschen Medien wurde der »dringende Verdacht« geäußert, »dass Russlands Geheimdienste die Wahl zugunsten

Trumps« beeinflusst hätten, was »bei Trumps Gegnern die Ansicht verstärkt (habe), sein Sieg sei nicht legitim«.[46]

Die *Washington Post* zitierte zum Beweis der steilen These zwei Studien, die dem Geheimdienstausschuss des US-Senats vorgelegt worden seien – ohne die Namen der zitierten Forscher und deren Institutionen zu nennen, wohl aber deren Befunde. »Russische Propagandaexperten haben während des US-Wahlkampfs 2016 in großem Maßstab sämtliche Onlineplattformen genutzt, um das Ergebnis zugunsten des heutigen US-Präsidenten Donald Trump zu beeinflussen.«[47]

Der Vorsitzende des Geheimdienstausschusses Richard Burr sagte, die Studien zeigten, wie »aggressiv« Russland versucht habe, die USA-Gesellschaft zu spalten und das Vertrauen in die demokratischen Institutionen zu untergraben. Mark Warner, Obmann der Demokraten im Geheimdienstausschuss, sprach von einem »Angriff auf unsere Demokratie«.[48]

Ich konnte mich des Verdachts kaum erwehren, als brauchte man diese propagandistische Blendgranate, um der wachsenden Ablehnung der Sanktionen und des konfrontativen Umgangs mit Russland in der deutschen Öffentlichkeit zu begegnen. Ende November 2016 hatte beispielsweise der Ost-Ausschuss der Deutschen Wirtschaft ein Ende der Sanktionen gefordert. Die Strafmaßnahmen gegen Russland hätten nichts bewirkt und der deutschen Wirtschaft geschadet. Die Gesamtlast der Wirtschaftssanktionen läge inzwischen »im dreistelligen Milliardenbereich«. Besonders betroffen seien neben den baltischen Staaten Polen und Deutschland, obgleich sich die Sanktionen nicht gegen sie, sondern gegen Russland richteten. Laut Berechnungen von Wirtschaftsforschern »hätten die Strafmaßnahmen die deutsche Produktion 2014 und 2015 um 13,5 Milliarden Euro sinken lassen – das entspreche dem Verlust von 60.000 Arbeitsplätzen. Zudem werde die wirtschaftliche Erholung der Ukraine durch die Sanktionen behindert.«[49]

Solche Appelle aus der Wirtschaft deutete ich als ermutigende Zeichen, wobei für mich nicht erkennbar war, ob die deutsche Politik sich davon beeindrucken ließ. Sie folgte unverändert in Nibelungentreue den Vorgaben aus den USA und handelte gegen die eigenen wirtschaftlichen und politischen Interessen. Die EU, deren stärkste Kraft die BRD war, verlängerte am 19. Dezember 2016 die Wirtschaftssanktionen von 2014 bis zum 31. Juli 2017.

Zudem taten sich weitere Felder der Auseinandersetzungen auf. Auch in Syrien hatten sich – wie schon zuvor in anderen arabischen Staaten – »oppositionelle Kräfte« formiert. Der als »Arabischer Frühling« propagandistisch umhüllte »Regime Change« im Sinne und mit Unterstützung der USA lief seit 2010 in der arabischen Welt. Er war in Tunesien, Ägypten, Algerien, Bahrein, Irak, Jemen, Libyen und anderen Staaten erfolgreich gewesen: Die bestehende Ordnung wurde zerstört, es folgten Bürgerkrieg, Anarchie und Chaos. In Syrien versuchte man, die Assad-Regierung zu stürzen. Für den Machtwechsel kämpften unterschiedliche Kräfte, darunter auch der reaktionäre Islamische Staat (IS), der im Nahen und Mittleren Osten einen terroristischen Gottesstaat errichten wollte. Die legitime syrische Regierung bat im Herbst 2015 Russland um Hilfe, nachdem bis Sommer 2013 bereits mehr als 100 000 Menschen im Bürgerkrieg gestorben und mehr als eine Million Syrer aus dem Land geflüchtet waren. Mit der Entsendung eines russischen Militärkontingents gelang es nicht nur, das bestehende System zu stützen – es bedeutete auch die Rückkehr Russlands auf die politische Weltbühne. Dagegen konnten nicht einmal unsere Kritiker etwas einwenden. Der Wissenschaftliche Dienst des Deutschen Bundestages erklärte die Militärpräsenz Russlands in Syrien als völkerrechtskonform, da sie sich auf die ausdrückliche Genehmigung der syrischen Regierung stütze, es handele sich um eine sogenannte Intervention auf Einladung.

Ich will hier nicht weiter auf den Krieg in Syrien eingehen, auf die Propagandalügen und auf die unterschiedlichen Interessen der dort kämpfenden Kräfte – dies ist nicht das Thema des damals in Deutschland tätigen russischen Botschafters. Aber all diese Faktoren beeinflussten seinerzeit meine und die Arbeit meiner russischen Kollegen, als der Syrien-Konflikt die Medien in Deutschland und damit die öffentliche Meinung beherrschte.

Trotz der schwierigen Rahmenbedingungen gab es in jenem Jahr 2016 auch erfreuliche und befriedigende Momente. Die Strategische Arbeitsgruppe für Wirtschaft und Finanzen (SAG) kam wieder zusammen. Das bilaterale Gremium unter der Federführung des Bundesministeriums für Wirtschaft und Energie war 2000 auf Initiative von Bundeskanzler Schröder und Präsident Putin geschaffen worden, um das Investitionsklima und die Möglichkeiten der wirtschaftlichen Zusammenarbeit auf beiden Seiten zu verbessern. Das Treffen erfolgte nach längerer Pause im Oktober 2016 in Moskau. »Deutschland ist an der Fortsetzung der Zusammenarbeit mit Russland sehr interessiert. Auch in der schwierigen aktuellen Lage ist die Mehrheit der deutschen Unternehmen in Russland geblieben. Gleichwohl ergeben sich für sie eine Reihe von Herausforderungen, die wir gemeinsam lösen sollten«, erklärte der Ko-Vorsitzende, Uwe Beckmeyer, Parlamentarischer Staatssekretär beim Bundesminister für Wirtschaft und Energie.[50]

Der 15. Petersburger Dialog fand im Juli 2016 in St. Petersburg statt. Zuvor, am 22. Juni, war mit einer großen Gedenkveranstaltung im Berliner Dom an den Überfall Hitlerdeutschlands auf die Sowjetunion erinnert worden. Bundesratspräsident Stanislaw Tillich stellte in seiner Rede noch einmal klar: »Dieser Krieg ging von Deutschland aus.« Und mit dem Wissen von heute und angesichts

der rechtsextremen, antisemitischen, ausländerfeindli-
chen Vorgänge der jüngsten Zeit in Deutschland kommt
man nicht umhin, Tillichs Rede als sehr weitsichtig und
wichtig zu würdigen. Er mahnte vom Altar des Berliner
Doms, die Erinnerung wachzuhalten und kommenden
Generationen zu vermitteln. »Deutschland muss sich seiner historischen Verantwortung immer wieder stellen. Es
darf keinen Raum geben für Relativierung, für selektive
Erinnerung oder für eine politische Instrumentalisierung
dieser Zeit. Es kann und darf keinen Schlussstrich geben.
Wir dürfen Rechtsextremen keinen Spielraum geben, die
Geschichte für ihre Zwecke umzudeuten und zu missbrau-
chen.« Tillich, damals Ministerpräsident des Bundeslandes
Sachsen, nannte es »eine besondere und bewahrenswerte
Errungenschaft, dass Deutschland und Russland nach
allem, was geschehen ist, den Weg zur Versöhnung eingeschlagen haben«. Und der Bundesratspräsident appellierte, »dass wir immer wieder aufeinander zugehen und
im Dialog bleiben. Wir waren selbst im Kalten Krieg miteinander nicht sprachlos und sollten deshalb heute erst
recht das offene und verbindende Gespräch suchen.«[51]

2017, mein letztes Jahr als Botschafter in Deutschland,
war das vielleicht schwerste und schwierigste meiner
Amtszeit. Und das aus verschiedenen Gründen. Zunächst
warf ein Terroranschlag in Berlin noch seine Schatten. Am
19. Dezember 2016 war ein Attentäter mit einem Sattelzug
in den gut besuchten Weihnachtsmarkt auf dem Breit-
scheid-Platz gerast. Dabei starben elf Menschen, 55 weitere wurden verletzt. Die Terrormiliz »Islamischer Staat«
erklärte anderentags, der Täter habe als »Soldat des Islamischen Staates« gehandelt. Der barbarische Anschlag
sollte die deutsche Innenpolitik noch sehr lange beschäftigen, und das nicht nur, weil es der erste islamistische
Anschlag in dem bislang davon verschonten Deutschland
war. Er blieb auch deshalb Thema, weil die dann einsetzen-

den Untersuchungen offenbarten, dass der dafür zuständige Verfassungsschutz sehr nachlässig und damit fahrlässig gearbeitet hatte. Es hieß, es habe bereits im Vorfeld einschlägige Hinweise gegeben. Möglicherweise wäre der Anschlag zu verhindern gewesen.

Ausgerechnet an jenem Tag, als diese schreckliche Nachricht alle Zeitungsseiten füllte, hatte ich eine an sich erfreuliche protokollarische Pflicht als Botschafter zu erfüllen, was wieder einmal zeigte, dass in der Politik wie im Leben Freud und Leid Geschwister sind. Ich eröffnete am 20. Dezember 2016 das inzwischen sechste Visa-Zentrum Russlands in Deutschland. Es befand sich unweit unserer Botschaft in der Charlottenstraße, in Sichtweite des Gendarmenmarktes und in ausnehmend schönen Räumen. Mit Visa-Freiheit hätten wir es nicht benötigt.

Am Ende jenes Jahres wies der scheidende US-Präsident Obama 35 russische Diplomaten aus den Vereinigten Staaten mit der Begründung aus, das seien die Konsequenzen aus den Cyberangriffen während des Präsidentschaftswahlkampfes, für die er die russische Regierung verantwortlich machte. »Die Sanktionen und Ausweisungen seien die Antwort auf Russlands ›Versuche, den Interessen der USA zu schaden‹, sagte Obama. Die Schritte seien nur ein Teil der Antwort auf ›Russlands aggressive Aktivitäten‹. Es werde eine Vielzahl weiterer Gegenmaßnahmen geben; nicht alle würden publik gemacht.«[52] Obama appellierte an die Freunde und Verbündeten der USA, gemeinsam »gegen die russischen Versuche, internationale Normen und demokratische Regierungen zu untergraben«, vorzugehen.[53]

Ausgerechnet der Präsident der USA warnte vor der Untergrabung internationaler Normen und demokratischer Regierungen. Ausgerechnet er. Es verging doch kein Tag, an dem die USA nicht in diesem Sinne aktiv waren. Offenkundig setzte Barack Obama darauf, dass beispielsweise die NSA-Affäre so vergessen war wie der Mord am ersten frei gewählten Premierminister des unabhängigen Kongo vor 55 Jahren: Anfang Januar 1961 töteten vom US-Geheimdienst und der belgischen Regierung gedungene Killer Patrice Lumumba. Vom blutigen Sturz der chilenischen Regierung unter Allende am 11. September 1973 nicht zu reden ...

Die Unsicherheit bei der qualitativen Umgestaltung der transatlantischen Beziehungen – am 20. Januar 2017 wurde der neue US-Präsident Trump in sein Amt eingeführt –, die Gärungsprozesse innerhalb und um die Europäische Union nahmen zu. Einige neue innenpolitische Trends – das Erstarken der rechtskonservativen Partei »Alternative für Deutschland« (AfD) zum Beispiel – taten ein Übriges.

All diese Momente wirkten sich auf die Bundestagswahlen am 24. September 2017 aus. Die bis dahin regierende Große Koalition aus CDU/CSU und SPD verlor fast vierzehn Prozent. Daraufhin entschloss sich die Union – die allein 8,6 Prozent verloren und ihr schlechtestes Wahlergebnis seit Gründung der Bundesrepublik erzielt hatte –, den Partner zu wechseln und mit der FDP und den Grünen eine neue Regierung zu bilden. Die FDP ließ im November die Gespräche über eine Regierungskoalition jedoch überraschend platzen. Die SPD ging daraufhin erneut eine Große Koalition mit der Union ein, die nunmehr vierte seit 1966. Erst ein halbes Jahr nach der Wahl hatte Deutschland wieder eine handlungsfähige Regierung, das sechzehnköpfige Kabinett von Angela Merkel wurde im März 2018 vereidigt.

Da war ich schon nicht mehr Botschafter und im Ruhestand. Am 8. März hatte mein Nachfolger, Sergej J. Netschajew, sein Beglaubigungsschreiben im Schloss Bellevue an Bundespräsident Frank-Walter Steinmeier übergeben.

Mein letztes Jahr in Deutschland war, wie man hierzulande zu sagen pflegt, sehr durchwachsen. Die offiziellen Beziehungen zu Russland waren nach wie vor angespannt, sie standen unverändert unter einem spürbar unfreundlichen Diskurs, der von einigen politischen Persönlichkeiten und hauptsächlich von den Medien bestimmt wurde. Die bis zur Russophobie gesteigerte Feindseligkeit stand natürlich unter dem amerikanischen Stern. Die Staaten der EU, allen voran Deutschland, vermochten es nicht, sich aus der Vormundschaft der USA zu lösen und sich als eigenständiges Subjekt zu emanzipieren. Dabei war es doch offensichtlich, dass sich diese Staaten dabei selbst schadeten, während die USA von ihrer und der ihren Bündnispartnern vorgeschriebenen Sanktionspolitik profitierten. Ökonomisch und politisch-strategisch. Washington handelte nach dem Prinzip des alten Rom: Divide et impera – teile und herrsche. Wenige Tage vor seinem Amtsantritt im Januar 2017 gab Donald Trump der britischen *Times* und der deutschen *Bild* ein Interview. Der Hamburger *Spiegel* nannte seine Auslassungen ein »Dokument der Spaltung, das dem klassischen Ansatz machiavellistischer Machtausübung folgt: Teile und herrschte, hetze deine Konkurrenten gegeneinander auf, um sie zu besiegen.«[54]

Präsident Putin lud Kanzlerin Merkel auf seine Sommerresidenz am Schwarzen Meer am 2. Mai ein. Der Besuch in Sotschi war wie immer auch von unserer Botschaft vorbereitet worden. Bei dem Gespräch ging es vor allem um die Lage in der Ukraine, den Krieg in Syrien und die Vorbereitung des G20-Gipfels im Juli in Hamburg. Es war der erste Besuch der Kanzlerin in Russland seit zwei Jahren.

»Putin betonte in emotionalen Worten erneut, dass die aktuelle ukrainische Regierung seiner Ansicht nach mit einem ›staatlichen Umsturz einen verfassungswidrigen Machtwechsel‹ vollzogen habe. Er warf Kiew vor, für territoriale Abtrennungen und Blockaden verantwortlich zu sein. Merkel sagte dagegen, dass die ukrainische Regierung ›auf demokratische Weise an die Macht gekommen‹ sei. Man sei ›unterschiedlicher Meinung‹, was die Ursache des

Konflikts anginge«, urteilte der Kommentator des *Deutsch-landradios*.[55] Aber die beiden Politiker seien sich darin einig gewesen, den Friedensprozess in der Ukraine zu stärken. Und beide bezeichneten Deutschland und Russland als wichtige Partner.

In ähnlicher Weise äußerte sich Frank-Walter Steinmeier. Der vormalige Bundesaußenminister war am 12. Februar 2017 zum zwölften Bundespräsidenten gewählt worden. Am 25. Oktober 2017 reiste er nach Moskau. Es war der erste Russland-Besuch eines Bundespräsidenten nach sieben Jahren. Am Beginn meiner Tätigkeit als Botschafter in Deutschland hatte ich die Visite von Bundespräsident Christian Wulff organisiert. Sein Nachfolger Joachim Gauck, fünf Jahre im Amt, hatte nie Anstalten unternommen, nach Russland zu reisen. Im Gegenteil: Er sagte demonstrativ den Besuch der Olympischen Spiele in Sotschi ab. Nur einmal kam es zu einer Begegnung mit Wladimir Putin: als der russische Präsident im Juni 2013 Berlin besuchte. [56, 57]

Formaler Anlass für Steinmeiers Reise – bewusst als Arbeitsbesuch deklariert – war die Übergabe der Moskauer Kathedrale St. Peter und Paul an die evangelisch-lutherische Kirche in Russland. Steinmeier dankte bei der Zeremonie dem russischen Präsidenten für diese »schöne Geste im Jahr des Reformationsjubiläums«.[58]

Drei Stunden konferierten beide Präsidenten. Putin erklärte anschließend: »Wir haben festgestellt, dass die russisch-deutschen Beziehungen trotz der bekannten politischen Schwierigkeiten nicht auf der Stelle treten und wir bereit sind, gemeinsam an ihrer Entwicklung zu arbeiten.«[59]

Das ließ nicht nur den Botschafter Russlands in Berlin auf bessere Zeiten hoffen.

Nicht zum ersten Male.

Kapitel 3

Kultur und Kunst bringen Deutsche und Russen zueinander

Für mich war und ist die Kultur ein wesentliches Element meines Lebens. Und so geht es sehr vielen Menschen auch, weshalb Kunst und Kultur auch wirksam in der grenzüberschreitenden Politik sind. Sie tragen zum Verständnis anderer Völker und deren Gewohnheiten bei, helfen Brücken zu bauen und Gräben zu überwinden. In Polen fühlte ich die kulturelle und geistige Nähe unserer beiden Völker. Ich war geradezu angerührt, als ich sah, dass das größte Theater in Warschau so hieß wie das bekannteste und wichtigste Opern- und Ballett-Theater in Russland: Teatr Wielki, bei uns Bolschoi-Theater – das Große Theater. Warschau verwöhnte mich mit Kultur geradezu, ich hielt es kaum für möglich, dass ich in Berlin eine Steigerung würde erleben können.

Die erste Einladung für ein kulturelles Großereignis in Deutschland bekam ich bereits im Mai 2010, als ich noch in Polen weilte. Am 27. Juli gastierte Anna Netrebko in Baden-Baden. Die international gefragte Sopranisten mit Wohnsitz in St. Petersburg besaß sowohl die russische als auch die österreichische Staatsbürgerschaft. Sie war ein Weltstar. Netrebko machte aus ihrer klaren Haltung zu ihrer Heimat kein Hehl: 2012 sollte sie zu jenen fünfhundert Persönlichkeiten gehören, die sich für die Wiederwahl Wladimir Putins zum Präsidenten der Russischen Föderation einsetzten.

Das Galakonzert in Baden-Baden war fantastisch, leider konnte ich es nicht besuchen. Es wäre mir vermutlich auch nicht gelungen, mit Anna Netrebko ins Gespräch zu kommen. Zu viele Menschen drängten in ihre Nähe. Wir konnten aber das Versäumte später in Passau nachholen. Die dortige Verlegerin Angelika Diekmann lud alljährlich unter dem Motto »Kunst kennt keine Muttersprache« namhafte Persönlichkeiten aus Kultur und Politik ein. Was eigne sich besser als Kunst, die Menschen im vereinten Europa einander näher zu bringen?, fragte sie rhetorisch. Am 23. Oktober 2012 war also Anna Netrebko in der bayerischen Grenzstadt an der Donau. Sie empfing im dortigen Medienzentrum aus den Händen des Direktors der Bayerischen Staatsoper Nikolaus Bachler und des ehemaligen Wiener Staatsopernintendanten Ioan Holender den Kunst-Award für ihr außergewöhnliches Schaffen in der Welt der Musik und für ihr soziales Engagement in Wien und St. Petersburg. Ich sprach ein Grußwort zu den fast fünfhundert Gästen, um das mich das Verlagshaus Passau gebeten hatte. Ich stellte es unter die Überschrift »Kunst baut Brücken zwischen den Völkern«. Die Talkshow auf der Bühne, von Entertainer Thomas Gottschalk moderiert, war für Teilnehmer wie für die Gäste unterhaltsam und vergnüglich.

Die Kur- und Bäderstadt Baden-Baden habe ich später noch einige Male besucht. Ich war angetan von der beeindruckenden Natur, den Heil- und Erholungsmöglichkeiten, den Lebens- und sozialen Bedingungen, dem kulturellen Reichtum. Deshalb war es kein Wunder, dass früher namhafte Vertreter des russischen Adels dorthin reisten und zeitweilig in den schon von den Römern geschätzten Thermalquellen badeten. Iwan Turgenjew lebte hier als Emigrant, und Fjodor Dostojewski verspielte im Casino sein letztes Geld. Nikolai Gogol und Lew Tolstoi besuchten Baden-Baden, Wassili Schukowski und Alexander Borodin ebenso. Auch nach der Revolution kamen Persönlichkeiten: etwa der Komponist Sergej Rachmaninow und der kranke Außenminister Grigori Tschitscherin, der 1922 im italienischen Rapallo jenen Vertrag zwischen der Sowjetunion und Deutschland geschlossen hatte, der die außen-

politische Isolation der Weimarer Republik durchbrach ...
Baden-Baden ist bis heute eine Art Sehnsuchtsort für
viele Russen. Die »Sommerstadt Europas« sei »die einzige
russische Stadt außerhalb Russlands«, hieß es in einem
Fernsehbericht des *Südwestrundfunks* (SWR). Daran war
Turgenjew nicht schuldlos, mit seinem Roman »Rauch«,
der an sowjetischen Schulen Pflichtlektüre war, wurde
Baden-Baden zur bekanntesten deutschen Stadt in Russland. Nach Berlin natürlich.

In der Region leben heute viele russischsprachige
Menschen, die unser Land auch aufgrund der tragischen
Ereignisse der neunziger Jahre verließen. Aber nicht nur
das. Der Wunsch nach russisch-deutscher Annäherung
wächst dort stetig weiter. Es gibt beispielsweise auch eine
sehr aktive Turgenjew-Gesellschaft, fast jedes Jahr treten
bekannte Künstler in Baden-Baden auf. Neben der bereits
erwähnten Anna Netrebko gastierten während meiner Zeit
in Berlin der Dirigent Walerij A. Gergiew, der Pianist Denis
Mazujew, das Opernensemble des Bolschoi-Theaters und
andere Sänger, Schauspieler und Ensemble.

Kunst und Kultur besitzen eine große Kraft, entfalten
ein beachtliches Potenzial beim Abbau von Vorurteilen
und Ressentiments. Das habe ich immer wieder mit Befriedigung erlebt, weshalb ich auch als Botschafter oft in unser
Haus zu Konzerten und Ausstellungen lud oder Kulturveranstaltungen außerhalb der Botschaft unterstützte.

Die erste während meiner Amtszeit ergab sich in Badenweiler, einem Städtchen im Süden von Baden-Württemberg, wo Russlands bedeutender Schriftsteller Anton
Tschechow 1904 verstarb. Er wurde gerade einmal 44
Jahre alt und war auf Empfehlung eines deutschstämmi-
gen Moskauer Arztes in den Schwarzwald-Kurort gereist,
doch auch dort konnte die fortgeschrittene Tuberkulose
nicht mehr geheilt werden. In seiner Sammlung von Briefen, die 1968 in Berlin erschien, finden sich auch einige,

die Tschechow während seines mehrwöchigen Aufenthaltes in Badenweiler schrieb. Darin schilderte er das ordnungsbestimmte, jedoch oft langweilige und »untalentierte« Leben der wohlhabenden Deutschen, die ihm dort begegneten. Deren Nachfahren trugen es ihm nicht nach, wie ich bei meinem Besuch erfreut sehen konnte. Der Bürgermeister Karl-Eugen Engler (er sollte nach 28 erfolgreichen Dienstjahren im Dezember 2019 aus seinem Amt scheiden) und der Tschechow-Experte und Kopf des Literaturforum Badenweiler Heinz Setzer hatten mich eingeladen. Und was sie mir zeigten und was ich von ihnen hörte, rührte mich an. Ein Platz im Zentrum der Stadt trug Tschechows Namen und das 1908 weltweit erste für ihn errichtete Denkmal. Und es gab einen ihm zu Ehren angelegten Kirschgarten (bekanntlich hieß eines seiner bekanntesten Theaterstücke so). Im Kurhaus befand sich das »Literarische Museum Tschechow-Salon Badenweiler«, das Heinz Setzer leitete. 2015 sollte das Museum in das Rathaus umziehen. Es erinnerte nicht nur an Tschechow, sondern auch an weitere zwei Dutzend internationale und deutsche Schriftsteller und Autoren, die im Heilbad gekurt oder gelebt hatten, darunter der russische Theatermann Konstantin Stanislawski.

Ich erfuhr von Setzer, dass mit Errichtung des Denkmals eine einzigartige literarische Gedenkkultur für Tschechow in Deutschland begonnen habe, die die beiden Weltkriege und auch den Kalten Krieg überdauerte. Eine Abteilung des Museums zeigte die gesellschaftlich-kulturellen Beziehungen Badenweilers zu Russland von 1904 bis in die Gegenwart, wozu auch die Geschichte des Tschechow-Archivs und des internationalen literarischen Lebens im Kurort mit Lesungen, Tschechow-Festival und wissenschaftlichen Konferenzen zählte. Im Jahr des 150. Geburtstages von Anton Tschechow fand eine Reihe Veranstaltungen in Deutschland und in Russland statt, bei denen sich Bürgermeister Engler und Heinz Setzer mit der Tschechow-Gesellschaft stark engagierten. Unser Kultur-ministerium ehrte die beiden mit Gedenkmedaillen, die ich ihnen im Mai 2011 bei Gelegenheit eines Konzertes in unserer Botschaft überreichen konnte.

Nicht minder bewegt als in Badenweiler war ich bei einem Besuch im nahe gelegenen Freiburg. In der Stadt mit einer der ältesten und renommiertesten Universitä-ten Deutschlands erinnert man sich in besonderer Weise an die russische Dichterin und Schriftstellerin Marina Zwetajewa. Die 1892 in einer kunstsinnigen Familie Gebo-rene – ihr Vater gründete das Puschkin-Museum in Mos-kau – ging 1904/05 in Freiburg zur Schule. Die Mutter, eine Konzertpianistin, war nach der Jahrhundertwende an Tuberkulose erkrankt. Die Familie zog mehrere Jahre durch Europa, um Heilung zu finden, in Freiburg wurde Marija Meyn im dortigen Krankenhaus behandelt. 1922, am Beginn ihres Exils, besuchte Marina Zwetajewa noch einmal die Stadt. Sie kehrte 1939 mit ihrem Sohn in die Sowjetunion zurück, im August 1941, nach dem Überfall Nazideutschlands, schied sie freiwillig aus dem Leben.

Marina Zwetajewa stand im Mittelpunkt der Russi-schen Kulturtage in der letzten April-Woche 2015, die in Zusammenarbeit mir der Allrussischen Rudomino-Biblio-thek für ausländische Literatur in Moskau erfolgte. Die Bibliothek hatte auch den Auftrag für eine Porträtbüste an den bekannten russischen Bildhauer Alexander Bur-ganow erteilt, die in jener Woche der Stadt Freiburg zum Geschenk gemacht wurde. Oberbürgermeister Dr. Dieter Salomon sagte in seinem Grußwort, dass Marina Zweta-jewa nach Freiburg »zurückgekehrt« sei und gab seiner Hoffnung Ausdruck, »dass gerade in politisch schwierigen Zeiten kulturelle Kontakte und direkte Beziehungen zwi-schen den Menschen [...] von unschätzbarer Bedeutung und wichtige Beiträge der Verständigung sind«.

Zwei Jahre später – am 23. Mai 2017 – durfte ich auf Einladung des Marina-Zwetajewa-Zentrums in Freiburg sprechen, »in dieser märchenhaften Ecke Deutschlands, wo sich die mächtige Anziehungskraft der Region Baden sofort spüren lässt, die das Schaffen der besten Vertreter der intellektuellen Elite Russlands im 19. und 20. Jahrhundert maßgeblich geprägt hat. Wo man auf Schritt und Tritt Spuren der jahrhundertelangen Geschichte des kulturellen Zusammenwirkens zwischen Russland und Deutschland findet.«[60] Ich wurde nicht von diplomatischer Schmeichelei getrieben, als ich erklärte: »Ich muss ganz offen gestehen – die Magie der Region Baden kommt besonders deutlich zur Geltung, wenn man aus einer anderen Gegend hierher kommt. Aus einer Gegend, wo andere Stimmungen und Sitten herrschen, wo andere Atmosphäre – politische Atmosphäre – herrscht – mit allen sich daraus ergebenden Folgen.« Im Weiteren ging ich auf meine jüngsten Begegnungen mit Kulturschaffenden und Unternehmern und die verschiedenartigen Beziehungen zwischen unseren beiden Ländern ein. »So leitete der Chefdirigent des Bolschoi-Theaters Tugan Sochijew von 2012 bis 2016 das Deutsche Symphonie-Orchester Berlin. Der bekannte Ballettmeister John Neumeier inszenierte an der Staatsoper Hamburg das Stück ›Nezhinsky‹ sowie drei russische Balletts ›Der Nussknacker‹, ›Die Möwe‹ (nach Anton Tschechow) und ›Tatjana‹ (nach Puschkins ›Eugen Onegin‹). Der russische Maestro Walerij Gergiew ist seit 2015 Chefdirigent der Münchener Philharmoniker und Kirill Petrenko Generalmusikdirektor der Bayerischen Staatsoper.«[61] Und ich verwies auf die Ausstellung in Marbach, die seit Monatsbeginn zu sehen war: Sie zeigte die Verbindung Rainer Maria Rilkes zu seiner »geistigen Heimat« Russland und die Korrespondenz mit einer der intelligentesten Dichterinnen des 20. Jahrhunderts, Marina Zwetajewa. Diese Verbindung endete erst mit dem Tod des Dichters 1926. Ich erwähnte auch eine andere Ausstellung, die Mitte Mai 2017, also zwei Wochen später, in Schloss Friedenstein in Gotha eröffnet worden war. Das Moskauer Puschkin-Museum für Bildende Künste zeigte dort seine Meisterwerke. Es war die Antwort auf die Gothaer Cranach-Ausstellung in Moskau im Jahr zuvor.

Kurz vor dem Start des Zwetajewa-Zentrums in Freiburg war auf Burg Hohenzollern am 22. Oktober 2016 die Ausstellung »300 Jahre Romanow & Hohenzollern« eröffnet worden, die ein Vierteljahr lang im Torturm eine Fülle von Unikaten zeigte. Der Stammsitz des preußischen Königshauses liegt auf halbem Wege zwischen Freiburg und Stuttgart. Die Exponate von Katharina der Großen und Friedrich dem Großen, von Zar Nikolaus I. und Charlotte von Preußen (der Zarin Alexandra), die der Großfürstin Kira Kirillowna und ihres Mannes Prinz Louis Ferdinand spiegelten, so die Ausstellungsmacher, »die glücklichste Epoche russisch-preußischer Geschichte im 19. Jahrhundert«. Die Eröffnung erfolgte am »Tag der deutsch-russischen Freundschaft« durch den Hausherrn, Prinz Georg Friedrich, der nicht nur mich, sondern auch Metropolit Hilarion von Wolokolamsk, den Leiter des Außenamtes der Russisch-Orthodoxen Kirche, und viele hochrangige Vertreter aus Wirtschaft, Kultur, Politik und Kirche beider Länder eingeladen hatte. Prinz Georg Friedrich erklärte: »Deutschland zählt zum Westen, ist aber nicht nur eine westliche Nation. Aus der geografischen Mittellage ergibt sich die Chance für Deutschland in Vergangenheit, Gegenwart und Zukunft.« Metropolit Hilarion, faktisch der Außenminister seiner Kirche, brachte unser Verhältnis und die gelegentlichen Missverständnisse mit dem Satz auf den Punkt: »Russland ist anders, Deutschland auch.«[62]

Auch in der Landeshauptstadt Stuttgart, wo naturgemäß der politische Wind rauer weht, fanden zahlreiche kulturelle Veranstaltungen statt, die Deutsche und Russen zusammenbrachten. Im Oktober 2013 öffnete im Alten Schloss die Ausstellung des Landesmuseums »Im Glanz der Zaren – die Romanows, Württemberg und Europa«. Im Zentrum der Schau standen fünf Frauen, die am Zarenhof und im württembergischen Königshaus auf ihre eigene Weise großen Eindruck hinterließen. »Fünf Ehen, vier Generationen und eine Geschichte«, hieß es im Begleittext. Gemeint waren zwei württembergische Prinzessinnen, die nach Russland gezogen waren, und drei russische Adelstöchter, die in Württemberg eine beherrschende Stellung innehatten.

Wenn ich in kultureller Hinsicht auf die dynastischen Beziehungen zwischen unseren Ländern eingehe, dann komme ich nicht umhin, auch eine Ausstellung in unserer Botschaft zu erwähnen. Sie lief im Herbst 2011 und war der Krönung des russischen Zaren Alexander gewidmet. Er hatte die Prinzessin Marie von Hessen-Darmstadt geheiratet, welche als Zarin Maria Alexandrowna in die Geschichte einging. Die Krönung war vor 155 Jahren erfolgt, zugegeben, kein besonders rundes Jubiläum, aber uns war es Anlass, an jenen Herrscher zu erinnern, der 1861 – also vor 150 Jahren – die Leibeigenschaft in Russland beendet hatte. Er war ein Reformer auf dem Zarenthron, befreite Millionen von Bauern aus der Jahrhunderte währenden Sklaverei, reformierte Militär und Justiz, führte die kommunale Selbstverwaltung ein, ließ städtische Abgeordnetenhäuser und Gemeindeverwaltungen gründen. Unter seiner Herrschaft wurden der langwierige Krieg im Kaukasus beendet und die slawischen Völker vom osmanischen Joch befreit, weshalb Denkmale von Alexander II. nicht nur in Russland, sondern auch in Bulgarien und in anderen Ländern stehen.

Die Ausstellung »Macht, Pracht, Herrlichkeit – die Moskauer Zarenkrönung von 1856« bildete den Auftakt des Russland-Jahres in Deutschland 2012. In jenem Jahr feierte Russland auch sein 1150-jähriges Bestehen. Alexander hatte 1862 die Festveranstaltungen zu 1000 Jahre Russland angeordnet und dadurch eine Tradition begründet. In den Begleittexten zur Ausstellung konnte darauf hingewiesen werden, dass unsere Botschaft in Berlin nach dem Krieg auf dem Areal errichtet worden war, welches von Alexanders Vater – Nikolaus I., verheiratet mit Charlotte von Preußen – in den 1830er Jahren erworben worden war. Die Tatsache, dass ich als Botschafter die Schirmherrschaft über diese Ausstellung übernommen hatte, wertete die deutsche Presse als ein wichtiges Zeichen und Ausdruck eines »Kulturdialogs«. Einige Zeitungen schrieben von einem exzellenten Vorgriff auf die deutsch-russischen Wechseljahre. »Zum ersten Mal richtet die Botschaft eine Schau ›dieser Art und dieser Dimension‹ aus, wie Botschafter Grinin kürzlich bei der Eröffnung betonte. Gleichfalls ein Novum: die Ausstellung in der diplomatischen Vertretung ist öffentlich.«[63]

Einer der Hauptinitiatoren der Ausstellung war die Deutsche Puschkin-Gesellschaft und deren Vorsitzende Clotilde von Rintelen. Die Fachärztin für Psychiatrie und Psychotherapie ist eine Nachfahrin der aus der Ehe von Natalia Puschkin, einer Tochter Alexander Puschkins, und Prinz Nikolaus Wilhelm zu Nassau hervorgegangenen Kinder. Nikolaus vertrat 1856 als preußischer General das Herzogtum Nassau bei den Krönungsfeierlichkeiten von Zar Alexander II., dabei hatte er Natalia kennenge lernt. Und die Großmutter von Dr. Rintelen war eine Tochter von Alexander II. »In meiner Familie wurde darüber nicht gesprochen. Ich wusste aber schon früh, dass ich so ›typisch deutsch‹ nicht sei. Oftmals hörte ich, ›die kleine Merenberg ist so entzückend natürlich‹, dann wusste ich, irgendetwas war nicht üblich«, schrieb die geborene Gräfin von Merenberg und Ururenkelin Puschkins. »Ich empfinde es als Verantwortung und Verpflichtung«, aus dieser Familie zu kommen.[64] Im Jahre 2014 wurde Clotilde von Rintelen für ihre sozialen Aktivitäten zum Nutzen der russischdeutschen Beziehungen als »lebendige Verkörperung der russländisch-deutschen Geschichte, der Nähe von Russen und Deutschen, der engen Verflechtung ihrer Schicksale«, wie ich in meiner Laudatio sagte, mit dem »Orden der Freundschaft« geehrt.

In diesem Zusammenhang verdient auch die Geschichte der Stadt Zerbst im Bundesland Sachsen-Anhalt besondere Aufmerksamkeit. In dieser Region lebte Prinzessin Sofia Friedrich Augusta von Anhalt-Zerbst, bevor sie mit vierzehn Jahren nach Russland verheiratet und als Katharina II. Zarin wurde. In den damals noch nicht restaurierten Palastgebäuden und unter aktiver Beteiligung von Bürgermeister Andreas Dittmann, vormals SED, später SPD, sowie der zuständigen städtischen Behörden fanden regelmäßig Veranstaltungen in russischer Sprache statt. Kulturschaffende und Wissenschaftler reisten dazu aus St. Petersburg und Umgebung an. Regelmäßig nahmen auch Mitarbeiter unserer Botschaft an solchen Begegnungen teil und arbeiteten mit der Stadt und ihren Vertretern konstruktiv zusammen.

Zerbst richtete als Partnerstadt von Puschkin (früher Zarskoje Selo) auch das zweitägige deutsch-russische »Katharina-Forum« aus. Im Herbst 2019 erfolgte dieser »Deutsch-russische Wirtschaftsdialog des Landes Sachsen-Anhalt« bereits zum zweiten Male.

Besonders im Gedächtnis geblieben ist mir die Ausstellung »Ansichten von Liechtenstein« des russischen Künstlers Alex Doll, die im Februar 2017 im Zerbster Rathaus gezeigt wurde. Man präsentierte bemerkenswerte Werke des 26-jährigen Malers, der Ehrenmitglied der Russischen Akademie der Künste ist. Dolls Bilder erinnerten an unseren bekannten Landsmann, den russisch-deutschen Philanthropen Baron Eduard Oleg von Falz-Fein.

Er und seine Familie verließen 1919 Sowjetrussland und siedelten sich 1933 schließlich im Fürstentum Liechtenstein an. Dort starb 2018 Eduard Oleg von Falz-Fein mit 106 Jahren. Bis zuletzt zeigte er seine Zuneigung zu Katharina der Großen, indem er beispielsweise durch Zuwendungen den Aufbau der Zerbster Katharina-Sammlung großzügig unterstützte.

Zur Ausstellungseröffnung konnte ich unter den vielen Gästen auch meinen Kollegen Prinz Stefan von und zu Liechtenstein begrüßen – er vertrat das Fürstentum als Botschafter in der Bundesrepublik Deutschland. Er freute sich erkennbar, erstmals Zerbst zu sehen. Der Maler Alex Doll erklärt auch ihm, welches Symbol Zerbst »für jeden russischen Künstler« darstelle, womit er auf Katharina anspielte und indirekt auch auf Liechtenstein.[65] Denn die einstige Friederike von Anhalt-Zerbst holte als Zarin »viele ihrer deutschen Landsleute nach Russland, um die oft menschenleeren, weiten Steppen zu besiedeln. Auch der Weinbauer Johann Fein folgte ihrem Aufruf – nahe der Krim in Askania Nova wurde er mit Schafwolle rasch reich, die Familie, die inzwischen Falz-Fein hieß, später geadelt.«[66]

Besonderes Augenmerk richteten wir in kultureller Hinsicht auf die in Deutschland offiziell anerkannte nationale Minderheit der Sorben mit ihren rund sechzigtausend Angehörigen. Die westslawische Ethnie pflegte nicht nur ihre Sprache und ihre Traditionen aus Verantwortung gegenüber der Geschichte, sondern suchte auch nach Wegen in die Zukunft. Die Sorben lebten im Wesentlichen in der Lausitz, das heißt in den Bundesländern Sachsen und Brandenburg, und man bemerkte dies selbst als Autofahrer: Die Orts- und Hinweisschilder waren in dieser Region zweisprachig. Neben Bekanntschaften und fachlichen Kontakten blieben mir vor allem zwei wundervolle Abende in unserer Botschaft unvergesslich, die von der Vereinigung wendisch-sorbischer Künstler gestaltet wurden. Diese Organisation, deren Vorstand in Bautzen arbeitet – der eigentlichen Hauptstadt der sorbischen Domowina –, vereinte mehr als hundert Schriftsteller, Komponisten, Schauspieler, Tänzer, Musiker und Maler. Der erste Abend im November 2013 bot eine wunderschöne folkloristische Visitenkarte des kleinen slawischen Volkes, das seit mehr als tausend Jahren in der Lausitz ansässig ist. Der zweite Abend der sorbischen Kultur fand im April 2016 statt. In unserer Botschaft präsentierte der sorbische Komponist Heinz Roy anlässlich des 75. Jahrestages des faschistischen Überfalls auf die Sowjetunion zum ersten Mal seine ergreifende 5. Symphonie mit dem Titel »Stalingrad«.

Vielleicht war 2012/13 das kulturell bedeutendste Jahr in meiner Berliner Botschaftertätigkeit. Das weiß man aber immer erst hinterher. Diese von mir »Kreuzjahre« genannte Zeit – es fanden wechselseitig besonders viele Veranstaltungen in Deutschland und Russland statt – hatte etliche Höhepunkt. Sie alle standen unter der programmatischen Zeile: »Russland und Deutschland: Gemeinsam die Zukunft bauen«.

Die gemeinsame Exposition »Russen und Deutsche: 1000 Jahre Geschichte, Kunst und Kultur« stand unter der Schirmherrschaft der Präsidenten beider Länder. Zunächst wurde sie vom 20. Juni bis 25. August 2012 im Staatlichen Historischen Museum in Moskau gezeigt. Ab dem 4. Oktober 2012 war sie im Neuen Museum in Berlin zu sehen. Bundespräsident Gauck eröffnete die opulente Schau mit über sechshundert Kunstwerken und Dokumenten, die die russischen und deutschen Spuren in der Geschichte nachzeichneten. Aus Moskau war der Vize-Vorsitzende der Staatsduma Sergej Shelesnjak angereist. Die Exponate kamen aus Museen und Archiven nicht nur der beiden Länder, sondern auch aus Österreich, der Schweiz und Lettlands und waren in jahrelanger Arbeit vom russischen Kulturministerium und der Stiftung Preußischer Kulturbesitz unter der umsichtigen Leitung ihres Direktors Prof. Dr. Helmut Parzinger zusammengetragen worden. Parzinger war einer der Initiatoren dieses Projektes, ich konnte ihn oft in unserem Hause auch bei anderen Kulturangelegenheiten begrüßen. Die Organisatoren der Ausstellung waren sich stets bewusst, dass eine gemeinsame Zukunft nur gelingen würde, wenn man die Vergangenheit kannte und auch die tragischen, schwierigen Momente nicht aussparte. All dies fand in der Ausstellung angemessen Ausdruck.

Die Programme der »Kreuzjahre« fanden immer ein breites Publikum und unterschiedliche Zielgruppen in beiden Ländern, wobei man natürlich besonders die jüngeren Generationen der Russen und Deutschen im Auge hatte. Die Ausstellung in Moskau wurde mit einem Konzert des russisch-deutschen Jugendsinfonieorchesters des Moskauer Konservatoriums eröffnet, in Berlin gastierte am 8. August 2012 das Ural-Jugend-Symphonie-Orchester im Konzerthaus am Gendarmenmarkt. Unter der Leitung des Mongolen Enkhabaatar Baatarjav spielte es ein Konzert mit ausschließlich russischen Werken. Das 2006 gegründete Ural Youth Symphony Orchestra setzte sich aus Musikstudenten Jekaterinburgs zusammen, die nicht älter als 25 Jahre waren. In der Zusammenarbeit mit herausragenden Musikern wie Saulius Sondeckis und Alexander Rudin lernten die jungen Musiker unterschiedliche Stilrichtungen im Ensemble- und Orchestermusizieren kennen. Die Ergebnisse der Arbeitsphasen präsentierte das Orchester jedes Jahr in mehr als dreißig Konzerten. Und etliche spielten sie in jenem »Kreuzjahr« auch in Deutschland.

Ende August fand in Bonn ein internationales Kinderfestival mit über 300 Teilnehmern aus Russland und Deutschland statt, und auf der Ostseeinsel Usedom wurde

im September und Oktober 2012 das 19. Usedomer Musik-
festival geboten. Seit 1994 spielte man in der Nachsaison
an mehreren Orten auf der Urlauberinsel klassische Musik.
In jedem Jahr wurden Themenschwerpunkte von Ostsee-
Anrainerstaaten gesetzt – im Herbst 2012 war dies Russland. »Die gemeinsamen musikalischen Traditionen Russlands und Deutschlands standen drei Wochen lang im
Mittelpunkt«, hieß es am Ende. »Vom 15. September bis
zum 7. Oktober lockten die Klänge deutscher und russischer Komponisten, Musiker und Ensembles rund 14 000
Gäste in rund 40 Veranstaltungen auf die Insel Usedom. In
den Kirchen, Konzertsälen, Ateliers und kaiserzeitlichen
Gebäuden sowie im Kraftwerk des Museums in Peenemünde konzertierten in diesem Jahr über 700 Künstler,
inklusive vier Orchester (das Novosibirsk Philharmonic
Orchestra, das NDR-Sinfonieorchester, das Baltic Youth
Philharmonic und die Akademie für Alte Musik).« Und
das Kulturportal hob weiter hervor: »Erstmals in der
Geschichte des Usedomer Musikfestivals erlebten mehr
als 4000 Menschen gleich drei große Peenemünder Konzerte und eine öffentliche Generalprobe im Kraftwerk des
Museums.«[67]

In Peenemünde, das muss hinzugefügt werden, entwickelte und testete die faschistische Heeresversuchsan-
stalt und die Erprobungsstelle der Luftwaffe mörderische
Massenvernichtungswaffen. Auf der Nordspitze Usedoms
befand sich von 1936 bis 1945 das größte militärische
Forschungszentrum Europas. Bis zu zwölftausend Menschen – darunter viele Zwangsarbeiter, KZ-Häftlinge und
sowjetische Kriegsgefangene – arbeiteten an neuartigen
Terrorwaffen, die bekannteste war die V2, die erste Groß-
rakete, die in den Weltraum vorstoßen konnte. Eine andere
Pionierleistung stellte die erste Anlage des industriellen
Fernsehens zur Übertragung des Raketenstarts in den
Kontrollbunker dar. Allerdings war diese Art des wissen-

schaftlich-technischen Fortschritts höchst zweifelhaft. Er zielte auf die Vernichtung von Menschenleben und die Zerstörung von zivilisatorischen Errungenschaften. Zudem wurde bereits die Entwicklung der Terrorwaffen mit Blut bezahlt. Die Produktion der V2 bei Nordhausen kostete das Leben von rund 20 000 KZ-Häftlingen. »Die Ambivalenz der Nutzung modernster Technologie wird an der Anlage deutlich wie an kaum einem anderen Ort. Die Forschung diente von Beginn an nur einem Ziel: Hochtechnologie sollte militärische Überlegenheit schaffen. An kaum einer anderen historischen Stätte sind Nutzen und Risiken technischen Fortschritts offensichtlicher miteinander verwoben als in Peenemünde«, erklärte das Historisch-Technische Museum Peenemünde, in dem auch die Konzerte stattfanden.

Als ich zur Begrüßung auf die Bühne ging, die im stillgelegten Kraftwerk errichtet worden war, konnte ich den Genius loci schwer nur verdrängen und meine Gefühle kaum unterdrücken. Auf der anderen Seite fand ich es bemerkenswert, wie die Deutschen mit diesem finstern Teil ihrer Geschichte ehrlich umgingen. Ich zollte ihnen in meiner kurzen Ansprache Achtung und Anerkennung. Danach übernahm Kurt Masur den Taktstock und dirigierte das Baltic Youth Philharmonic, welches Dimitri Schostakowitschs 1. Sinfonie und das Stück »Bilder einer Ausstellung« von Modest Mussorgsky vor ausverkauftem Hause spielte.

Im Ferienort Gohrisch in der Sächsischen Schweiz fanden alljährlich die Internationalen Schostakowitsch-Tage statt, das weltweit einzige Festival seiner Art, das ich ebenfalls gern besuchte. Der sowjetische Komponist war in seiner Heimat nicht unumstritten. Die DDR-Regierung bemühte sich sehr um ihn, im Sommer 1960 durfte er erstmals seit langer Zeit die Sowjetunion verlassen. Im Luftkurort Gohrisch, im Gästehaus der Berliner Regierung – jetzt Hotel Albrechtshof – konnte er sich erholen.

Schostakowitsch komponierte dort sein 8. Streichquartett, das heute als eines seiner bedeutendsten Werke gilt. Es ist nachweislich das einzige Werk, das Schostakowitsch im Ausland komponierte. »Im Mai und Juni 1972 verbrachte Schostakowitsch – im Anschluss an die Ostberliner Erstaufführung seiner 15. Symphonie – mit seiner jungen Frau Irina erneut einige Wochen im Gohrischer Gästehaus, das in der Zwischenzeit um einen Neubau erweitert worden war. Hier besuchte ihn auch der Dirigent Kurt Sanderling, mit dem er seit Jahrzehnten befreundet war und der in den sechziger Jahren als Chefdirigent die Dresdner Staatskapelle leitete. Später berichtete Schostakowitsch seinem polnischen Komponistenfreund Krzysztof Meyer von diesem zweiten Aufenthalt in der Sächsischen Schweiz, deren Landschaft ihm außerordentlich gefiel.«[68]

Auch viele andere kulturelle Ereignisse, die im Rahmen dieser »Kreuzjahre« stattfanden, wären der ausführlichen Erwähnung wert. Doch ich bringe den Mut zur Lücke auf und verzichte auf die vollständige Auflistung, um nicht zu langweilen. Die wenigen Highlights, wie heute die Höhepunkte heißen, sollen genügen, um die Intensität des kulturellen Austauschs zwischen unseren Ländern zu zeigen – um so deutlicher wird die heute vorherrschende Flaute.

Vom 28. bis 30. August 2012 feierten wir in Berlin ein Folklorefestival mit über vierhundert Teilnehmern, das mit einem hinreißenden Galakonzert mit Chören und Tanzensembles aus verschiedenen Teilen Russlands auf dem Gendarmenmarkt endete. Mehrere tausend Zuschauer fanden Freude daran. Am 13. Oktober gastierte das Alexandrow-Ensemble in Leipzig und einen Tag später in Berlin. Vom 16. bis 24. Oktober musizierte das Staatliche Akademische Sinfonieorchester Russlands in acht deutschen Städten und das Mariinsky-Orchester unter der Leitung von Walerij Gergiew – dem in Russland führenden Wagner-Interpreten – in der Berliner Philharmonie.

Oft standen hinter diesen Bemühungen Freunde Russlands wie etwa Franz Kiesl in Gütersloh. Seit 1993 führte er das Forum Russische Kultur in Gütersloh mit inzwischen 350 Mitgliedern. Anlässlich eines Jubiläums machte ich mich auf nach Nordrhein-Westfalen, um dem inzwischen 78-Jährigen zu gratulieren und ihm für sein ausdauerndes Engagement als Brückenbauer zu danken. Ich ernannte »König Franz«, wie Kiesl von seinen Freunden genannt wurde, zum »inoffiziellen Honorarbotschafter«. Auch die Oberbürgermeisterin war gekommen und erklärte anerkennend: »Er hat es sich zur Herzensangelegenheit gemacht, ein Kulturangebot zu schaffen, dessen Ruf weit über die Stadt hinausreicht.« Der Vorsitzende des Bundesverbands Deutscher West-Ost-Gesellschaften, Peter Franke, attestierte dem Geehrten: »Kein Verein macht es so gut wie seiner.« Der Präsident der Deutsch-Russischen Gesellschaft, Professor Dr. Franz Kaiser, schwärmte: »Franz Kiesl ist ein Glücksfall, ein leuchtendes Beispiel und eine große Bereicherung für unsere Gesellschaft!«[69] Weder Franz Kiesl noch das Forum haben in den nachfolgenden Jahren ihre Aktivitäten reduziert. Viele junge Menschen konnten aus Russland nach Deutschland kommen, weil sich in Gütersloh Gasteltern fanden. Der Verein besorgte im Laufe der Jahre einige tausend Übernachtungen

Fast zur gleichen Zeit, im Mai 1993, war in Dresden das Deutsch-Russisches Kulturinstitut als gemeinnütziger Verein gegründet worden. Auch dort zeigten sich Menschen interessiert, »den Dialog zwischen den deutsch- und russischsprachigen Kulturräumen zu fördern«.[70] Das vom engagierten Vereinsvorsitzenden Dr. Wolfgang Schälike ins Leben gerufene »Russische Zentrum« bot ein umfangreiches und abwechslungsreiches Veranstaltungsprogramm und wurde weit über Sachsen hinaus bekannt. So nahmen sie den 185. Geburtstag von Dostojewski – der eine Zeitlang auch in Dresden gelebt hatte – zum Anlass, ein Denkmal

des Dichters auf der Neuen Brühlschen Terrasse aufzu-
stellen. Die von Alexander Rukawischnikow geschaffene
Plastik war von Bundeskanzlerin Merkel und Präsident
Putin am 10. Oktober 2006 enthüllt worden. In seiner Rede
erinnerte Wladimir Putin daran, dass er schon einmal in
Dresden zu tun gehabt habe, was für einige Heiterkeit im
Publikum sorgte: Er war in den achtziger Jahren in der
Elbestadt als KGB-Offizier stationiert gewesen. Dann sagte
er: »Es ist besonders bemerkenswert, dass eben in diesem
Jahr, dem 800. Gründungsjahr der Stadt Dresden, die Städ-
tischen und Landesbehörden es für nötig erachtet haben,
dieses Jahr zum Russland-Jahr zu erklären. Es kommt nicht
von ungefähr, dass eben im 800. Gründungsjahr der Stadt
Dresden und anlässlich des 185. Geburtstages Dostojew-
skis ein Denkmal an eben dieser Stelle übergeben wird.
Einer der Leitsprüche von Fjodor Dostojewski war die
Parole: ›Die Schönheit wird die Welt retten.‹ Das bezog
sich natürlich in erster Linie auf die Harmonie zwischen
den Menschen. In diesem Sinne zeugt diese symbolische
Geste (*nämlich die Errichtung des Dostojewski-Denkmals –
W. G.*) der deutschen Bundesregierung, der Landes- und
Stadtregierung davon, dass wir alle in einem gemeinsamen
europäischen Kulturraum leben. Und wir möchten alles
daran setzen, um unser Zusammenwirken zu festigen,
indem wir uns auf die besten humanitären europäischen
Traditionen stützen.«[71]

Die Bundeskanzlerin bekräftigte Putins Gedanken.
»Dieses Denkmal ist ein Zeichen für intensive deutsch-
russische Beziehungen. Ich möchte ein herzliches Danke-
schön denjenigen sagen, die unermüdlich darauf gepocht
haben, dass an diese Stelle dieses Denkmal kommt. Ich
hoffe, dass viele Menschen nicht nur hier herumgehen,
sondern vielleicht sich auch angeregt fühlen, etwas von
Dostojewski zu lesen und damit etwas von der russischen
Seele kennenzulernen.«[72]

Zu jenen, die »darauf gepocht haben« und immer wieder darauf pochen, die deutsch-russischen Beziehungen zu pflegen, gehörte in Dresden an erster Stelle Schälikes Verein. Und darum freute ich mich mit ihm, als ich am 12. Januar 2018 in unserer Botschaft dem inzwischen 80-jährigen studierten Ingenieur für Flugzeugbau den Orden der Freundschaft der Russischen Föderation überreichen durfte.[73]

Ein anderer Dresdner, der an der Brücke zwischen unseren Völkern baute, war Hans-Joachim Frey. Der westdeutsche Kulturmanager arbeitete von 1997 bis 2007 an der berühmten Semperoper, die seit den achtziger Jahren wieder in altem Glanze erstrahlte. (Das bei der Restaurierung eingesetzte Blattgold kam übrigens aus der Sowjetunion. Die Wiederherstellung des Hauses besorgte Hans Modrow, seinerzeit Parteichef im Bezirk Dresden, wofür er aus Berlin schwer gerügt worden war.) Als Operndirektor reanimierte Frey nach fast siebzigjähriger Pause den Dresdner Opernball, der nunmehr wieder in jedem Januar stattfindet, und führte ihn zu neuer Blüte. Höhepunkt des alljährlichen Balls ist die Verleihung des St. Georgs-Ordens, eine Medaille, die in den Kategorien Kultur, Sport und Politik an Persönlichkeiten verliehen wird, die sich um Deutschland und Sachsen verdient gemacht haben. 2009 wurde damit auch Wladimir Putin geehrt.[74] Seit 2018 arbeitet Frey als Leiter des neuen Kultur- und Festivalzentrums in Sotschi, was durchaus folgerichtig ist. In den Jahren zuvor hatte der ausgebildete Sänger und Theaterregisseur, dessen Familie aus Ostpreußen stammte, am Mariinski-Theater in St. Petersburg und am Moskauer Bolschoi gearbeitet, er inszenierte in Minsk und in Wladiwostok, in Ulan-Ude und in Irkutsk.

Nicht wenig Aufmerksamkeit erfuhren ungewöhnliche Ausstellungen. Sie wurden öffentlich sowohl von Besuchern wie auch von den Medien wahrgenommen und weckten zudem Neugier auf das Land, aus dem die Kunstwerke stammten. Das war durchaus in unserem Interesse, denn welche Aufgabe sonst hat – neben ihren protokollarischen Verpflichtungen – eine Botschaft in einem Gastland zu erfüllen? Die Selbstdarstellung soll Sympathie und Verständnis für andere Völker und deren Kulturen wecken und pflegen. Auf diesem Grund werden dann politische, wirtschaftliche, wissenschaftliche und andere Bande der Zusammenarbeit geknüpft. Natürlich kann man Ausstellungen »von oben« beschließen, organisieren und realisieren, was ja auch geschah und geschieht. Aber meist sind es die Initiativen »von unten«, die das Leben so bunt machen und nicht immer die *par ordre du mufti* inszenierten Schauen. Ich besuchte oft Expositionen, die von engagierten Galeriebetreibern, Museumsleitern und Kunstsammlern zusammengestellt wurden und für Furore sorgten. So war ich im Juni 2013 in Münster, wo es ein Museum für Lackkunst gibt, im Übrigen das weltweit einzige seiner Art. Es war 1993 von Dr. Kopplin eröffnet worden, sie trug eine bemerkenswerte Sammlung von tausend Objekten der Lackkunst aus Ostasien, Europa und der islamischen Welt aus zweitausend Jahren zusammen. Der Grundstock kam aus dem firmeneigenen Museum des Chemieunternehmes BASF.

Monika Kopplin, die als internationale Expertin für Lackmalerei geschätzt ist, stellte in einer eigenen Exposition russische Lackmalerei aus, zumeist Miniaturen aus Palech. Die ältesten russischen Lackbilder stammten aus dem frühen 19. Jahrhundert. Die russischen Künstler wurden von den europäischen Motiven und kunstvollen Verzierungen des Westens inspiriert, entwickelten aber ab 1850 eigenständige Sujets. Die Zentren der Lackkunst waren Fedoskino, Choluj, Mstjora und eben Palech. Jeder dieser vier Orte hatte einen eigenen Malstil. Monika Kopplin veröffentlichte 2003 auch ein Buch über die russische Lackkunst. Und nun präsentierte sie ihre Preziosen. Auch in unserer Botschaft, im Jagdsalon neben dem Spiegelsaal, befand sich ein großes Lackbild – ich überreichte eine Fotografie davon bei der Eröffnung der Ausstellung in Münster. Es ist das unbestreitbare Verdienst von Prof. Dr. Monika Kopplin, diese russische Kunstform in Deutschland bekanntgemacht zu haben. Sie gab Ende 2018 die Leitung des Museums ab und wurde feierlich in den Ruhestand verabschiedet.

Was hatte das Interesse dieser sympathischen Frau an diesem Thema geweckt? Diese Frage hatte ich auch in meiner Eröffnungsrede am 16. April 2013 gestellt. »Ob sie durch einen Zufall zur Bewahrerin und engagierten Multiplikatorin von Traditionen russischer Lackminiatur geworden ist? Oder ist das darauf zurückzuführen, dass sie russische Wurzeln hat, dass ihre Großmutter Russin war und den schönen russischen Namen Olga trug? Darüber können wir nur spekulieren. Es sei denn, Frau Dr. Kopplin selbst wird uns ihre Familiengeheimnisse lüften. Was wir aber ganz sicher wissen, ist, dass sie einen großen Beitrag zur Bewahrung und Bekanntmachung der russischen Schule der Lackkunst, zur Entwicklung volkstümlicher Gewerbe und letztlich zur Entwicklung und Bekanntmachung der russischen Kultur über viele Jahre geleistet hat und weiter leistet.«[75]

Ein halbes Jahr zuvor, im Oktober 2012, nahm ich an der Eröffnung einer Ausstellung mit 100 Meisterwerken aus der Moskauer Tretjakow-Galerie in Ludwigshafen teil. Die Ausstellung im Wilhelm-Hack-Museum »Schwestern der Revolution. Künstlerinnen der russischen Avantgarde« war durch weitere Leihgaben aus europäischen Museen und Privatsammlungen ergänzt worden und zeigte auf überzeugende Weise, dass die Frauen in Sowjetrussland auch in der Kunst gleichberechtigt und selbstbewusst präsent waren – wie eben auch bei der Umgestaltung der Gesellschaft. Ohne die künstlerische Visionskraft von Künstlerinnen wie Alexandra Exter, Natalja Gontscharova,

Ljubov Popova, Olga Rosanova, Warwara Stepanova und Nadeshda Udalzova hätten die Avantgarde-Bewegungen um Kasimir Malewitsch, Michail Larionow oder Wladimir Tatlin kaum ihre weitreichende Wirkung entfalten können. Viele der zwischen 1907 und 1934 entstandenen Arbeiten wurden erstmals in Deutschland gezeigt. In meinem Gruß-wort gratulierte ich »allen Organisatoren und Sponsoren zum Start dieses Projekts« und gab meiner Zuversicht Aus-druck, dass sich die Ausstellung »der Öffentlichkeit nicht nur als exzellentes Beispiel der Fachkooperation zwischen den russischen und deutschen Museen einprägen, sondern auch zu einer besseren geistigen Verständigung zwischen Russen und Deutschen und zu ihrer gegenseitigen Annä-herung beitragen wird. Denn das ist das Gebot unserer Gegenwart und Zukunft.«[76]

Wenig später zeigte das Berliner Käthe-Kollwitz-Museum Exponate dieser herausragenden deutschen Künstlerin, die ihre Beziehungen zu Russland dokumen-tierten: »Käthe Kollwitz und Russland. Eine Seelenver-wandtschaft«. In der Charlottenburger Fasanenstraße waren Arbeiten zu sehen, die 1928 schon einmal in einer Ausstellung in Moskau hingen. Zahlreiche russische Künstler ließen sich damals von dieser Schau inspirie-ren. 1924 war Käthe Kollwitz eingeladen worden, für die »Erste allgemeine deutschen Ausstellung« in Moskau Bil-der zur Verfügung zu stellen. Drei Jahre später, zum zehn-ten Jahrestag der Oktoberrevolution, fuhr sie selbst hin. Man zeigte ihre erste Personalausstellung 1928 auch in Leningrad und in Kasan. Kein anderer Repräsentant deut-scher Kunst werde so verehrt, hieß es seinerzeit im sowje-tischen Katalog, wie diese »junge Sozialistin« (Käthe Koll-witz war damals bereits 61). »Russland berauschte mich«, schrieb sie in ihr Tagebuch.

Am 1. Dezember 2012 öffnete im Dresdner Residenz-schloss die Ausstellung »Orient und Okzident« mit

Prunkstücken aus der Rüstkammer des Moskauer Kreml. Viele Leihgaben wurden zum ersten Mal außerhalb Russlands gezeigt. Die Schau sei die russische Antwort auf ein Dresdner Gastspiel 2006 und ein Beitrag zum Russlandjahr in Deutschland und Deutschlandjahr in Russland 2012–2013, sagte der Generaldirektor der Staatlichen Kunstsammlungen Dresden, Hartwig Fischer. »Uns verbinden eine gemeinsame Kunst- und Kulturgeschichte und der Wunsch, noch enger zusammenzuarbeiten«, schrieb die *Deutsche Presseagentur*.[77]

Ich erinnere mich auch an eine einzigartige Ausstellung russischer Künstler, die von Februar bis Mai 2012 in Chemnitz zu sehen war. Die Kunstsammlungen am Theaterplatz zeigten neunzig Bilder unter dem Titel »Die Peredwischniki. Maler des russischen Realismus«. Gemeinsam mit dem Ministerpräsidenten von Sachsen hatte ich die Schirmherrschaft über die Exposition übernommen, die in Kooperation mit der Staatlichen Tretjakow-Galerie in Moskau, dem Staatlichen Russischen Museum in St. Petersburg und dem Nationalmuseum Stockholm entstanden war. Hauptsächlich wurden Meisterwerke von 1870 bis 1910 präsentiert. Zu jener Zeit war der Einfluss der Peredwischniki, der Wandermaler, auf die russische Kunst am größten. Von den 41 vertretenen Künstlern nenne ich nur Iwan Schischkin, Ilja Repin, Wladimir Makowski, Iwan Kramskoi und Isaak Lewitan. »In einer Zeit des sozialen und politischen Wandels im vorrevolutionären Russland haben die Wandermaler für sich die besondere Funktion der liebevollen Einzeldarstellung, der Erschließung seelischer Vorgänge wie messerscharfer analytischer Dokumentation erkannt. Was ihre Werke auszeichnet, sind Leidenschaft, Engagement und künstlerische Reife, und zudem sind sie ein Spiegelbild des russischen Charakters und des Geistes, der damals in Russland herrschte«[78], befand der Rezensent des *Neuen Deutschland*.

Die meisten dieser Veranstaltungen habe ich besucht und zur Eröffnung einige Worte gesprochen. Ich war stets aufs Neue berührt und oft erstaunt darüber, wie grandios und völkerverbindend doch die Kunst war. Viele Werke sah ich zum ersten Male, und mich befriedigte meine Tätigkeit als Botschafter einmal mehr, weil ich doch dadurch in den Genuss dieser auch mich bereichernden Arbeiten kam.

2014/15 begingen wir, nach intensiver Vorbereitung, das Jahr der russischen Sprache und Literatur in Deutschland und der deutschen Sprache und Literatur in Russland. Ins Programm gehörte auch die darstellende Kunst. Am 12. November 2014 führte das Ensemble der Russischen Bühne – seit zehn Jahren in Berlin existent – Tschechows »Die Möwe« in unserer Botschaft auf. Das Repertoire der Bühne umfasste sowohl Werke russischer Literaturklassiker als auch internationale Dramatiker – von Brecht bis Byron. Herz und Kopf des Theaters war Inna Sokolova-Gordon, als Regisseurin eine Schülerin Stanislawskis und als Prinzipalin auch Schöpferin der Kostüme und zuständig für Licht, Musik und Szenografie, eine Allround-Künstlerin. Das Ensemble, das einzige russische Berufstheater außerhalb der Grenzen der einstigen Sowjetunion, bildete gleichsam eine Insel der russischen Kultur und Sprache in der deutschen Hauptstadt. In meiner kurzen Ansprache würdigte ich den Beitrag der »Russischen Bühne« bei der Popularisierung der russischen Sprache und Kultur. Doch der lange Beifall galt mit Recht den neun Schauspielerinnen und Schauspielern und dem Stück auf der Botschafts-Bühne.

Das Hauptaugenmerk im »Kreuzjahr« 2016/2017 lag auf dem Jugendaustausch. Das Jahresprogramm endete im Juni 2017 mit Konzerten des Orchesters der Russisch-Deutschen MusikAkademie im Konzerthaus am Gendarmenmarkt und in St. Petersburg. Der Klangkörper war 2012 aus einer Initiative von Musikstudenten aus beiden Ländern hervorgegangen, und sie verstanden das jährliche Orchesterprojekt in der sommerlichen Semesterpause als Zeichen des Willens zu Verständigung und Frieden, als Ausdruck zivil-gesellschaftlichen Engagements junger Musiker, die sich den Ideen der Aufklärung verbunden fühlten, aus denen die klassische Musikkultur Europas erwachsen war. Die Stab-führung lag wie seit Jahren schon in den bewährten Hän-den von Walerij Gergiew. »Nach der finalen Partie dankt das Publikum mit stehenden Ovationen dem Orchester für den dargebotenen Genuss«, schrieb die Musikkritikerin Kristina Denisenko. »Das Konzert gab eine Möglichkeit, erstklassige Musik aus drei Epochen vereint zu hören und so ein Stück Musikgeschichte nachzuvollziehen. Die Kunst kennt hier weder die Grenze der Zeit noch der Kulturen, und Brücken werden gebaut. Hier macht die Kultur etwas vor, was man in der Politik zwischen Deutschland und Russland oft schmerzlich vermisst.«[79]

Etwa zur gleichen Zeit, Ende Juni 2017, tagte in Krasno-dar die XIV. Deutsch-Russische Städtepartnerkonferenz. Ehrengäste waren der deutsche Außenminister Sigmar Ga-briel und sein Kollege Sergej Lawrow. Die beiden nannten auf einer gemeinsamen Pressekonferenz das auslaufende Kreuzjahr des deutsch-russischen Jugendaustauschs er-folgreich und leiteten praktisch das nächste ein – das Jahr der kommunalen und regionalen Partnerschaften. Lawrow betonte bei seinem Auftritt zur Eröffnung der Konferenz, dass sich der Dialog zwischen Deutschland und Russland langsam wieder normalisiere. Vertrauen und Verlässlichkeit entstünden gerade auf zwischenmenschlicher und kommu-naler Ebene. Das sei auch eine Möglichkeit, »Politiker auf höchster Ebene« zu beeinflussen. Gabriel ergänzte: Man müsse einfach miteinander sprechen. Aber: »Nur weil man miteinander redet, muss man noch lange nicht einer Mei-nung sein«, schränkte er ein. Aber geredet werden müsse.[80]

Als ein wichtiges Element unserer Beziehungen erwie-sen sich die vielfältigen kulturellen Bindungen, was beide

Seiten immer wieder betonten. Sie behaupteten sich trotz des Niedergangs unserer politischen Beziehungen nach der Ukraine-Krise und waren mitunter die einzige Brücke, über die noch gemeinsam gegangen wurde.

Dies hatte sich trotz des drastischen Rückgangs unserer politischen Beziehungen immer wieder praktisch gezeigt und wurde möglicherweise gerade nach der Ukraine-Krise im Jahre 2014 noch wichtiger. Ich gewann den Eindruck, dass die Bedeutung des kulturellen Austauschs in einigen Kreisen intensiv wahrgenommen und auch genutzt wurde, um andere Vorhaben zu aktivieren oder voranzubringen.

Sie konnten den Raureif, der sich auf unsere Beziehungen gelegt hatte, mitunter zum Tauen bringen. Das waren für mich persönlich große Glücksmomente. Ich erinnere mich der hervorragenden Retrospektive des russischen Avantgardisten Kasimir Malewitsch, die im Frühjahr 2014 in der Bonner Kunst- und Ausstellungshalle zu sehen war. Mehr als dreihundert Gemälde, Zeichnungen, Skizzen, Fotografien und Objekte waren von März bis Juni gezeigt worden – darunter auch das berühmte »Schwarze Quadrat auf weißem Grund«, die Ikone der Abstraktion, ohne die die westliche Kunstgeschichte ganz anders verlaufen wäre, wie Kunstkritiker wiederholt erklärten. Prof. Monika Grütters, Staatsministerin für Kultur und Medien, betonte in ihrer Eröffnungsrede: »In Zeiten politischer Konflikte ist es wieder die Kunst, die Brücken baut.« Und die Vertreterin der Bundesregierung würdigte, in aller Bescheidenheit, auch meinen Anteil am Zustandekommen der Ausstellung, weil ich behilflich war beim Knüpfen von Kontakten zum Staatlichen Russischen Museum in St. Petersburg und der Staatlichen Tretjakow-Galerie in Moskau. Beide Einrichtungen waren in Bonn mit vielen Leihgaben vertreten.[81]

In meiner Rede ging ich auf das Gemälde »Schwarzes Quadrat« ein, das 1915, ein Jahr nach Ausbruch des Ersten Weltkrieges, entstanden war, und interpretierte es als ein

»Symbol des Zusammenbruchs der alten Welt und des Zerfalls der Reiche, einer Vorausahnung der bevorstehenden Leiden«. Ich betonte, dass diese Ausstellung eine starke positive Ladung trägt und das Ziel hat, die europäischen Nationen, einschließlich der ehemaligen Feinde, zusammenzubringen, was »die einzig richtige Schlussfolgerung aus den Lektionen des vergangenen Jahrhunderts« sei. In dieser Hinsicht konnte ich Monika Grütters nur zustimmen.

Im Juni 2014 fand die NordArt im Kunstwerk Carlshütte statt. Die Kleinstadt Büdelsdorf in Schleswig-Holstein lud etwa 250 Künstler aus 55 Ländern zu einer Weltreise durch die Kunst ein. Zum sechzehnten Mal kam man in Norddeutschland zu einer der größten Präsentationen zeitgenössischer Kunst in Europa zusammen, und diesmal lag das Augenmerk auf Russland. »Die politischen Auseinandersetzungen aufgrund des Krim-Konflikts bestärken uns sogar in diesem Vorhaben, denn wir glauben fest an die Sprache der Kunst als Mittel gegenseitigen Verstehens und Verständigens«, schrieben die Veranstalter.[82] Vierzig renommierte russische Künstler präsentierten sich in den gewaltigen Hallenschiffen der historischen Eisengießerei und im acht Hektar großen Skulpturenpark. Kurz zuvor war in der Landeshauptstadt Kiel das Denkmal des Bildhauers Alexander Taratynow für den russischen Zaren Peter III., geboren als Herzog Karl Peter Ulrich von Holstein-Gottorf, enthüllt worden.

Der russische Akzent beeindruckte die Vertreter der kulturellen, wirtschaftlichen und politischen Elite der niedersächsischen Stadt Worpswede, die am 22. August 2014 zusammenkamen, um das 125-jährige Jubiläum der Gründung der Künstlerkolonie zu begehen. Ich war gebeten worden, ein paar Worte zu sprechen. Ich erinnerte an den Maler und Sozialisten Heinrich Vogeler, der zu der ersten Generation der Worpsweder Künstlerkolonie gehört hatte. In den dreißiger Jahren war er in die UdSSR übergesiedelt und 1943 in Kasachstan unter tragischen Umständen verstorben. Ich sprach über den Dichter Rainer Maria Rilke, der um die Jahrhundertwende auf Vogelers Einladung wiederholt in Worpswerde weilte und sich mit seiner Frau Clara im benachbarten Westerwede 1901 niederließ. Er sympathisierte sehr mit unserem Land, eine deutsche Zeitung nannte ihn »Russlandversteher«[83]. Eine besondere geistige Zuneigung verband Rilke mit Marina Zwetajewa, mit der er bis zu seinem Lebensende korrespondierte. Diese Zusammenhänge fanden sich insbesondere in einer bemerkenswerten Ausstellung mit dem Titel »Rilke und Russland«, die das Deutsche Literaturarchiv in Marbach im Mai 2017 unter aktiver Teilnahme unseres Honorarkonsuls Klaus Mangold eröffnete und die über Zürich schließlich Anfang 2018 auch Moskau erreichte.

Es ist mir einfach unmöglich, alle Ausstellungen, Konzerte, Lesungen und Begegnungen einzeln zu würdigen: Es waren einfach zu viele. Vielleicht nur noch einige Ereignisse in summarischer Form: Am 14. Dezember 2014 öffnete als geistlich-kulturelles und bildendes Zentrum der russischen Kirche in Hamburg das neu errichtete Tschaikowsky-Haus am Tschaikowsky-Platz, den der Hamburger Senat kurz zuvor umbenannt hatte.

Die Aufmerksamkeit für den 100. Jahrestag der russischen Revolution spiegelte sich in einer in Umfang und Objektivität einzigartigen Sonderausstellung im Deutschen Historischen Museum in Berlin. Sie hieß »1917. Die Revolution. Russland und Europa.« Auf tausend Quadratmetern waren fünfhundert Objekte zu sehen. »Mit der neuen Ausstellung gelingt es vorbildlich, uns eindringlich die epochalen und weltbewegenden Folgen und Veränderungen für Deutschland und Europa vor Augen zu führen, die die Russische Revolution in allen Bereichen der Gesellschaft nach sich zog«, erklärte Kulturstaatsministerin Grütters bei der Eröffnung.[84]

Nicht minder erfolgreich waren die Ausstellungen aus den Sammlungen des Puschkin-Museums in der Stadt Gotha, eröffnet im Mai 2017, und die in Frankfurt am Main zum Thema »Die hessischen Prinzessinnen in der russischen Geschichte«. Zu nennen ist auch das Gastspiel der Komischen Oper in Moskau mit der Aufführung des Balletts »Matthäus-Passion« unter der Leitung des berühmten deutschen Choreographen John Neumeier. Bundespräsident Frank-Walter Steinmeier erlebte sie während seines Russlandbesuchs am 25. Oktober 2017.

Allein 2017 fanden Hunderte von Gastspielen russischer Künstler in der Bundesrepublik Deutschland statt – von Anna Netrebko und Denis Mazujew über Dmitrij Trifonow, Artjom Melnikow bis hin zu Olga Peretjatko. Russische Künstler leiteten führende deutsche Ensemble: Walerij Gergiew (Münchner Philharmoniker), Igor Selenskij (Bayerisches Staatsballett), Gennadij Roshdestwenskij (Sächsische Staatskapelle), Kirill Petrenko, Wladimir Jurowskij (Berliner Rundfunksinfonieorchester).

Am 11. Januar 2018 besuchte ich letztmalig als Botschafter das Konzerthaus am Gendarmenmarkt und erlebte das 2. Konzert für Klavier und Orchester von Sergej Prokofjew in der Interpretation des russischen Pianisten Denis Mazujew unter der Stabführung des herausragenden deutschen Dirigenten Justus Franz. Mit diesem ungewöhnlichen Musiker stand ich während der ganzen Zeit meines Aufenthaltes in Deutschland in enger Verbindung. Ich besuchte ihn in seiner Hamburger Villa, und er war wiederholt Gast in unserer Botschaft. Er wurde dabei begleitet von seiner russischen Frau, der Cellistin Xenia Dubrowskaja, und ihrem kleinen Sohn Justus Konstantin.

Vor meiner Abreise aus Deutschland besuchte mich ein anderer guter Bekannter – Ronald Pofalla. Der ehemalige Bundesminister und CDU-Generalsekretär leitete seit 2015 in der Nachfolge von Lothar de Maizière als Ko-

Vorsitzender den Petersburger Dialog. Er schlug vor, ein Ausstellungsprojekt unter dem Arbeitstitel »Europäische Kunst in Russland« zu organisieren, es wurde dann unter dem Titel »Diversity United/Einheit durch Vielfalt« auf den Weg gebracht. Auf dem Treffen des Petersburger Dialogs im Sommer 2019 in Bonn wurde berichtet, dass das Vorhaben große Unterstützung – auch in finanzieller Hinsicht – aus Politik und Wirtschaft erfahre. Der deutsche Bundespräsident und der französische Staatspräsident hätten bereits die Schirmherrschaften übernommen. Die Ausstellung soll zunächst in Moskau gezeigt werden, dann folgen 2021 Berlin und Paris. Die Exposition mit Werken lebender Künstlerinnen und Künstler solle zeigen, dass Russland zu Europa gehört und Europa immer weiter und neu gedacht werden müsse.[85] Ich freue mich schon auf diese Schau und darüber, dass der begonnene Weg weiter beschritten wird.

Die Kooperation im Bereich Kultur wird seit 2008 in nicht geringem Maße vom Sonderbeauftragten des Präsidenten der Russischen Föderation für internationale kulturelle Zusammenarbeit kuratiert. Prof. Michail Schwydkoj ist ein promovierter Kunstwissenschaftler, war eine Zeit lang auch Kulturminister und an der Vorbereitung vieler kultureller Höhepunkte beteiligt. Das Deutsch-Russische Forum ehrte ihn 2017 mit dem Friedrich-Joseph-Haass-Preis[86], der an Personen verliehen wird, die sich um die deutsch-russischen Beziehungen verdient gemacht haben.

Ich verließ Deutschland mit der Überzeugung, dass unsere Beziehung eine Zukunft haben wird. Oder wie es Schwydkoj in einem Interview formulierte: »Uns verbindet zu viel, als dass wir anders als optimistisch in unsere gemeinsame Zukunft blicken könnten. Auch wenn es ein moderater Optimismus sein wird – es bleibt Optimismus.«[87]

Kapitel 4
Wirtschaft ist wie Wasser: Sie bahnt sich ihren Weg

Gesunde kleine und mittelständische Unternehmen bilden das Rückgrat einer soliden Volkswirtschaft. Das bewunderte ich schon immer an Deutschland, und ich erkannte nicht erst in Jekaterinburg bei den deutsch-russischen Regierungskonsultationen im Sommer 2010, dass die Zusammenarbeit in diesem Bereich ein wesentliches Element bei der Modernisierungsoffensive sein müsste. Dort entwickelte sich im Laufe der Jahre Beachtliches. Denn auch wenn die Politik mitunter Sand ins Getriebe streute, besaß diese Kooperation eine eigene Dynamik. Allerdings blieben später Rückschläge nicht aus.

Der Handel zwischen unseren beiden Staaten erreichte 2012 ein Volumen von etwa achtzig Milliarden Euro. Nachdem im Frühjahr der erste Strang der Ostseepipeline Nord Stream planmäßig fertiggestellt worden war, floss wenige Monate später Gas auch durch eine zweite Pipeline auf dem Grund der Ostsee. 2013 liefen die Planungen an, neben diesen beiden 1 250 Kilometer langen Röhren, die Wyborg in Russland mit Lubmin in Mecklenburg-Vorpommern verbanden, eine weitere Pipeline zu verlegen, Nord Stream 2 genannt. Bis zum Ende des Jahrzehnts hoffte man auf diesem Wege 110 Milliarden Kubikmeter russisches Gas zu transportieren. Das würde eine Verdopplung der aktuellen Kapazität bedeuten.

Der Fährhafen Mukran auf der Insel Rügen, zu DDR-Zeiten entstanden und damals mit dem Beinamen »westlichster Bahnhof der Transsibirischen Eisenbahn« bedacht, war inzwischen zum größten Eisenbahn-Fährhafen Deutschlands ausgebaut worden. Als einziger Hafen in Westeuropa besaß er Gleise mit russischer Breitspur, so dass die Verbindung nach Klaipeda, St. Petersburg, Kaliningrad und anderen Hafenstädten im Baltikum optimal funktionierte. Jährlich wurden auf diesem Wege etwa 7400 Waggons mit Fracht hinüber und herüber befördert. Und in Mukran wurden auch die Rohre, die aus dem Ruhrgebiet kamen, für Nord Stream verschifft. Allerdings beobachtete ich bald eine rückläufige Tendenz. Waren 2011 fast fünf Millionen Tonnen in Mukran umgeschlagen worden, waren es im Jahr darauf noch 3,5 Millionen und 2013 noch einmal dreihunderttausend Tonnen weniger. Von Mukran aus wurden auch skandinavische Länder bedient. Da war der Umsatz stabil.

Natürlich konzentrierte sich die deutsch-russische Wirtschaftskooperation auf die Entwicklung von Leuchtturmprojekten, wobei beide Seiten daran interessiert waren, kleine und mittelständische Unternehmen in solche Vorhaben einzubinden. So wurden viele solcher Betriebe etwa an der Modernisierung der Airports in Moskau, St. Petersburg und Wladiwostok beteiligt. 1997 war das »St. Petersburg International Economic Forum« (SPIEF) ins Leben gerufen worden. Einmal im Jahr trafen sich mehrere Tausend Politiker, Fachleute und Manager von großen und mittelständischen Unternehmen des In- und Auslands, um miteinander Wirtschaftsfragen zu diskutieren und Verträge zu schließen. Im Schnitt nahmen Vertreter aus 120 Staaten an dem Meinungsaustausch teil, der seit 2005 unter der Schirmherrschaft des russischen Präsidenten stand. Der Ost-Ausschuss der Deutschen Wirtschaft und die Chefs von DAX-Unternehmen reisten regelmäßig an. Am 7. Oktober 2014 wurde das eigens für dieses Treffen errichtete Internationale Kongress- und Ausstellungszentrum feierlich übergeben, es war von Gazprom finanziert und in enger Zusammenarbeit mit deutschen Experten entwickelt und realisiert worden. Dieses »ExpoForum«

mit 25 Sälen, drei Ausstellungshallen und drei offenen Ausstellungsflächen – verteilt auf 56 Hektar im St. Petersburger Stadtbezirk Puschkinskij – galt aktuell als modernstes Kongresszentrum Russlands. Die Bauzeit hatte gerade einmal zwei Jahre betragen.

Deutsche Ingenieure und Unternehmen waren aktiv beim Ausbau der Infrastruktur für die Olympischen Winterspiele in Sotschi 2014. Sechs Stadien, vierzig Hotels, zwölftausend Wohnungen und fünfzig Kilometer Autobahn sowie eine große Kläranlage entstanden mit deutscher Beteiligung. Viele deutsche Unternehmen konnten in nur knapp drei Monaten Milliardenumsätze durch die Olympischen Spiele verbuchen, vermeldeten einschlägige Fachorgane.[88] Mittelständische Firmen hätten sich als Subunternehmen profiliert. Deutsches Knowhow und Made in Germany seien gefragter denn je, urteilte die Akademie Herkert. »Es ist noch nicht klar, welche Mannschaft bei den Olympischen Spielen 2014 in Sotschi die Goldmedaillen sammelt. Eins steht aber schon heute fest: Die deutsche Wirtschaft ist eindeutiger Sieger im Olympia-Geschäft«, berichtete bereits im November 2013 der russische Internetdienst »Russia Beyond«.

Als Botschafter hatte ich vornehmlich den deutschen Acker zu bestellen. Ich ebnete den Weg für russische Unternehmen, die sich in Deutschland bei internationalen Messen und Ausstellungen präsentierten, um ihren Leistungsstand zu demonstrieren und neue Kunden und Märkte zu gewinnen. Seit 1926 fand beispielsweise alljährlich in Berlin die Internationale Grüne Woche statt. Das war eine einzigartige Ausstellung für Ernährung, Landwirtschaft und Gartenbau, bei der sich nicht nur Nahrungsmittelproduzenten zeigten, sondern man konnte auch mit hochrangigen Vertretern der Politik ins Gespräch kommen. Es war in gewisser Weise ein Weltagrargipfel. Die Russische Föderation präsentierte sich seit 1993 auf der

Messe zu Füßen des Funkturms, 2009 zeigte sich Russland auf sechstausend Quadratmetern und war damit erneut der größte ausländische Aussteller. Ministerpräsident Putin unterstrich mit seinem Besuch die Bedeutung der Messe für unser Land.

Im Januar 2011 wurde ich zum ersten Mal als Botschafter auf der Grünen Woche gefordert. Rund 130 Unternehmen aus vierzehn russischen Regionen stellten sich in Halle 2.2 vor und besprachen mit Partnern Investitionsprojekte von mehr als zwei Milliarden Euro (im Jahr darauf sollte es drei Mal so viel sein). Am Abend des 21. Januar gab ich in der Botschaft einen Empfang für russische und internationale Aussteller. An dem nahmen auch die deutsche Landwirtschaftsministerin Ilse Aigner und ihre russische Kollegin Jelena Skrynnik teil.

Auch in den folgenden Jahren lud ich Aussteller und Politiker in unser Haus. Die Messe gebe den russischen Landwirtschaftsunternehmen eine gute Möglichkeit, auf den EU-Markt zu kommen und Investoren zu gewinnen, erklärte ich und versicherte, dass unsere Botschaft und deren Handels- und Wirtschaftsbüro Projekte, die auf der Grünen Woche geboren würden, gern unterstützten – auch mit Räumlichkeiten, um Workshops, Konferenzen und andere Zusammenkünfte abzuhalten.

Im Frühjahr 2011 reiste ich nach Rothenburg ob der Tauber, wo die Deutsch-Russische Städtepartnerkonferenz stattfand. Es war inzwischen die elfte Konferenz. Alle zwei Jahre kamen Kommunalpolitiker auf Einladung des Deutsch-Russischen Forums, des Bundesverbandes Deutscher West-Ost-Gesellschaften und der Internationalen Assoziation »Partnerstädte« zusammen. Zum Konferenzauftakt waren die Teilnehmer von Bundespräsident Christian Wulff in seinem Dienstsitz in Berlin empfangen worden. In Schloss Bellevue wurden neue Partnerschaftsabkommen zwischen den Städten Baden-Baden und Sotschi, Düren und Mytischtschi im Moskauer Gebiet sowie zwischen Zarrentin am Schaalsee und Murino, einem Vorort von St. Petersburg, unterzeichnet.

Rothenburg war Partnerstadt von Susdal und eine Perle des Mittelalters, die zwar im Zweiten Weltkrieg fast zur Hälfte zerstört, jedoch dank des Talents des deutschen Volkes in ihrer früheren Pracht aus Ruinen wieder auferstanden war. Darüber sprach ich auch in meiner Begrüßungsrede auf der Konferenz, an der mehr als dreihundert Gäste teilnahmen, die aus fünfzig russischen und siebzig deutschen Städten angereist waren. Ich würdigte in meiner Ansprache die lebendigen Partnerschaften und Netzwerke auf regionaler und kommunaler Ebene. Die direkten menschlichen Kontakte seien der Bindestoff der internationalen Annäherung, sagte ich. In Russland würden die deutschen Erfahrungen in der kommunalen Verwaltung und beim Straßenbau, bei der Verbesserung der Energieeffizienz und beim Stromsparen, bei der Zusammenarbeit mit den mittleren und kleineren Unternehmen vor Ort, der Schaffung optimaler Lebensverhältnisse, beim Brandschutz und für das Verkehrsmanagement gebraucht. Da könnten wir voneinander lernen. Besonders große Bedeutung bei den Städtepartnerschaften, so hob ich hervor, komme der Bildung und der Kultur sowie dem Jugendaustausch zu. Und ich machte auf einen gewissen Nachholebedarf aufmerksam: Es gebe etwa zweitausend deutschfranzösische Partnerschaften – zwischen Deutschland und Russland bestünden aktuell erst rund einhundert.[89]

In diesem Zusammenhang intensivierte ich die Beziehungen zu der damals sehr aktiven Stiftung Zukunft Berlin. Die Stiftung war 2006 aus dem Forum Zukunft Berlin e. V. hervorgegangen und brachte Bürger mit Politikern und Entscheidern zusammen, bot Veranstaltungen zum Meinungsaustausch und Plattformen für Positionen. Vorsitzender war Markus Schächter, Intendant des Zweiten

Deutschen Fernsehens (ZDF), seine Stellvertreterin die ehemalige Bundesministerin Christine Bergmann. Ende Juni 2011 richteten wir als erste diplomatische Vertretung in Berlin eine Veranstaltung mit der Stiftung aus. Sie fand im Rahmen einer Berliner Stiftungswoche statt, in der etwa hundert Stiftungen sich auf über zweihundert Veranstaltungen präsentierten und die ganze Bandbreite der Stiftungsarbeit zeigten: von Ausbildung bis bürgerschaftlicher Mitverantwortung, von Umweltschutz bis Kulturförderung. Ich wurde gebeten, in diesem Kontext eine »Hauptstadt-Rede« zu halten. Es war inzwischen Tradition geworden, dass prominente Persönlichkeiten auf Einladung der Stiftung Zukunft Berlin ihre Sichten auf die deutsche Hauptstadt und die hier gemachte Politik erklärten. »Berlin und wir – was wir von der Hauptstadt erwarten«, hieß diese Vortragsreihe. In den Jahren zuvor hatten sich vornehmlich deutsche Ministerpräsidenten geäußert, vor mir sprach Polens Staatspräsident Bronisław Komorowski, im Jahr nach mir wurde meinem Botschafter-Kollegen aus den USA als zweitem Diplomaten diese Ehre zuteil.

Der Einladung in die russische Botschaft folgten etwa dreihundert Vertreter von Wirtschaft, Politik, Kultur und Gesellschaft. Ich unterstrich die große Bedeutung der deutsch-russischen Modernisierungspartnerschaft und betonte, dass unser Land diese Zusammenarbeit nicht nur als eine strategische Wirtschaftsallianz, sondern auch als einen Weg zur Erneuerung politischer und gesellschaftlicher Realitäten in ganz Russland verstehe. Dabei verwies ich auf die fruchtbare Partnerschaft zwischen Berlin und Moskau, die sich seit zwanzig Jahren erfolgreich entwickelte. Seit dem Jahr 2000 wurden von den beiden Städten etwa dreißig bis sechzig Projekte und Vorhaben pro Jahr gemeinsam in Angriff genommen und realisiert. Das nannte ich ein gutes Beispiel für andere Regionen unserer Länder und forderte zudem, die Jugend stärker als bislang in die bilaterale Zusammenarbeit einzubinden und verschiedene Formate des Jugend- und Studentenaustausches zu fördern.

Ferner lenkte ich die Aufmerksamkeit auf die in Berlin lebende russischsprachige Community. Sie sei bestens integriert. Ihr käme im interregionalen Dialog eine wichtige Mittlerrolle zu. Berlin sei für viele Russen ein Beispiel für Toleranz und Kreativität, für Zukunft und Grenzüberschreitung – eine Stadt, die aus ihrer Geschichte gelernt habe. Berlin ist der Mittelpunkt Europas, erklärte ich und bekam für diese Aussage Beifall. Ebenso für meinen Appell, das Netzwerk der deutsch-russischen Kontakte noch enger zu knüpfen.[90]

Natürlich suchte ich als Vertreter Russlands auch das Gespräch mit den führenden deutschen Geldhäusern, insbesondere mit der Deutschen Bank und der Commerzbank. Sie luden uns regelmäßig zu ihren Veranstaltungen ein und baten mich bisweilen, bei ihnen Vorträge zu halten oder mich an Diskussionen zu beteiligen – was ihr großes Interesse an Kontakten unterstrich. Im Gegenzug luden wir Vertreter der Finanzhäuser zu unseren Veranstaltungen. Diese Verbindung war natürlich nicht Selbstzweck, sondern ordnete sich ein in den Kanon der wirtschaftlichen Beziehungen, die wir auf allen Feldern zu intensivieren suchten.

Ende 2017, als sich meine Botschafter-Tätigkeit in Deutschland dem Ende neigte, führte ein deutsches Außenwirtschaftsmagazin ein Interview[91] mit mir. Die Journalisten wünschten von mir ein Fazit der bilateralen Beziehungen der letzten Jahre. »2012 war ein Rekordjahr für uns. Damals betrug die Handelsbilanz zwischen Deutschland und Russland etwa 80 Milliarden Euro. 2016 war sie bis auf 48 Milliarden gefallen«, erklärte ich. »Als ich vor sieben Jahren hierher kam, waren die Beziehungen auf ihrem Höhepunkt. Wir haben damals an der Weiterentwicklung der strategischen Partnerschaft gearbeitet.

Öffentlich wurde das als Modernisierungspartnerschaft präsentiert. Wir haben viel getan, hatten mit der EU mehr als zwanzig substanzielle Dialoge geführt. Zumindest bis Ende 2012, wo es zu dem Beschluss des Bundestags kam, der all diese Ideen auf Eis legte.«[92]

Auch in der Zusammenarbeit auf den Feldern Wissenschaft und Technik ging es zu Beginn des Jahrzehnts voran. Etwa 50 000 Wissenschaftler, Fachleute und Studenten aus beiden Ländern nahmen 2011/12 im Rahmen des Deutsch-Russischen Jahres der Bildung, Wissenschaft und Innovation an mehr als zweihundert Veranstaltungen teil. »Zu den Prioritäten zählten physikalische Grundlagenforschung, optische Technologien, Meeres- und Polarforschung, Informations- und Kommunikationstechnologien sowie biologische Forschung und Biotechnologie. Mit einer deutsch-russischen Berufsbildungskooperation wurde der Aufbau bilateraler Berufsbildungspartnerschaften gefördert; und durch gemeinsame Innovationspartnerschaften konnten Forschungsergebnisse schneller in marktreife Produkte überführt werden«, teilte das Bundesministerium für Bildung und Forschung stolz mit. »Ein besonderes Augenmerk lag auch auf der Förderung junger Talente: Durch deutsch-russische Austauschprogramme und Hochschulpartnerschaften wurde die Qualifizierung des wissenschaftlichen Nachwuchses beider Länder unterstützt. Zudem fanden an achtzehn ausgewählten deutschen Hochschulen ›Russlandwochen‹ statt, um bei Studierenden, Wissenschaftlerinnen und Wissenschaftlern und in der Öffentlichkeit das Bewusstsein für das Potenzial der deutsch-russischen Kooperation im Hochschulbereich zu schärfen.«[93]

Deutsche und russische Wissenschaftsorganisationen, Forschungseinrichtungen und Universitäten und nicht zuletzt die Ministerien beider Länder setzten sich für den weiteren Ausbau der Beziehungen in den Bereichen Bildung, Forschung und Innovation ein und bekräftigten dies in zahlreichen Vereinbarungen. So wurde unter anderem ein Memorandum zwischen dem Nationalen Kurtschatow-Forschungszentrum und dem Forschungszentrum Jülich unterzeichnet mit dem Ziel, das schon erwähnte europäische Laser-Projekt XFEL in Hamburg zu realisieren.

Bis zu einem gewissen Grade wich Berlin sogar vom grundsätzlichen Verbot der militärisch-technischen Zusammenarbeit mit Russland ab. Wir konferierten mit dem deutschen Rüstungskonzern Rheinmetall Defence, zu dessen Vorstandsvorsitzenden Armin Papperger pflegte die Botschaft bald intensive Kontakte. Diese wurden aber von deutscher Seite eingefroren. Die Erosion unserer bilateralen Beziehungen begann aber nicht erst mit der Ukraine-Krise und deren Verschärfung durch den Staatsstreich in Kiew im Februar 2014. Trotz der nachfolgenden Sanktionen und der Rückschritte auf allen Feldern erwies sich die inzwischen entstandene Basis in der Wirtschaft, in Wissenschaft und Technik, Medizin, in der Landwirtschaft und – sehr stark – im Bereich Kultur als relativ stabil.

Es war bezeichnend, dass die ersten Personen, mit denen ich nach meiner Entsendung nach Berlin gesprochen hatte, deutsche Unternehmer waren. Sie gehörten vornehmlich zur Russisch-Deutschen Auslandshandelskammer, einer Netzwerkorganisation von in Russland tätigen deutschen Unternehmern. Bereits vor meiner Abreise nach Berlin luden sie mich ein, im Moskauer InterContinental meine Gedanken über meinen künftigen Job zu äußern und mit ihnen darüber zu diskutieren.

Nach dem Amtsantritt begann für mich eine Zeit großer Überraschungen. Bei den drei deutschen Honorarkonsuln der Russischen Föderation handelte es sich um Spitzenvertreter deutscher Wirtschaftskreise. Klaus Mangold, der seit 2005 in Baden-Württemberg konsularische Aufgaben wahrnahm, besaß Chefposten bei einer ganzen

Reihe von Unternehmen, darunter DaimlerChrysler. Von 2000 bis 2010 leitete er den Ost-Ausschuss der Deutschen Wirtschaft. Danach (bis 2019) war er Vorsitzender des Aufsichtsrates des Reisekonzerns TUI. Die *Frankfurter Allgemeine Zeitung* nannte ihn »Mister Russland der deutschen Wirtschaft«[94] und zitierte Mangold mit dem Satz: »Osteuropa ist für mich Herzenssache und große wirtschaftliche Perspektive zugleich.« Mangold kontrolliere Konzerne in Amerika, Frankreich, Kasachstan, er sei Aufsichtsratsvorsitzender des feinen Bankhauses Rothschild in Frankfurt und habe auch sonst allerhand am Laufen, vorzugsweise im Osten, schrieb 2016 die *FAZ* über ihn. Und verschwieg auch Mangolds wiederholt ausgesprochene Warnung nicht: »Wir dürfen nicht überziehen, den Russen vorzuschreiben, was sie tun und lassen sollen. Das Land braucht nicht den Zeigefinger der Deutschen.«[95]

Nikolaus Knauf war seit Februar 1999 als unser Honorarkonsul in Bayern tätig. Seit 1969 leitete er die von seinem Vater und seinem Onkel gegründete deutsche Knauf Gruppe, die in 86 Ländern rund 220 Werke und 75 Rohsteinbetriebe unterhielt, weltweiter Jahresumsatz: rund sieben Milliarden US-Dollar. Das Unternehmen war unter dem Namen Knauf auch in Russland sehr weit verbreitet und expandierte seit 1993. Bis heute hat das CSU-Mitglied Nikolaus Knauf anderthalb Milliarden Euro in unsere Wirtschaft investiert, siebzehn Betriebe aufgebaut und viele soziale und kulturelle Projekte von Archangelsk bis Wladiwostok unterstützt. Darunter finanzierte er die Wiederherstellung des Neptunbrunnens in St. Petersburg und den Wiederaufbau der orthodoxen Kirche Mariä Himmelfahrt in Owstug bei Brjansk, die beim Überfall Nazideutschlands auf die Sowjetunion zerstört wurde. Die Übergabe der Kirche erfolgte am 200. Geburtstag des Dichters und Diplomaten Fjodor I. Tjuttschew, der dort 1803 geboren worden war. An dem Haus in München, in welchem der russische Dichter von 1822 bis 1837 und noch einmal von 1839 bis 1844 gelebt und gearbeitet hatte, erinnert eine Tafel an Tjuttschew und an seinen Satz, der den National-charakter des russischen Volkes vielleicht gut beschreibt. Tjuttschew reimte 1866: »Verstehen kann man Russland nicht / und auch nicht messen mit Verstand / Es hat sein eigenes Gesicht. / Nur glauben kann man an das Land.«

Unser dritter Honorarkonsul war Burckhard Bergmann, seit 2006 in Nordrhein-Westfalen in dieser Funktion unter-wegs. In jener Zeit, von 2001 bis 2009, war er Vorstandsvor-sitzender der E.ON Ruhrgas AG und von 2000 bis 2011 als einziger Ausländer Aufsichtsrat bei Gazprom in Moskau. Seit 1996 amtierte er als Stellvertretender Vorsitzender des Ost-Ausschusses der Deutschen Wirtschaft und als Sprecher des Länderkreises Russland.

Unter Bergmanns Leitung und mit Mitteln des Ruhr-gas-Konzerns wurde bis 2003 das legendäre Bernsteinzim-mer im Katharinenpalast bei St. Petersburg nachgebaut. Dessen Original wurde bekanntlich während des Krieges gestohlen und bis heute nicht wiedergefunden, vermutlich verbrannte es. In der für unsere Beziehungen wichtigen Funktion des Honorarkonsuls erfolgte 2016 ein Wechsel. Auf Bergmann folgte Klaus Schäfer, Vorstandsvorsitzen-der beim Energiekonzern Uniper, den er aber wegen einer Krebserkrankung im Sommer 2019 verlassen sollte.

Klaus Schäfer, Mario Mehren und Rainer Seele – die Chefs von Uniper, Wintershall und OMV, dem österrei-chischen Energieunternehmen – machten Ende Februar 2018 in einer gemeinsamen Erklärung Front gegen die Bestrebungen der USA, Nord Stream 2 zu torpedieren, um ihr eigenes verflüssigtes Erdgas nach Europa zu exportie-ren. Die drei Manager führten dort ökonomische Gründe an (Das Gas aus den USA »ist preislich für Europa nicht interessant«), aber auch politisch-rationale: Mit Russland habe Europa einen Partner, der »seit mehreren Jahrzehnten höchst zuverlässig für eine sichere Gasversorgung in Deutschland sorgt. Hinzu kommt, dass die aus Europa nachgefragten Mengen jährlich steigen. Und wir kennen keinen Gaskunden, egal ob Privat- oder Industriekunde, der russisches Pipelinegas lieber gegen teureres Flüssiggas aus den USA tauschen möchte.« Unmissverständlich erklärten unser Honorarkonsul Schäfer und seine beiden Kollegen von Wintershall und OMV: »Es kann nicht sein, dass die Energieversorgung Europas zum Spielball der amerikanischen Energie-, Wirtschafts-, Sicherheits- und Geopolitik gemacht wird, weil sachliche Argumente gegen Nord Stream 2 fehlen.«[96]

Diverse Äußerungen machten deutlich, dass diese Position von Mitgliedern der Bundesregierung geteilt wurde. Als die Bundeskanzlerin im Januar 2020 in Moskau war, gab sie sich optimistisch, dass die Pipeline trotz US-Sanktionen zuende gebaut werde. »Die exterritorialen Sanktionen der USA gegen den Bau der Pipeline seien ›nicht richtig‹«, sagte sie auf einer gemeinsamen Pressekonferenz mit Präsident Putin.[97]

Im November 2015 bildeten wir in Niedersachsen einen vierte Konsularbezirk. Der SPD-Politiker Heino Wiese, Inhaber einer Unternehmensberatung in Berlin, trat diese Funktion im Februar 2016 an – zu einem Zeitpunkt, als die deutsch-russischen Beziehungen ihren Tiefpunkt erreicht hatten. Allerdings war Wiese – im Unterschied zu seinen Honorarkonsulkollegen – in erster Linie politisch und weniger wirtschaftlich aktiv und stand Gerhard Schröder und Sigmar Gabriel nahe. Beide Politiker übten die Funktion des Ministerpräsidenten in Niedersachsen aus – Schröder von 1990 bis 1998 und Gabriel von 1999 bis 2003.

Heino Wiese organisierte am 18. November 2017 an der Musikschule in Hannover eine Veranstaltung zu meinem 70. Geburtstag, an der auch Gerhard Schröder und Sigmar Gabriel teilnahmen. Der Ex-Bundeskanzler hielt eine launige Rede, die mir sehr gefiel. Er nutzte die Gelegenheit, für die Verständigung mit Russland zu werben. Vertrauen sei die Währung der internationalen Politik, sagte Schröder und bezeichnete sich selbstironisch als »Putin- und Russlandversteher«.[98] Anders »als etwa die ferne USA« habe Deutschland Interesse daran, Russland als Markt für die deutsche Wirtschaft zu erhalten. Dafür seien auch »Energiepartnerschaften« nötig. »Ohne Zusammenarbeit gibt es keine Stabilität«, sagte Schröder. Er sprach sich für einen schrittweisen Abbau wirtschaftlicher Sanktionen gegen Russland aus, statt über »deren Verschärfung und Verlängerung zu diskutieren«. Deutschland brauche langfristig stabile Beziehungen zu Russland. »Frieden und Freiheit auf unserem Kontinent gibt es nur in Partnerschaft mit Russland. Wir brauchen einen Neuanfang im Vertrauensbildungsprozess.« Dazu sei ein Dialog auf allen Ebenen nötig, in Politik, Wirtschaft wie Kultur.[99]

Abschließend schrieb die *Hannoversche Allgemeine*: »Gekommen waren etwa der noch amtierende Außenminister Sigmar Gabriel (›Wir brauchen einen neuen Anlauf der Entspannungspolitik. Je größer das Vertrauen, desto geringer die Gefahr, dass sich Atomwaffen weiter verbreiten‹), der Unternehmer Günter Papenburg, Regionspräsident Hauke Jagau (SPD), der frühere Landtagspräsident Rolf Wernstedt sowie weitere Vertreter aus Wirtschaft und Verbänden. ›Nur Leute, die es gut mit Russland meinen‹, sagte Wiese scherzhaft und meinte es doch ernst.«[100]

Heino Wiese organisierte nach seinem »Amtsantritt« als Honorarkonsul ein Treffen von deutschen und russischen Wirtschaftsvertretern in Bad Pyrmont und bewies damit ein gutes Gespür. Im einstigen Fürstenbad hatte 1716 Zar Peter I. gekurt, er wollte eine Erkrankung der Leber und der Gallenwege behandeln lassen. 300 Jahre später erinnerte die Kurstadt lebhaft mit etlichen Kulturveranstaltungen an den zwanzigtägigen Aufenthalt des russischen Herrschers.

Da passte das Treffen der Industrie- und Handelskammer Hannover, des Ost-Ausschusses der Deutschen Wirtschaft und des Deutsch-Russischen Forum wunderbar.

Wobei die behandelten Themen nicht erfreulich waren. Burkhard Dahmen, Vorstandsmitglied des Ost-Ausschusses der Deutschen Wirtschaft, sprach von einem dreistelligen Milliardenbetrag als »Gesamtlast durch die Sanktionen«. Der Handel der Europäischen Union mit Russland sei seit 2013 von 326 auf 209 Milliarden Euro gesunken, der Wert der Ausfuhren deutscher Unternehmen nach Russland habe sich 2015 halbiert. »Ganze Märkte könnten nachhaltig verloren gehen«, warnte Dahmen.[101]

Der Präsident der IHK Hannover, Dr. Christian Hinsch, fand ein symbolisches Bild: »Der russische Bär und die deutsche Eiche kennen sich schon sehr lange. Sie halten Frost aus. Aber aus der Frostperiode darf keine Eiszeit werden.« Die deutschen Unternehmer sollten ihre persönlichen Kontakte zu den russischen Partnern pflegen und vor Ort präsent bleiben.

Auch Altkanzler Gerhard Schröder ergriff das Wort. Er rief die Wirtschaft auf, die Beziehungen zu Russland aufrechtzuerhalten. Es müsse alles getan werden, um Vertrauen wieder wachsen zu lassen. Es sei eine Lehre der Geschichte, im Interesse Deutschlands »ein partnerschaftliches Verhältnis zu einem stabilen Russland zu haben«, betonte er. »Wir brauchen einen neuen Anlauf zu einer neuen Ostpolitik, die die Sicherheitsarchitektur Europas berücksichtigt.«[102]

Unsere Honorarkonsuln organisierten Kontakte zu Wirtschaftsunternehmen und Produktionsstätten. Ich besuchte die vier größten deutschen Automobilkonzerne und andere größere und kleinere Betriebe, wo ich immer wieder das Interesse an Russland und die Ablehnung der Sanktionen zu spüren und zu hören bekam. Die Leute nahmen kein Blatt vor den Mund.

Ich hatte auch den Wunsch, mit Berthold Beitz ins Gespräch zu kommen. Der hochbetagte Industrielle, seit 1968 Vorsitzender von Vorstand und Kuratorium der Krupp-Stiftung, hatte sich über Jahrzehnte für die Aussöhnung mit Russland und Polen engagiert, er gehörte damals zum Beraterstab von Willy Brandt und unterstützte dessen neue Ostpolitik. Die Stimme von Beitz hatte großes Gewicht in Wirtschaft und Politik. Meiner Bitte wurde entsprochen, der fast Hundertjährige lud mich zu einem Abendessen in die Residenz unweit der Villa Hügel in Essen. Es war ein angenehmer Abend. Beitz berichtete von Reisen in die Sowjetunion, über Begegnungen mit Nikita Chruschtschow und anderen sowjetischen Politikern, Sportlern und einfachen Leuten. Seine Beschreibungen bestachen durch den freundlichen Unterton und viele kleine Details, die ihm in Erinnerung geblieben waren. Er zeigte mir deutlich seine sehr freundschaftliche Haltung zu unserem Land und dem russischen Volk.

Beitz schenkte mit beim Abschied ein Buch, das ein deutscher Journalist über ihn verfasst hatte.[103] Darin wurde ausführlich auch über die Zeit des Krieges und die antifaschistische Haltung des Mannes berichtet. Beitz hatte zwischen 1941 und 1944 als kaufmännischer Leiter der Karpathen-Öl AG im ukrainischen Boryslaw – ähnlich wie Oskar Schindler – viele Juden vor ihrer Deportation in die Vernichtungslager gerettet, weshalb er von Israel 1973 als »Gerechter unter den Völkern« geehrt worden war.

Berthold Beitz lud mich in die Villa Hügel auch am 20. November 2011 ein, um mit vielen anderen das zweihundertjährige Jubiläum des Krupp-Unternehmens zu feiern. Dort traf ich neben Bundespräsident Christian Wulff, der mich akkredigt hatte, auch die seit 2010 in NRW regierende Ministerpräsidentin Hannelore Kraft, den Oberbürgermeister von Essen, Reinhard Pass, den Vorstand und Arbeitsdirektor von ThyssenKrupp, Thomas Schlenz, und den Aufsichtsratsvorsitzenden Gerhard Cromme, den Dirigenten Daniel Barenboim und andere Künstler und Prominente des öffentlichen Lebens. Am nächsten Tag veröffentlichte die *Bild* eine Reihe Fotos von dieser Veranstaltung und ein Interview mit Beitz. Zwei Aussagen von ihm sind mir in Erinnerung geblieben: »Man darf den Banken nicht freie Hand lassen« und: »Wenn die Kluft zwischen arm und reich immer größer wird, droht die Gesellschaft zu zerbrechen.« Der damals 98-jährige Unternehmer wusste genau, wovon er sprach. Am 30. Juli 2013 starb ein Verbündeter.

Nicht minder engagiert war Otto Wolff von Amerongen, der fast ein halbes Jahrhundert lang den Ost-Ausschuss der Deutschen Wirtschaft geführt und laut ZDF von Gorbatschow als »ältester Pionier der Arbeitsbrigade Deutschland/Sowjetunion« gerühmt worden war.[104] Bereits Wolffs Vater hatte großen Anteil am Entstehen der Deutsch-Russischen Handels AG nach dem Vertrag von Rapallo; sein Unternehmen war beteiligt an der Verlegung der Eisenbahnstrecke in der Mandschurei und der ersten Ölpipeline zwischen Baku und Batumi. Otto Wolff übernahm nicht nur das – nach Flick und Krupp drittgrößte deutsche – Familienunternehmen, sondern auch das Verständnis für die Sowjetunion. Als einer der einflussreichsten Unternehmer baute er Brücken in der Zeit des Kalten Krieges, was ihm den Beinamen »Wegbereiter des Osthandels« und »heimlicher Osthandelsminister« eintrug.

Otto Wolff von Amerongen gab im Jahr 2000 die Führung des Ost-Ausschusses an Klaus Mangold ab. Nach diesem, seit 2010, stand an der Spitze des Außenwirtschaftsverbandes, dem etwa 350 Unternehmen angehörten, der Wirtschaftsmanager Eckhard Cordes. Als ich Cordes 2011 kennenlernte, war er Vorstandsvorsitzender beim Handelskonzern Metro AG. Wir fanden zu einem regelmäßigen Dialog und Gedankenaustausch, der zu einer Intensivierung nicht nur meiner Beziehungen zu deutschen

Unternehmen führte, sondern auch den wirtschaftlichen Beziehungen unserer beiden Staaten nutzte. Vor allem wurde mir bewusst, dass es nicht nur um Leuchttürme und Verbindungen zwischen Großunternehmen gehen konnte, sondern dass auch kleine und mittelständische Betriebe in die partnerschaftliche Zusammenarbeit eingebunden werden mussten.

Auch auf deutscher Seite spürte ich dieses Interesse. Natürlich war das kein Selbstzweck oder einem imaginären Altruismus geschuldet. In der Wirtschaft geht es naturgemäß um Produktion und Gewinn, um Ressourcen und Absatzmärkte. Aber auch um die Befriedigung individueller Bedürfnisse und die Durchsetzung nationaler Interessen. Wenn beide Seiten dabei gewinnen können – was die Amerikaner zutreffend als Win-Win-Situation bezeichnen –, war und ist es doch vernünftig und logisch, miteinander zu kooperieren. Dieser Gedanke durchzog die zahlreichen und gehaltvollen Gespräche, die ich in jener Zeit mit den Vertretern deutscher Unternehmerverbände führen konnte, und die oft den Kontakt zu mir suchten.

Auch die Treffen mit der Stiftung Familienunternehmen gehört dazu. Die Mehrheit der deutschen Firmen befand sich in Familienbesitz. Und das ist wohl immer noch so. Deshalb rief 2002 der Jurist Brun-Hagen Hennerkes eine Gesellschaft ins Leben, die die Bedeutung und Leistung dieser Unternehmen im öffentlichen Bewusstsein verankern sollte. Die Stiftung förderte die Forschungsarbeit auf diesem Gebiet, veröffentlichte jährlich mehrere wissenschaftliche Studien und sah sich selbst als Ansprechpartner für Politik und Medien. Die Stiftung Familienunternehmen mit Sitz in Stuttgart führte als Lobbyist in Berlin das »Haus des Familienunternehmens« an nobler Adresse. Dort ergriffen regelmäßig auch deutsche Spitzenpolitiker in Podiumsdiskussionen und bei anderen öffentlichen Veranstaltungen das Wort. Als die Repräsentanz zwischen

Reichstag und Brandenburger Tor am 8. März 2012 mit einer Ansprache des Bundestagspräsidenten Prof. Dr. Nobert Lammert eröffnet wurde, lud man auch den russischen Botschafter ein.

Vertreter von über hundert führenden deutschen Familienunternehmen waren gekommen und boten mir Gelegenheit, Kontakte zu knüpfen. Nahezu alle, die mich ansprachen, bekundeten Interesse an einer Zusammenarbeit mit russischen Unternehmen. Wir reagierten in der Botschaft mit der Bildung einer Arbeitsgruppe, die den Auf- und Ausbau von Beziehungen zwischen kleinen und mittelständischen Familienunternehmen und russischen Betrieben fördern und unterstützen sollte. Wir organisierten in der Botschaft eine Konferenz mit Unternehmensvertretern, an der der Leiter der russischen Industrie- und Handelskammer, Sergej Katyrin, teilnahm. Er und Altkanzler Schröder hatten auch die Schirmherrschaft über diese Zusammenkunft übernommen.

Am 7. Juni 2013 lud die Stiftung zum »Tag des deutschen Familienunternehmens«. Auf der Rednerliste stand nicht nur der Name der Bundeskanzlerin, sondern – obgleich sich eine Abkühlung der politischen Beziehungen zwischen Deutschland und Russland bereits andeutete – auch der des russischen Botschafters. Angela Merkel sprach mich in ihrer Rede direkt an, nachdem sie auf die internationale Finanzkrise und deren Folgen eingegangen war. »Ich sehe den russischen Botschafter unter Ihnen. – Wir werden in diesem Jahr das G20-Treffen in St. Petersburg haben. G20 ist zu einem internationalen Format auf Staats- und Regierungschefebene geworden, damit die wesentlichen Akteure der Weltwirtschaft sich absprechen, um bestimmte Rahmenbedingungen zu schaffen.«[105] Sie berührte viele Bereiche der Gesellschaft und ging nur einmal indirekt auf ein nebensächliches, aber durchaus bemerkenswertes Detail unserer bilateralen Beziehungen ein: »Es hat Jahrzehnte gedauert, ehe man in Deutschland ein Gesetz gemacht hatte, damit einer aus dem Westen, der in Moskau Mathematik studiert hat, sein Mathematikstudium ebenso anerkannt bekommt wie einer, der in der DDR gelebt hat.«[106]

Es war erstaunlich, dass die Stiftung trotz politisch rauer See den »Tag des Deutschen Familienunternehmens« am 9. Juni 2016 mit einer festlichen Tagung in der russischen Botschaft begann. Mehr als vierhundert Gäste nahmen daran teil, darunter auch Bundesminister Peter Ramsauer. Am zweiten Tag sprach die Kanzlerin ausführlicher als bei den vorangegangenen Jahrestagungen der Stiftung über das angespannte Verhältnis zu Russland, deren Ursache sie in »der Verletzung der territorialen Integrität der Ukraine« sah, und zu den Strafmaßnahmen gegen Russland. »Einerseits gibt es die sogenannten Sanktionen im Zusammenhang mit der Krim, andererseits gibt es die Sanktionen im Zusammenhang mit den Vorgängen in Donezk und Lugansk.«[107] Sie hatte allerdings nicht nur meine Zustimmung, sondern auch die der meisten Anwesenden im Saale, als sie erklärte: »Ich habe vielfach – und das will ich auch hier wieder betonen – gesagt: Gute Wirtschaftsbeziehungen zwischen der Europäischen Union und Russland sind in unser aller Interesse. Unser Langfristziel muss sein, dass wir eine sehr viel größere Annäherung bekommen. Also, an der Idee eines gemeinsamen Wirtschaftsraums von Wladiwostok bis Lissabon – wie ja auch der russische Präsident sagte – sollten wir schrittweise arbeiten.«[108] Und nachdem sie die vielen anderen »Baustellen« der Innen- und Außenpolitik gestreift hatte, endete sie mit dem Appell: »Meine Damen und Herren, Sie sehen also: Es ist im politischen Bereich weiterhin viel zu tun.«

Da konnte ich ihr nicht widersprechen.

Eins unserer Tätigkeitsfelder lag, wie schon mehrfach erwähnt, im Bereich kleiner und mittlerer Unternehmen.

Daher bemühten wir uns auch um konstruktive Kontakte zum Bundesverband mittelständische Wirtschaft – Unternehmerverband Deutschlands e. V. (BVMW). Der in Berlin ansässige Dachverband war 1975 entstanden und vereinte einige Zehntausend Klein- und Mittelstandsunternehmen sowie Selbstständige. Er war damit die größte, freiwillig organisierte und branchenübergreifende Interessenvereinigung des deutschen Mittelstandes – in Abgrenzung zum Deutschen Industrie- und Handelskammertag (DIHK), der Dachorganisation der deutschen Industrie- und Handelskammern. An der Spitze des BVMW stand der Finanzvermittler und Anlageberater Mario Ohoven, der aus einer traditionsreichen Unternehmerfamilie kam und zudem auch Präsident der Europäischen Vereinigung der Verbände kleiner und mittlerer Unternehmen war. Gemeinsam mit ihm und seinen Verbänden arrangierten wir verschiedene Treffen in unserem Hause, und wir nahmen auf Einladung an ihren Veranstaltungen teil.

Ohoven und der von ihm geführte BVMW war der erste und lange Zeit einzige Wirtschaftsverband, der auf die Risiken des von den USA initiierten Transatlantischen Freihandels- und Investitionsschutzabkommens (TTIP) hinwies, wofür er von verschiedener Seite scharf attackiert wurde. Das Abkommen nannten viele Kritiker eine »Wirtschafts-NATO«, womit schon alles gesagt war. Das Abkommen liegt aufgrund der Proteste seit Jahren auf Eis, und ob es jemals rechtswirksam werden wird, steht in den nationalen Sternen.

Von den regionalen Industrie- und Handelskammern (IHK) besuchte ich zunächst jene in Karlsruhe. Am 26. Mai 2011 hatte das Deutsch-Russische Forum Baden-Baden zu einer Veranstaltung eingeladen, auf »der S. E. Wladimir Grinin, Botschafter der Russischen Föderation in Deutschland, einen bemerkenswerten Vortrag hielt. Er bekundete auf entschlossene Weise Russlands Willen, unabhängiger

von seinen Rohstoffen zu werden und daher auch Kooperationen mit kleinen und mittelständischen Unternehmen
aus der Technologieregion Karlsruhe ins Auge zu fassen«,
hieß es anderntags in der Lokalpresse. »Es reiche nicht
nur, Leuchtturmprojekte mit Siemens oder Bosch vorwei-
sen zu können, sondern die wirtschaftliche Zusammenarbeit mit den innovativen Unternehmen aus dem Land
der ›Alleskönner‹ müsse intensiviert werden. Deutsche
und Russen seien sich näher, als sie glauben, jeder könne
von den Eigenschaften des anderen profitieren. Jedoch
wies er auch auf die Schwierigkeiten Russlands hin: feh-
lende Fachkräfte sowie die Komplexität der Probleme in
Wirtschaft und Gesellschaft, die nur allmählich gelöst
werden können. Nach seinem Vortrag stand er noch für
Fragen zu Verfügung, die er auch im Detail beantwortete
und Lösungen in Aussicht stellte.« Der Journalist Achim
Kilgus schloss einen Beitrag in *Politics* mit dem Hoffnung
machenden Satz: »Wenn die Russen ebenso gewillt sind
wie ihr Botschafter, mit Firmen hierzulande in Kontakt zu
treten und sich mit ihnen zu vernetzen, könnte dies ein
neuer Aufbruch bezüglich der wirtschaftlichen Zusammenarbeit mit Russland bedeuten.«[109]

Die in Hagen sitzende Südwestfälische Industrie- und
Handelskammer lud mich im September 2011 zu einem
Forum ein. Die Initiative war von dem aus Lüdenscheid
stammenden CDU-Bundestagsabgeordneten Dr. Matthias
Heider ausgegangen. Die Resonanz war beachtlich, nicht
nur im Publikum, das aus Vertretern von mehr als sechzig in St. Petersburg und Moskau tätigen Unternehmen
bestand. Auch die regionale Presse berichtete ausführlich und zitierte aus meiner Rede zum Thema »Die Rolle
kleiner und mittlerer Unternehmen im allgemeinen Kontext der russisch-deutschen Wirtschaftskooperation«.
Ich erklärte auch in Lüdenscheid: »Russland muss seine
technologischen Fähigkeiten weiter entwickeln, und kleine

und mittlere Unternehmen aus Südwestfalen können dabei helfen«. Eine Forumsteilnehmerin schlug vor, in Nishni Nowgorod einen zusätzlichen Standort zu eröffnen. Nach der Veranstaltung besuchte ich die ERCO GmbH, einen seit 1934 in Lüdenscheid produzierenden mittelständischen Leuchtenhersteller, und die Kirchhoff Automotive GmbH in Iserlohn, ein in vierter Generation geführtes Familienunternehmen, das Teile für die Fahrzeugindustrie produziert, seit es Autos gibt.

Im Jahr darauf, im November 2012, veranstalteten wir gemeinsam mit baden-württembergischen Unternehmern eine Konferenz zum Thema »Russisch-deutsche Wirtschaftsbeziehungen – Stärkung der Zusammenarbeit im Bereich der kleinen und mittleren Unternehmen«. Daran nahmen auch russische Unternehmen aus den Regionen Tscheljabinsk, Samara, Nishni Nowgorod und Kaliningrad teil.

Nicht unerwähnt bleiben sollten in diesem Zusammenhang unsere Kontakte zu der Wegweiser Media & Conferences GmbH Berlin, die die russisch-deutschen Wirtschaftstreffen professionell begleitete. Das Unternehmen war 1996 aus der strategischen Arbeitsgruppe »Markt & Staat« der Treuhandanstalt hervorgegangen, die ostdeutschen Unternehmen behilflich war, neue Kunden und Partner im In- und Ausland zu finden. Vorsitzender des Beirates war seit Anfang an Dr. Klaus von Dohnanyi, der als Bundesminister in den Regierungen von Willy Brandt und Helmut Schmidt und in den achtziger Jahren als Erster Bürgermeister der Freien und Hansestadt Hamburg tätig war. Das Kommunikationsunternehmen lud mich regelmäßig als Redner zu Konferenzen ein und war bei der Organisation von gemeinsamen Veranstaltungen in der russischen Botschaft aktiv. Als Managing Director war, soweit ich mich erinnere, ein Holger Friedrich tätig, der 2019 bundesweite Bekanntheit erlangte, als er als Ostdeutscher den Berliner Verlag erwarb und Zeitungsverleger wurde. Bis dahin waren ostdeutsche Zeitungshäuser ausnahmslos von Westdeutschen gekauft worden.

In meinen Reden betonte ich immer wieder die Notwendigkeit einer nachhaltigen und stabilen Entwicklung der bilateralen Handels- und Wirtschaftsbeziehungen. Und zwar abseits von Öl und Gas. Die Bildung einer modernen Unternehmenskultur in Russland mit kleinen und mittelständischen Unternehmen, wie es sie in Deutschland gab, war für mich der Schlüssel. Er konnte die Entstehung einer breiten Mittelschicht und damit einer gut funktionierenden Zivilgesellschaft in Russland befördern. Da konnten wir viel von den deutschen Unternehmen, auch von den vielen Familienbetrieben, lernen.

Ich verfolgte mit meinen Ausführungen mehrere Absichten. Zum einen wollte ich deutsche Unternehmen anregen, sich noch stärker als bislang in Russland zu engagieren. Und ich wollte ihre Vorbildrolle für unsere Wirtschaft deutlich machen. Und meinen Landsleuten sagte ich damit, wie wichtig kleine und mittlere Unternehmen für die Volkswirtschaft insgesamt sind. So waren weit mehr als die Hälfte der deutschen Arbeitnehmer in solchen Firmen beschäftigt, sie bildeten das Rückgrat der erfolgreichen deutschen Wirtschaft.

Darauf ging auch der ehemalige Wirtschaftsminister Baden-Württembergs, Walter Döring, ein, der mich im Januar 2013 zum »Treffen der Weltmarktführer« in Schwäbisch Hall einlud. Er kam auch im Mai 2014 mit dem Präsidenten des Bundesverbandes Deutscher Mittelstand Hans Bühler nach Berlin. Mit deutschen Unternehmern diskutierten wir in der russischen Botschaft dreieinhalb Stunden zum Thema »Bundesverband Deutscher Mittelstand und europäisches Wirtschaftsforum – Wir Eigentümerunternehmen«. Anschließend sagte der SPD-Politiker Döring gegenüber der Presse: »Grinin hat ein ehrliches

Interesse an guten Kontakten zur deutschen Wirtschaft. Die Stabilisierung der deutschen Wirtschaft durch Eigentümerfamilien wird in Moskau geschätzt und deutlich wahrgenommen. Vergleichbares wünscht sich Grinin für Russland.«[110]

Hans Bühler, Chef der Haller Optima-Gruppe, einem renommierten Maschinenbau-Unternehmen, machte mir gegenüber deutlich, das Kunden in Russland zu seinen wichtigen Abnehmern gehörten und er Sorge habe, dass mögliche Einfuhrbeschränkungen die schwäbischen Spezialmaschinenbauer treffen würden. Ich versuchte ihm die Sorge zu nehmen, worauf der Bundesverband mit einer Presseerklärung erleichtert reagierte:»Russland werde auf Sanktionen aus dem Westen auf keinen Fall mit Behinderungen für den deutschen Mittelstand reagieren.«[111]

Allerdings begann sich stetig das Klima zu verschlechtern, was ich bereits im Frühjahr 2013 in Niedersachsen und Thüringen zu spüren bekam. In März traf ich mich mit Geschäftsleuten in Hannover und im Mai im Industrieclub Erfurt. Unterschwellig waren bereits antirussische Töne zu vernehmen, in den Pressegesprächen und bei Interviews wurden die Ressentiments allein schon bei den Fragen deutlich. Ich bat darum, die politische und wirtschaftliche Lage nüchtern einzuschätzen und plädierte für einen konstruktiven und freundschaftlichen Dialog. Die deutschen Medien schwadronierten bereits vom »Ende einer Freundschaft«, so der *Spiegel* am 15. April 2013.»Der russische Präsident Wladimir Putin hat seinen Konfrontationskurs gegen Deutschland verschärft.«[112] Angeblich habe der Inlandgeheimdienst FSB »in den vergangenen Wochen russische Mitarbeiter der deutschen Botschaft in Moskau unter Druck (gesetzt), um an Informationen zu gelangen. Vor einigen Jahren hatte Putin die Abteilung Gegenspionage des FSB noch angewiesen, Aktivitäten gegen deutsche Einrichtungen deutlich herunterzufahren.

Diese Zurückhaltung gilt nun nicht mehr. Auch auf anderen Gebieten bahnt sich eine deutsch-russische Eiszeit an. Eine Delegation von CDU-Bundestagsabgeordneten, die in der vergangenen Woche Moskau besuchte, sah sich mit zahlreichen Gesprächsabsagen im letzten Moment konfrontiert.«[113] Und: »Ein zweieinhalbstündiges Abendessen Merkels mit Putin am Rande der Hannover-Messe war in der vergangenen Woche in frostiger Atmosphäre verlaufen.«[114]

Wahrlich triftige Gründe, die bis dahin bestehenden freundschaftlichen Beziehungen zwischen Deutschland und Russland infrage zu stellen. Nein, es gab andere Gründe – das hier war lediglich der von den Medien verblasene propagandistische Nebel.

Der außenpolitische Koordinator im Ressort Politik der Wochenzeitung *Die Zeit* stellte im März 2013 rhetorisch die Frage: »Wie soll Deutschland mit Russland umgehen?«[115] Er zählte dann alle Todsünden Moskaus auf: Menschenrechtsgruppen würden bedrängt und NGOs gezwungen, sich als ausländische Agenten registrieren zu lassen, die Internetfreiheit sei eingeschränkt, Presse und Parlament würden gelenkt und Homosexuelle diskriminiert ... »Nach dem Ende des Kommunismus herrschte die Annahme, Russland und Europa seien gleichen Werten verpflichtet. Auf dieser Grundlage finden all die Dialoge, Foren und Modernisierungspartnerschaften statt«, hieß es abschließend. »Ohne die Hoffnung, sich auf Grundwerte verständigen zu können, sollte man sich das alles besser sparen.«[116]

Wenig später wurde im gleichen Medium noch einmal nachgelegt: »Warum die Modernisierungspartnerschaft mit Russland nicht funktioniert«.[117]

Aus der Frage war inzwischen eine Feststellung geworden.

Damit waren Ton und Richtung der nun in den Medien einsetzenden Debatte über die deutsche Russlandpolitik vorgegeben. Prof. Klaus Mangold reagierte am 22. April 2013 in einem Vortrag im Münchner Ifo-Institut sehr souverän und weitsichtig auf diese Kampagne. »Es ist in unserem eigenen Interesse, keinen kalten Frieden mit Russland zu haben«, sagte er und prognostizierte »große Probleme«, wenn es nicht gelinge, »die zunehmende politische Isolation Russlands aufzuhalten«.[118] Der vormalige Vorsitzende des Ost-Ausschusses der deutschen Wirtschaft sah »die EU und Deutschland in der Pflicht, sich viel stärker mit Russland zu beschäftigen und das Riesenreich nicht weiter zu isolieren. Die Regierung in Moskau fühle sich durch viele Aktivitäten des Westens zunehmend angegriffen, von der Raketenabwehr in Polen über die Visumspflicht bis zum Bemühen der EU, den wirtschaftlich eng mit Russland verbundenen Nachbarn Ukraine in die Wirtschaftsgemeinschaft aufzunehmen«, erklärte er in München. Er wisse »um die demokratischen Defizite in Russland, aber die ließen sich nicht mit zu starkem Druck aus dem Westen beseitigen, sondern durch bessere Zusammenarbeit – vor allem in der Wirtschaft.« Er sehe, so Mangold – »einer der profiliertesten Kenner Osteuropas« –, »durchaus Fortschritte in der wirtschaftlichen Entwicklung Russlands, insbesondere sei die Rechtssicherheit für Ausländer inzwischen recht groß. Was Russland fehle, sei ein gesunder Mittelstand. Bei dessen Aufbau könne Deutschland als Vorbild und Partner dienen.«[119]

Damit hatte er mir natürlich aus dem Herzen gesprochen. Nichts anderes hatte ich bei meinen Treffen mit Vertretern der deutschen Wirtschaft wieder und wieder betont.

Bekanntlich verschlechterten sich die offiziellen politischen Beziehungen nach der sogenannten Ukraine-Krise 2014 dramatisch. Im Gegensatz dazu standen die Kontakte und Begegnungen mit der deutschen Geschäftswelt: Die wurden intensiviert. Der wachsende Druck auf die Wirt-

schaft, Sanktionen und die seit dem Vorjahr stark rückläufige Handelsbilanz beeinflussten diese Verbindungen
kaum. Im Gegenteil. Wie zum Trotz wurde über Gegenwart
und Zukunft unserer Beziehungen nachgedacht.

So richtete die Landesregierung von Mecklenburg-Vorpommern am 1. Oktober 2014 in Warnemünde einen Unter-
nehmertag zum Thema »Russland in Mecklenburg-Vorpommern« aus. Ministerpräsident Erwin Sellering (SPD)
und der Gouverneur des Leningrader Gebietes (so heißt
die Region um St. Petersburg), Alexander Drozdenko, nahmen daran ebenso teil wie Altkanzler Gerhard Schröder.
Wenige Monate später schon reiste Sellering mit einer
sechzigköpfigen Delegation für vier Tage zu Drozdenko.
Auch der mitreisende Wirtschaftsminister Harry Glawe
(CDU) berichtete anschließend von den guten, freundschaftlichen Gesprächsatmosphäre in St. Petersburg,
und es wurde eine Hochschulvereinbarung geschlossen.
Nichtsdestotrotz musste der Ministerpräsident die Reise
gegen Kritik in Deutschland verteidigen. Konservative und
Grüne »bewerteten die Fahrt als falsches Signal«.[120]

Am 8. Oktober 2014 lud mich die Universität Mannheim
ein, an einer Diskussion mit dem Titel »Russland und
Europa: Geschichte, Gegenwart und Zukunft« teilzuneh-
men. Dabei ging es um eine detaillierte Analyse unserer
Beziehungen in bestimmten Bereichen, vor allem in der
Wirtschaft.

Die IHK Potsdam veranstaltete am 16. Oktober in der
brandenburgischen Landeshauptstadt eine Diskussions-
veranstaltung zum Thema »Russland: zwischen Modernisierungspartnerschaft und Wirtschaftssanktionen«. In der
Debatte kam es zu heftigen Wortgefechten.

Die aktuelle Situation rund um Russland war selbst auf
dem dreitägigen 31. Deutschen Logistik-Kongress im Oktober 2014 im Berliner Hotel InterContinental das Haupt-
thema. Über dreitausend Gäste nahmen an Plenums- und

Fachvorträgen, Diskussionsrunden und Workshops teil, und ich war gebeten worden, am 22. Oktober dort zu sprechen.

Am 7. November war ich in Baden-Baden, um mit führenden Vertretern der Wirtschaft Baden-Württembergs darüber zu diskutieren. Klaus Mangold und der Präsident der Industrie- und Handelskammer Baden-Württembergs, Wolfgang Grenke, moderierten die sehr leidenschaftlich geführte Debatte. Ähnlich emotional verliefen die Streitgespräche mit dem Unternehmen McKinsey im November und dem Bundesverband mittelständische Wirtschaft im Dezember 2014 in der Botschaft. Auf Initiative dieser beiden Unternehmen und mit unserer tatkräftigen Hilfe folgte eine Reihe weiterer Zusammenkünfte zu diesem Thema.

Die wichtigste Erkenntnis aus diesen Diskussionen bestand darin, dass die Vertreter der deutschen Wirtschaft mehrheitlich für Aufrechterhaltung und Förderung der russisch-deutschen Geschäftskontakte plädierten. Sie waren nach wie vor entschlossen, mit uns einen umfassenden und respektvollen Dialog zu führen – trotz der auf Konfrontation gerichteten Politik. Nicht selten kamen die Begegnungen auf Wunsch der Deutschen zustande.

Anfang 2015 gab es erste Anzeichen für eine Wiederbelebung der Strategischen Arbeitsgruppe für Wirtschaft und Finanzen, die wie viele andere zwischenstaatliche Strukturen zuvor die Arbeit eingestellt hatte. Auf Initiative der deutschen Seite wurde sie in der zweiten Jahreshälfte wieder aufgenommen, allerdings lediglich als Unternehmensplattform. Eine Rückkehr zum ursprünglich strategischen Ansatz fand bis zu meiner Abreise aus Deutschland nicht mehr statt.

Die Sozialdemokraten, die nach der Bundestagswahl 2013 erneut mit den Unionsparteien eine Koalition eingegangen waren, befanden sich im Zwiespalt. Aus verschiedenen Gründen wollten sie die Unternehmen, die mit

Russland wirtschaftlich verbunden waren, unterstützen. Auf der anderen Seite standen sie in der Koalitionspflicht. Und die Union folgte dem Kurs der EU, und die wiederum den Vorgaben der westlichen Führungsmacht. Vizekanzler Sigmar Gabriel, Bundesminister für Wirtschaft und Energie und Vorsitzender der SPD, reiste im Oktober 2015 nach Russland. Was Deutschland und Russland so auseinanderbringen konnte, sei ihm »völlig unklar«, zitierte die *Süddeutsche Zeitung* den deutschen Vizekanzler. Schließlich hätten beide Staaten noch im Jahr 2000 »ein exzellentes Verhältnis« gehabt. Die »Situation um die Ukraine« jedenfalls schied für den SPD-Chef aus; »sie sei aus seiner Sicht nur ein Symptom, nicht der Grund für die Probleme«.[121]

Unser Industrieminister Denis Manturow kam drei Wochen später zum Gegenbesuch nach Berlin. Am 9. November war er Gast des Deutsch-Russischen Wirtschaftsdialogs. Er wurde dort vom Vorsitzenden des Ost-Ausschusses der Deutschen Wirtschaft, Eckhard Cordes, mit ernsten Feststellungen begrüßt. »Vieles, was in den letzten 25 Jahren aufgebaut wurde, ist erschüttert worden. Dies zeigt sich beispielsweise in einem massiven Rückgang unseres bilateralen Handels. So werden sich nach unseren Schätzungen die deutschen Exporte nach Russland bis zum Ende des Jahres 2015 gegenüber dem bisherigen Rekordjahr 2012 fast halbiert haben. Dies entspricht einem Rückgang um etwa 17 Milliarden Euro in nur drei Jahren. Eine unglaubliche Summe, die umgerechnet fast dem gesamten deutschen Export nach Lateinamerika entspricht.« Und Cordes erinnerte daran, dass sich in den Jahren 1998 bis 2012 der deutsche Handel mit Russland verfünffacht hatte. »Im Jahr 2012 lag er bei rund 80 Milliarden Euro. Dieses Volumen sicherte in Deutschland rund 350 000 Arbeitsplätze.«[122]

»Deutschland, Europa braucht Russland, genauso wie Russland Europa braucht«, rief Cordes unter dem Beifall der Wirtschaftsvertreter aus. »Wir brauchen einen großen, gemeinsamen Wirtschaftsraum von Wladiwostok bis Lissabon. Es sollte ein Raum sein, der sich auf gemeinsame Industriestandards, Normen, Zölle und auf den freien Austausch von Dienstleistungen, Kapital und nicht zuletzt auf freien Reiseverkehr ohne Visa-Bestimmungen gründet. Deshalb setzt sich der Ost-Ausschuss für Gespräche zwischen der Eurasischen Wirtschaftsunion und der Europäischen Kommission über eine gegenseitige Abstimmung zu Handelsfragen ein. So, wie die politische Entfremdung im Rahmen des Ukraine-Konflikts zu einer wirtschaftlichen Entfremdung geführt hat, müssen wir versuchen, die Dinge wieder umzudrehen – und über eine wirtschaftliche Annäherung zu einer politischen Verständigung beitragen.«[123]

Insbesondere auf der zweiten politischen Ebene, also unterhalb der Spitzenebene, bewegte sich 2015 einiges. Es gab wechselseitige Arbeitsbesuche, in denen es hauptsächlich um Wirtschaftsfragen ging. In den deutschen Unternehmen gingen Arbeitsplätze verloren, was die Politiker vor Ort belastete – in den russischen Regionen stagnierte die wirtschaftliche Modernisierung. 2015 reisten die Ministerpräsidenten Erwin Sellering (Mecklenburg-Vorpommern) und Stephan Weil (Niedersachsen), Olaf Scholz (Erster Bürgermeister von Hamburg) und die bayerische Wirtschaftsministerin Ilse Aigner nach Russland. Und nach Deutschland kamen in Begleitung von Wirtschaftsdelegationen die Gouverneure Nikolai Zukanow (Kaliningrader Gebiet), Anatolij Artamonow (Kaluga) Andrej Schewelew (Twer) und Wladimir Jakuschew (Tjumen) sowie die Vizegouverneure der Gebiete Kursk (Alexander Subarew) und Leningrad (Andrej Burlakow). Auch in den Folgejahren fand – mit Unterstützung unserer Botschaft – der Dialog auf dieser Ebene konstruktive Fortsetzung.

Dabei entstanden sowohl in Bayern als auch in Mecklenburg-Vorpommern bilaterale Arbeitsgruppen mit Regierungsbeteiligung, um die wirtschaftliche Zusammenarbeit zu fördern. Eine solche Kooperation wurde auch im Rahmen des »Kreuzjahres« der kommunalen und regionalen Partnerschaften 2017/18 angeregt, das – trotz alledem – am 28. Juni 2017 von den Außenministern Sergej Lawrow und Sigmar Gabriel in Krasnodar eröffnet wurde. Der deutsche Vizekanzler besuchte bereits zum dritten Mal in jenem Jahr Russland. Beide Politiker nahmen an der Eröffnung der russisch-deutschen Konferenz der Partnerstädte teil. »Es ist erfreulich, dass positive Tendenzen nach einem langen Rückgang im handelswirtschaftlichen Bereich zu erkennen sind«, erklärte Lawrow auf der gemeinsamen Pressekonferenz in Krasnodar.[124] Und der deutsche Außenminister bewies Fingerspitzengefühl, als er an die Vergangenheit erinnerte. Krasnodar sei von der deutschen Wehrmacht nicht nur schwer beschädigt worden, sondern Deutsche hätten auch grausame Verbrechen begangen. Gabriel bezeichnete es als ein Wunder, dass die Russen, nach all dem, was ihnen von Deutschen angetan wurde, »immer wieder auf uns Deutsche zugegangen sind und freundschaftlich ihre Hand ausgestreckt haben«.[125] Der deutsche Vizekanzler wertete diese Haltung als »riesigen Vertrauensbeweis«, als einen »Schatz«. Es sei »unsere Verantwortung, diesen Schatz zu pflegen und nicht zu verspielen«. Gabriel lobte das zivilgesellschaftliche Engagement, nannte Beispiele, mahnte aber auch selbstkritisch an: »Dieses persönliche Engagement aus der Mitte unserer Gesellschaften heraus entlässt uns Regierungen aber nicht aus der Pflicht.«[126]

Im Großen und Ganzen erwies sich die wirtschaftliche Komponente, insbesondere in der letzten Phase meiner Amtszeit in Deutschland, als ein sehr ermutigender Faktor.

Etwas unerwartet verstärkte sich nach dem Machtantritt Donald Trumps in den USA der Eindruck, dass die politischen und unternehmerischen Kreise Deutschlands unter dem Druck beispielloser wirtschaftlicher Ansprüche Washingtons die Orientierung verloren. Berlin befürchtete, wohl nicht unbegründet, von den USA nicht mehr als strategischer Partner, sondern als Konkurrent mit eigenen Ambitionen wahrgenommen und entsprechend behandelt zu werden. Auch das Votum für den Brexit, der für das politische Berlin zunächst eine große Überraschung darstellte und sich dann in ein großes Rätsel verwandelte, begann die Konstellationen innerhalb der EU durcheinanderzubringen. Für die Deutschen wuchs das Risiko, die Vormachtstellung in Europa zu verlieren.

Unter diesen unvorhersehbaren Momenten wurden die westeuropäischen Akteure nachdenklich. Selbst jene, die zuvor nie nach Osten geschaut hatten, richteten plötzlich die Blicke auf Russland und den Eurasischen Wirtschaftsraum. Die entstandene Situation motivierte natürlich diejenigen, die im Interesse der wirtschaftlichen Zusammenarbeit mit unserem Land handelten. So intensivierte der Ost-Ausschuss der Deutschen Wirtschaft, der seit dem 1. Januar 2016 von einem der Geschäftsführer des BASF-Chemiekonzerns und der Linde AG, Dr. Wolfgang Büchele, geleitet wurde, den Austausch und die Zusammenarbeit zwischen deutschen und russischen Wirtschaftskreisen. Treffen wie beispielsweise im Rahmen der Münchner Sicherheitskonferenz der russischen und der deutschen Außenminister oder die Teilnahme von Ministerpräsident Dmitrij Medwedew dort erfolgten nun regelmäßig.

Auch Büchele war der Ansicht, dass beide Seiten zum normalen politischen Dialog zurückkehren sollten, der auf Initiative Berlins eingefroren worden war. In Deutschland war im Herbst 2017 ein neuer Bundestag gewählt worden, die Bildung einer neuen Regierung zog sich Monate hin. Der Vorsitzende des Ost-Ausschusses der Deutschen Wirtschaft forderte nichtsdestotrotz am 30. Januar 2018 »endlich entschlossene diplomatische Initiativen zur Entspannung des Konfliktes« zwischen der EU und Deutschland einerseits und Russland andererseits.[127] Büchele begründete das unter anderem mit aktuellen Untersuchungen der Universität Kiel. Demnach überschritten die Kosten der 2014 eingeführten gegenseitigen Wirtschaftssanktionen inzwischen die Marke von einhundert Milliarden Euro. »Rund 60 Prozent der Verluste gehen auf das Konto Russlands, etwa 40 Prozent auf Kosten der Wirtschaft in der EU. Die europäische Wirtschaft zahlt also einen hohen Preis für einen Konflikt, den allein die Politik zu verantworten hat und der nur diplomatisch gelöst werden kann.«

Büchele berief sich auch auf die ostdeutschen Ministerpräsidenten, die schon lange eine Verbesserung des Verhältnisses zu Russland forderten. »Neue Wirtschaftssanktionen lehnen wir ab. Diese führen nur weg vom Verhandlungstisch, verhärten die Fronten, verunsichern Unternehmen und erzeugen unkalkulierbare Risiken für die Wirtschaft.«[128]

Der Wirtschaftsmanager Büchele machte klar, dass ein Tauwetter nicht von alleine käme, sondern durch konkrete Schritte erzwungen werden müsste. Zielgerichtete Anstrengungen, auch von russischer Seite, seien erforderlich, um beispielsweise Unternehmen in Russland zu lokalisieren und Investoren in Deutschland zu gewinnen.

Gleichen Intentionen folgte auch die jährliche Russisch-Deutsche Rohstoffkonferenz Ende November 2017 in St. Petersburg, die bereits zum zehnten Mal tagte. An der Konferenz nahm – neben achthundert Personen aus Wirtschaft, Wissenschaft und Politik – auch Sigmar Gabriel teil. Schwerpunktthemen waren die wissenschaftlich-technische Zusammenarbeit im Rohstoffbereich und die nachhaltige Entwicklung in der Rohstoffwirtschaft. Und es wurde beschlossen, die Arbeit des Rohstoff-Forums durch die Bildung deutsch-russischer Arbeitsgruppen zu wichtigen Zukunftsthemen der Rohstoffwirtschaft zu erweitern.

Bedeutende Schritte zur Entspannung wurden in jenem Jahr gegangen, woran die Botschaft direkt und indirekt bei der Vorbereitung beteiligt war. Dazu rechnete ich die Treffen Präsident Putins mit dem bayerischen Minister-präsidenten Horst Seehofer (am 16. März 2017 in Moskau und am 2. Juni in St. Petersburg), mit dem VW-Vorstands-vorsitzenden Matthias Müller (8. Februar 2017) und dem BASF-Chef Kurt Bock (22. März), mit Rainer Seele, Vor-standsvorsitzender des österreichischen Mineralölkon-zerns OMV (28. April 2017 in Moskau) sowie die Gespräche des Präsidenten mit einer Gruppe führenden Vertreter deutscher Unternehmen am 12. Oktober 2017 in Sotschi.

Im Jahr 2017 verbesserten sich unsere Handels- und Wirtschaftsbeziehungen merklich. So stieg der bilaterale Handelsumsatz gegenüber 2016 um fast 23 Prozent (auf 49,9 Milliarden US-Dollar). Unsere Exporte wuchsen um 21 Prozent auf 25,7 Milliarden US-Dollar, und die Importe nahmen um 24,5 Prozent zu (auf 24,2 Milliarden US-Dollar).

Das akkumulierte Gesamtvolumen der deutschen Inves-titionen in die Wirtschaft Russlands blieb positiv und erreichte 18 Milliarden US-Dollar.

Trotz der politischen Konflikte verlor die gemeinsame Projektzusammenarbeit im Jahr 2017 nicht ihre Dynamik. Im Sinne der Gesetze des fairen Wettbewerbs und des freien Marktes entstanden neue Verträge. Gleichzeitig hielt unsere Regierung an den günstigen Investitionsbedingun-gen fest, um für ausländische Anleger attraktiv zu bleiben. Effektive Instrumente waren die sogenannten Sonder-investitionsverträge (SPIK), die ausländischen Investoren den Status nationaler Unternehmen unter der Bedingung einer weitgehenden Produktion in Russland einräumten. Anfang 2018 wurden Sonderinvestitionsverträge mit vier deutschen Unternehmen geschlossen: dem Landmaschi-nenhersteller CLAAS, dem Werkzeugmaschinenhersteller DMG Mori, dem Autokonzern Daimler und dem Pumpenausrüster Wilo. Sechs weitere SPIK-Projekte befanden sich in der Entwicklungs- bzw. Genehmigungsphase.

2017 investierte die METRO AG 100 Millionen Euro in den Bau von fünf Warenhäusern im Gebiet Moskau, der Softwarehersteller SAP ging eine Investitionspartnerschaft mit dem Stahlproduzenten NLMK in Lipezk ein. In der dortigen Sonderwirtschaftszone nahmen 2017 die Viessmann Werke die Produktion von Warmwassererzeugern auf, und die Linde AG erhielt von Gazprom einen Auftrag zu Produktion, Speicherung und Transport von flüssigem Erdgas in der Verdichterstation Portowaja im Leningrader Gebiet sowie über den Bau einer Olefinanlage für die Herstellung von Ethylen mit integrierter Polymerproduktion, die als Kooperationsprojekt mit der Gesellschaft Nishnekamskneftechim, einem petrochemischen Betrieb in Nizhnekamsky/Tartastan, gedacht war. Daimler legte den Grundstein für den Bau eines PKW-Werkes im Industriepark Jessipowo im Moskauer Gebiet, das 2019 mit der Produktion beginnen sollte. Die Bionorica SE, ein mittelständischer deutscher Hersteller pflanzlicher Arzneimittel mit Sitz in Neumarkt in der Oberpfalz, unterzeichnete eine Vereinbarung über die Errichtung eines pharmazeutischen Werkes im Gebiet Woronesh. Gesamtinvestition 1,4 Milliarden Rubel, Fertigstellung 2021. Im Moskauer Industriepark Indigo wurde das erste Werk des deutschen Unternehmens WIKA zur Herstellung von Messgeräten eröffnet. Die BASF investierte fünf Millionen Euro in den Bau eines Chemicwerkes in St. Petersburg ...

Es war bemerkenswert, dass bis zu siebzig Prozent der deutschen Unternehmen, die von den US-Sanktionen betroffen wurden oder es sein würden, ihre Geschäfts- und Investitionstätigkeit auf dem bisherigen Niveau hielten und sich nicht ins Bockshorn jagen ließen. Zwei von zehn Unternehmen wollten ihre Investitionen sogar aufstocken. Lediglich zehn Prozent der Unternehmen ließen Vorsicht walten und beabsichtigten ihr Engagement zu reduzieren, wie sie auf Nachfrage erklärten.

Die Haltung der ausdauernden Unternehmen wog besonders und verdiente Anerkennung. Denn im April 2018 gaben die Mitglieder der Deutsch-Russischen Auslandskammer (AHK) auf Befragen an, dass 88 Prozent von ihnen reale Verluste durch die Sanktionen erlitten hatten.

2018 legten deutsche Investitionen laut Bundesbank im Vergleich zu Vorjahr noch einmal um vierzehn Prozent zu und erreichten 3,2 Milliarden Euro – was den Spitzenwert seit der Vorkrisenzeit bedeutete. Matthias Schepp, der Vorstandschef der AHK, fand seine Feststellung bestätigt, dass deutsche Unternehmen nach wie vor an den russischen Markt glaubten und die westlichen Sanktionen die Perspektiven der deutschen Geschäfte in Russland kaum beeinflussen würden. Selbst wenn die Gefahr real sei, dass es durch die US-Politik Milliardenverluste geben könnte.

Die wissenschaftlich-technische Zusammenarbeit zwischen Russland und Deutschland, die unsere Länder nähergebracht hatte, verdiente ebenfalls positive Anerkennung.

Ein Prestigeobjekt war das am Moskauer Stadtrand, im Dorf Skolkowo, auf vier Quadratkilometern seit 2010 errichtete Innovationszentrum SK. Nach dem Vorbild des kalifornischen Silicon Valley war dort in wenigen Jahren der größte Wissenschaftspark Europas entstanden. Die Botschaft in Berlin hatte aktiv nach Partnern in Deutschland gesucht – Investoren wie Institutionen –, die sich dort niederlassen oder Start-Ups gründen wollten. Wir waren nicht erfolglos gewesen. 2020 zählte man allein zweitausend Start-Ups in Skolkowo.[129]

Beispielsweise haben wir das *Karlsruhe Institute of Technology* (KIT), einen der führenden deutschen Forschungscluster für Digitalisierung, für die Zusammenarbeit gewinnen können. Das Institut beteiligte sich an

Wladimir Michailowitsch Grinin, in den siebziger und in den achtziger Jahren als sowjetischer Diplomat in der BRD und in der DDR, von 2010 bis 2018 Außerordentlicher und Bevollmächtiger Botschafter der Russischen Föderation in Berlin

9. November 2014: Letzte Begegnung mit Altkanzler Helmut Kohl und dessen Frau Maike Kohl-Richter beim Empfang im Springer-Verlag; im Hintergrund *Bild*-Chefredakteur Kai Diekmann (mit Bart) und Mathias Döpfner,
Vorstandsvorsitzender der Axel Springer SE

22. Juni 2016: Gedenkveranstaltung im Berliner Dom zum Überfall auf die
Sowjetunion vor 75 Jahren – mit MdB/SPD Peer Steinbrück, dem Ko-Vorsitzenden des Petersburger Dialogs Ronald Pofalla und Stanislaw Tillich,
Bundesratspräsident. Daneben Botschafter Wladimir Grinin, der anschließend das Wort ergriff (Foto auf der rechten Seite)

III

Norbert Kuchinke (1940–2013), Korrespondent einst von *Spiegel* und *Stern* in Moskau, initiierte im uckermärkischen Götschendorf das russisch-orthodoxe Kloster St. Georg, das erste in Westeuropa. Aufnahme 2013

Erzbischof Feofan (1954–2017) stand zwanzig Jahre an der Spitze der russisch-orthodoxen Kirche von Berlin und Deutschland. Aufnahme 2013

Zur Gratulation bei Hans Modrow. Der vorletzte Ministerpräsident der DDR wurde 85. Hinter ihm Gregor Gysi, Fraktionschef der Linken im Deutschen Bundestag, und Ko-Parteivorsitzender Bernd Riexinger. Aufnahme 2013

Tag des Sieges – alljährlich am 9. Mai folgt den Kranzniederlegungen an den Ehrenfriedhöfen der Empfang in der Botschaft. Aufnahme 2012

Traditioneller Empfang zum Russischen Nationalfeiertag am 12. Juni in der Botschaft mit vielen Gratulanten aus Politik, Wirtschaft, Kultur und Zivilgesellschaft. Aufnahme 2017

Gern gesehene Gäste in der Botschaft: Pfarrerin Antje Vollmer, Ex-Vizepräsidentin des Deutschen Bundestages (Bildmitte), im Gespräch mit Wilfried Scharnagl (1938–2018), Ex-Chefredakteur des *Bayernkurier* und Strauß-Vertrauter; Theologe Heinrich Fink, Ex-Rektor der Humboldt-Universität, und Stefan Huth, Chefredakteur der *jungen Welt* (v. l. n. r.). Aufnahme 2015

Sigmund Jähn (1937–2019), der erste Deutsche im All und Absolvent der Militärakademie der Luftstreitkräfte in Monino bei Moskau, war Stammgast

Defilee zum Nationalfeiertag auf der Treppe vor dem Großen Saal. Ex-Verteidigungsminister der DDR, Admiral Theo Hoffmann (1935–2018) wartet hinter dem weißhaarigen Gratulanten auf der Treppe Botschafter a. D. Peter Steglich mit Ehefrau; hinten an der Fahne Bruno Mahlow. Aufnahme 2017

Begegnung mit
Weltstar Anna
Netrebko, die
in Passau im
Oktober 2012
für ihr soziales
Engagement
geehrt wurde

Das Open-Air-Konzert auf dem Berliner Gendarmenmarkt zum Tag des
Sieges am 7. Mai 2017, veranstaltet von der Botschaft, lockte Tausende

In der Bremer Kunsthalle mit Bildern von Johann Jakob Dorner, die nach
St. Petersburg gehen, und Bremens Regierungschef, Bürgermeister Jens
Böhrnsen. Aufnahme 2014

In der ersten Reihe unter den Zuhörern auch Berlins junger Kultursenator
Klaus Lederer (Sechster von links), Zweiter von links Botschafter Grinin

Podiumsdiskussion der 47. Münchner Sicherheitskonferenz (v.r.n.l.): Wolf-
gang Ischinger, Chef der Konferenz seit 2008, US-Botschafter Phil Murphy,
Botschafter Wladimir Grinin und Christian Schmidt, Parlamentarischer
Staatssekretär im Bundesverteidigungsministerium. Aufnahme 2011

Die beiden Außenminister Frank-Walter Steinmeier und Sergej Lawrow auf
der Münchner Sicherheitskonferenz; Botschafter Grinin neben Lawrow

Feierliche Kranzniederlegung an den sowjetischen Ehrenmalen in Berlin-Tiergarten und in Berlin-Treptow zum Jahrestag des Sieges

Alljährlich ziehen am 8. Mai Tausende Menschen vom Brandenburger Tor zum Ehrenmal in Tiergarten und ehren die gefallenen Rotarmisten und die Befreier Berlins. Der »Marsch des unsterblichen Regiments« (Бессмертный полк) ist inzwischen die größte Demonstration von Menschen aus der ehemaligen Sowjetunion in Deutschland

Die Gespräche mit Bundeskanzlerin Angela Merkel waren stets nur kurz und fanden am Rande offizieller Begegnungen statt

3. August 2010: Der erste Botschafter, den Bundespräsident Christian Wulff akkreditierte, war Wladimir Grinin

10. April 2013: Der russische Außenminister Lawrow verlieh dem ehemaligen Premierminister der DDR Hans Modrow eine Auszeichnung, die der Botschafter im Beisein von Linken-Fraktionschef im Deutschen Bundestag Dietmar Bartsch und seinem Stellvertreter Wolfgang Gehrcke überreichte

Eine der wichtigsten Aufgaben eines Botschafters: immer zuhören und gelegentlich einen Toast ausbringen

Horst Köhler, Bundespräsident von 2004 bis 2010, gehörte ebenfalls zu den immer wieder gern gesehenen Gästen der Botschaft

Altbundeskanzler Gerhard Schröder, Freund Russlands und Wladimir Putins, gehörte zu den politischen Wegbereitern der Ostsee-Gaspipeline Nord Stream 1 und 2

Eine der ersten Dienstreisen als Botschafter ging mit dem Hubschrauber auf den Rohrverleger in der Ostsee von Nord Stream 1, begleitet von Rainer Seele, Vorstandsvorsitzender von Wintershall

XIV

Egon Krenz sorgte im Herbst 1989 als Staats- und Parteichef dafür, dass in
der DDR kein Schuss fiel und der gesellschaftliche Umbruch friedlich blieb.
Aufnahme 2013

Andrea von Knoop, Stellvertretende Vorsitzende des Deutsch-Russischen
Forums, das seit 2014 von Matthias Platzeck geleitet wird.

12. Januar 2018: Bei der Verabschiedung als Botschafter auf dem Neujahrs-
empfang der russischen Botschaft Unter den Linden in Berlin

In Rente, aber nicht im Ruhestand. Als ehemaliger Diplomat und Deutsch-
landkenner ist Grinins Rat oft gefragt – in Russland und in Deutschland

sechzig Projekten in dreißig verschiedenen russischen Forschungseinrichtungen.

Im Januar 2019 bilanzierte der Ost-Ausschuss der Deutschen Wirtschaft die europäisch-russischen Wirtschaftsbeziehungen und bezeichnete das letzte Jahrzehnt als ein verlorenes Jahrzehnt. Zugleich skizzierte er in einem Positionspapier die Ansatzpunkte für eine europäische Russlandpolitik, die zu mehr Wachstum und besseren Beziehungen führen würde, was im Interesse aller EU-Staaten insbesondere Deutschlands und Russlands läge. Das Papier ging von dem aus, was in den zurückliegenden Jahren erreicht worden war. Es war unter Federführung des Ost-Ausschusses – Osteuropaverein der Deutschen Wirtschaft (OAOEV) im Austausch mit Vertretern von Unternehmen, Ministerien, Wissenschaftlern und Experten für internationale Beziehungen erarbeitet worden. Der 1952 gegründete OAOEV unterstützte inzwischen die deutsche Wirtschaft in 29 Ländern zwischen Prag und Wladiwostok. Er selbst stützt sich auf sechs Spitzenverbände der deutschen Wirtschaft sowie 350 Mitgliedsunternehmen und konnte mit Recht von sich und seinem Hinterland behaupten: Trotz aller Krisen und Konflikte hat sich die Wirtschaft bis in die heutige Zeit als stärkste Brücke zwischen Russland und der EU erwiesen.

Das am Ende des Jahrzehnts vorgelegte Positionspapier benannte fünfzehn strategische Themenfelder mit zukunftsweisenden deutsch-russischen oder europäisch-russischen Kooperationsmöglichkeiten: die Steigerung der Arbeitsproduktivität, den Ausbau des Mittelstands, die Digitalisierung der Wirtschaft, die Umsetzung der Weltklimaziele, die Erforschung des Weltraums und der Arktis, die Sicherung der Energie- und Rohstoffversorgung oder die Entwicklung der Mobilität der Zukunft.[130]

Nehmen wir nur die Digitalisierung der Wirtschaft: Sie verändert die Ökonomie so radikal wie die Erfindung der Dampfmaschine im 18. Jahrhundert. Europa droht auf wichtigen Feldern den Anschluss zu verlieren und ist von den USA und China bereits abgehängt worden, hieß es in der Studie. »Was viele bei uns nicht wissen: In Russland existieren mit Firmen wie Mail.ru, Yandex oder Kaspersky Lab eigene Software- und Internet-Riesen. Viele dieser innovativen IT-Firmen bilden z. B. in Skolkowo bei Moskau, Innopolis bei Kasan in Tatarstan und Akademgorodok bei Nowosibirsk russische Forschungscluster oder sind im russischen Netzwerk NTI organisiert, dem über 350 innovative Unternehmen angehören. Das ist nichts Geringeres als ein der westlichen Öffentlichkeit bis dato unbekanntes russisches Silicon Valley.«[131]

Mit Verweis auf das Innovationszentrum Skolkowo wurde in dem Papier ausgeführt: »Als Pilotprojekt für eine engere deutsch-russische Abstimmung zur Digitalisierung wurde 2017 die Deutsch-Russische Digitalisierungsinitiative GRID (Partner: OAOEV, AHK Moskau, RSPP, Siemens, SAP, VW, Bosch, Rostelecom und Skolkovo) gestartet. Die Initiative führt deutsche und russische Unternehmen beim Thema Digitalisierung und Zukunftstechnologien zusammen. Wichtiger Partner auf der russischen Seite ist hier zudem die Sberbank.«[132]

Ein Kommentator schwärmte über die Kooperationen: »In den russisch-deutschen Wirtschaftsbeziehungen steckt mehr Dynamik, als die Öffentlichkeit vermutet. Das Potenzial für die Zukunft ist schier unermesslich.« [133] Mit Blick in die Geschichte warnte er jedoch zugleich auch: »Allerdings war eine deutsch-russische Zusammenarbeit historisch zunächst den britischen Herrschern, aber auch den französischen und später ebenso den US-amerikanischen Regierungen mehr als nur ein Dorn im Auge. Die Angst vor einer engen Zusammenarbeit führte im letzten Jahrhundert zu bekannten Katastrophen. Dass diese Ängste heute geringer sind, darf bezweifelt werden.«[134]

Bedeutung für unsere gemeinsame Zukunft im Bereich Bildung, Wissenschaft, Forschung und Innovation besaß der Fahrplan, der von der wissenschaftlichen Gemeinschaft beider Länder entwickelt und bei einer Konferenz in Berlin am 10. November 2017 bestätigt worden war. Darauf verwiesen Bundesforschungsministerin Anja Karliczek und ihr russischer Amtskollege Michail Kotjukow, als sie am 10. Dezember 2018 in Moskau die »Deutsch-russische Roadmap für die Zusammenarbeit in Bildung, Wissenschaft, Forschung und Innovation« unterzeichneten. »Die Spitzenforschung ebenso wie Nachwuchsförderung in unseren beiden Ländern stärken, das sind zwei wesentliche Ziele unserer Roadmap. Mit ihr richten wir unsere Zusammenarbeit für die nächsten zehn Jahre strategisch neu aus.«, erklärte die Bundesministerin und betonte: »Wissenschaft baut Brücken, gerade auch in politisch herausfordernder Zeit.«[135]

In diesem Kontext erwähne ich die aktive Tätigkeit des Deutschen Akademischen Austauschdienstes (DAAD) in Russland. Die weltweit größte Förderorganisation für den internationalen Austausch von Studierenden und Wissenschaftlern hat seit ihrer Gründung im Jahr 1925 etwa zweieinhalb Millionen Akademiker im In- und Ausland unterstützt. Seit 1973 betreibt der DAAD auch eine Außenstelle in Moskau (von weltweit fünfzehn). Seine Tätigkeit geht jedoch weit über die Vergabe von Stipendien hinaus: Der DAAD berät auch Entscheider in Kulturpolitik, Bildungspolitik und Entwicklungspolitik. Und schafft Voraussetzungen für die Kommunikation zwischen künftigen Führungs- und Fachkräften an deutschen und russischen Hochschulen, um Partner- und Freundschaften zu stiften, will heißen: Der DAAD schafft nachhaltige internationale Netzwerke.

Ich möchte in diesem Kontext auf ein solches Netzwerk im Bereich des Gesundheitswesen und der Medizin eingehen. Es ist öffentlich kaum bekannt, weil in den deutschen Medien darüber selten berichtet wird. Auch ich selbst habe mich mit diesem Thema nur wenig beschäftigt, allenfalls wenn ich gelegentlich zu Fachtagungen eingeladen wurde, an denen mitunter sehr große Delegationen mit russischen Ärzten unterschiedlicher Fachrichtungen teilnahmen. In der Regel war das Koch-Metschnikow-Forum (KMF) der Veranstalter. Die in Berlin ansässige deutsch-russische Wissenschaftsorganisation war auf Initiative des Petersburger Dialogs entstanden und arbeitete – in Abstimmung mit den Gesundheitsministerien der Bundesrepublik Deutschland und der Russischen Föderation – im Rahmen der Modernisierungspartnerschaft Deutschland/Russland. Mit der praktischen Umsetzung wissenschaftlicher Erkenntnisse im Gesundheitswesen soll, so das erklärte Ziel, eine Angleichung des russischen Gesundheitswesens an das Niveau der Europäischen Union erreicht werden. Bei den beiden Namensgebern handelte es sich um die beiden Nobelpreisträger Robert Koch (1905) und Ilja I. Metschnikow (1908).

Während meines Aufenthalts in Berlin wechselten die Vertreter der russischen Seite, aber auf deutscher Seite gab es Kontinuität. In guter Erinnerung blieb Prof. Dr. Helmut Hahn, ein Mikrobiologe. Er war anderthalb Jahrzehnte Vorsitzender der Berliner Medizinischen Gesellschaft und hatte 2006, mit fast siebzig Jahren, das Koch-Metschnikow-Forum gegründet. Als dessen Vorsitzender widmete er sich der Intensivierung der deutsch-russischen Zusammenarbeit im Gesundheitswesen. 2014 nahm ihn die Russische Akademie der Wissenschaften als Auswärtiges Mitglied auf.

Das KMF kooperierte wiederum mit dem Walter-Scheel-Forum, das ein Freundeskreis des einstigen Bundespräsidenten 2012 zum ersten Mal veranstaltet hatte. Bis zum Herbst 2018 fanden mit maßgeblicher Unterstützung des Koch-Metschnikow-Forums, des Auswärtigen Amtes in Berlin, der HealthRegion Freiburg und der Friedrich-Naumann-Stiftung vier Walter-Scheel-Foren zu den deutsch-russischen Beziehungen in Bad Krozingen statt. In der Kurstadt im Breisgau hatte Scheel – neben Willy Brandt als Außenminister einer der Protagonisten der neuen Ostpolitik der BRD – seine letzten acht Lebensjahre verbracht. Er war dort 2016 im Alter von 92 Jahren verstorben. Eines dieser Foren fand im sibirischen Krasnojarsk statt.

Ich war Gast des 4. Walter-Scheel-Forums, das Ende des Jahres 2014 an drei Tagen in Bad Krozingen im Universitäts-Herzzentrum über den »Wachstumsmotor Gesundheit« diskutierte. Mehr als hundert Mediziner und Gesundheitsexperten aus beiden Ländern tauschten sich aus über Rehabilitationsmedizin, Pflege und Fragen von privater und staatlicher Gesundheitsversorgung in Deutschland und Russland. Auch Vizeminister Sergej Krajewoi kam. Die *Badische Zeitung* ließ ihre Leser wissen: »Der emeritierte Professor der Charité Helmut Hahn, der als intimer Kenner und Förderer der deutsch-russischen Gesundheitsbeziehungen vorgestellt wurde, betonte auf einer Pressekonferenz zu Beginn des Forums die Wichtigkeit, auch auf diesem Gebiet eine enge Kooperation mit Russland anzustreben: ›Ohne Russland funktioniert in Europa gar nichts.‹«[136]

Am 27. November 2017 hielt das Koch-Metschnikow-Forum in unserer Botschaft seine Jahrestagung ab. »Die Zusammenarbeit zwischen Deutschland und Russland im Bereich Medizin funktioniert weitgehend außerhalb der Sanktionen«, stellte Prof. Hahn befriedigt fest. Inzwischen hatte der gemeinnützig tätige Verein vierzehn Sektionen – »ein Kind des Petersburger Dialogs wurde erwachsen«[137], konnten wir gemeinsam befriedigt konstatieren ...

War es wirklich ein »verlorenes Jahrzehnt«, wie es verschiedentlich hieß?

So absolut formuliert würde ich das nicht unterschreiben.

Kapitel 5
Nichts ist vergessen.
Eine Mahnung – keine Drohung

Um die Psyche der Deutschen und die Perspektiven für die russisch-deutschen Beziehungen zu verstehen, muss man in die Geschichte gehen. Eine zentrale Frage ist dabei die Reflexion der beiden Weltkriege im 20. Jahrhundert, die ihren Ausgang in Deutschland nahmen. Insbesondere aber gilt die Aufmerksamkeit dem Eroberungs- und Vernichtungskrieg, den das Nazireich seit 1941 gegen die Sowjetunion führte. Er endete mit der bedingungslosen Kapitulation am 8. Mai 1945 in Berlin.

In Deutschland existieren an die viertausend Grabstätten und Ehrenfriedhöfe, in denen sowjetische Soldaten, Kriegsgefangene, Zwangsarbeiter sowie verstorbene Angehörige der Gruppe der sowjetischen Streitkräfte in Deutschland zwischen 1945 und 1990 bestattet wurden. Und es existieren russische Soldatengräber aus dem Ersten Weltkrieg.

Die genaue Zahl der Toten ist nicht bekannt, es werden bis auf den heutigen Tag Gebeine von Sowjetsoldaten gefunden, die in den letzten Kämpfen des Krieges starben. Ihre Gebeine werden zumeist in Lebus im Land Brandenburg feierlich bestattet. Das Büro für Kriegsgräberfürsorge und Gedenkarbeit der Botschaft der Russischen Föderation geht von mindestens 640 000 Sowjetbürgern aus, die in deutscher Erde ruhen.

Im Dezember 1992 schlossen Deutschland und die Russische Föderation einen Vertrag, der »den Schutz der Kriegsgräber und das dauernde Ruherecht für die Kriegstoten der jeweils anderen Seite in ihrem Hoheitsgebiet« zusicherte. Und die Bundesregierung verpflichtete sich, die Gräber auf ihrem Hoheitsgebiet zu erhalten und zu pflegen.

Diese Verpflichtung wurzelte nicht ausschließlich in einer moralischen Verantwortung, denn in der Bundesrepublik leben unverändert Menschen, die den 8. Mai 1945 nicht als Tag der Befreiung von Krieg und Faschismus, sondern als Tag der Niederlage, allenfalls als Tag des Kriegsendes verstehen. Diese offizielle Selbstverpflichtung war Voraussetzung für die Zustimmung der vier Siegermächte zur deutschen Einheit. Im Zusammenhang mit der Unterzeichnung des 2+4-Vertrages am 14. September 1990 in Moskau versicherten die beiden deutschen Außenminister in einem Schreiben an ihre vier Kollegen der Sowjetunion, der USA, Großbritanniens und Frankreichs: »Die auf deutschem Boden errichteten Denkmäler, die den Opfern des Krieges und der Gewaltherrschaft gewidmet sind, werden geachtet und stehen unter dem Schutz deutscher Gesetze. Das Gleiche gilt für die Kriegsgräber, sie werden erhalten und gepflegt.«[138]

Die Bundesregierung steht zu ihrem Wort: Die meisten Anlagen befinden sich in einem ordentlichen, gepflegten Zustand, und am 8. Mai werden Blumen und Kränze niedergelegt. Gleichwohl gibt es immer wieder Versuche, den wesentlichen Beitrag der Sowjetunion in der Antihitlerkoalition zu schmälern und den Anteil der Westalliierten zu überhöhen. Als man im Juni 2019 an die Landung in der Normandie vor 75 Jahren erinnerte, titelten viele deutsche Medien: »Der Tag, der die Wende brachte«.[139] Die Boulevardzeitung *Bild* eröffnete ihren Bericht aus Frankreich so: »Donnerstag vor 75 Jahren, am 6. Juni 1944, begann die Befreiung der Menschheit vom nationalsozialistischen Grauen mit der Landung der Alliierten in der Normandie.«[140] Die seriösen Historiker sind sich schon lange darin einig, dass die Wende des Krieges Anfang 1943 in Stalingrad geschah und damit die Befreiung des Kontinents vom Faschismus begann, und es gilt als erwiesen, dass die Moskau versprochene Errichtung der Zweiten

Front immer wieder hinausgezögert wurde und erst dann erfolgte, als es immer wahrscheinlicher schien, dass die Sowjetunion allein das faschistische Terrorregime zerschlagen würde.

Nicht von ungefähr blieb eine Einladung an den Präsidenten der vierten Siegermacht aus, als die Staatsspitzen der USA, Frankreichs und Großbritanniens gemeinsam mit der deutschen Führung die Landung in der Normandie vor 75 Jahren feierten.

Und es werden nicht nur die Gewichte bei der Beurteilung von Ereignissen verschoben, sondern auch bewusst Fakten verschwiegen. So kehrt denn die These vom deutschen Präventivkrieg und der in den achtziger Jahren in Westdeutschland geführte Historikerstreit[141] in anderer Gestalt wieder, aber stets mit der Absicht, gesicherte Geschichtsbilder zu revidieren. Im Juni 2016 las ich in der Tageszeitung *Die Welt* den Vorwurf, »die vermeintlich so gründliche deutsche Vergangenheitsaufarbeitung« leide an der »ständig zu hörenden Phrase, man müsse Russland gegenüber besonderes Fingerspitzengefühl an den Tag legen, da es doch von Nazideutschland überfallen wurde«.[142] Womit gesagt war, dass es dieses Fingerspitzengefühls nicht mehr bedürfe.

Die Boulevard-Zeitungen *Bild* und *B.Z.*, die in dem gleichen Verlagshaus wie *Die Welt* erscheinen, forderten wenige Tage vor dem 69. Jahrestag der Befreiung: »Weg mit den Russenpanzern am Tor«, womit die beiden T 34 am Ehrenmal im Tiergarten gemeint waren.[143] Dazu hatten sie die Vorlage einer Petition abgedruckt, die die Leser ausfüllen und an den Petitionsausschuss des Deutschen Bundestages senden sollten. »Der Bundestag möge beschließen: Die russischen Panzer am Ehrenmal im Berliner Tiergarten sollen entfernt werden. Begründung: In einer Zeit, in der russische Panzer das freie, demokratische Europa bedrohen, wollen wir keine Russen-Panzer am Brandenburger Tor!«[144]

Natürlich war das eine Provokation, es war nicht die erste und auch nicht die letzte. Sie fand jedoch kaum Echo in der deutschen Öffentlichkeit. Wie auch in anderen Fällen zeigten sich die meisten Deutschen klüger und sensibler als etliche Stimmungsmacher in den Medien. Diese verspielten auch bei diesem Thema sukzessive Glaubwürdigkeit. Im Russischen Fernsehen erklärte ich, dass ich dies als eine Verhöhnung aller betrachte, die für den Sieg über den deutschen Faschismus gestorben sind. Jenen Faschismus, »der fast allen Völkern Europas, den Deutschen selbst, so viel Unglück und Leiden gebracht hat. Ganz zu schweigen von den Völkern der Sowjetunion, einschließlich der Ukraine, die 27 Millionen Menschen verloren.«[145]

Ich hatte immer wieder sehr berührende Erlebnisse, die mich davon überzeugten, dass ein generelles Umdenken in der deutschen Gesellschaft erfolgt war und eine aufrechte Versöhnung angestrebt wurde. So meldete sich Anfang 2012 ein Mann bei uns in der Botschaft, dessen Vater als Wehrmachtsoldat in der Sowjetunion geplündert hatte. Aus dem Heimatmuseum in Twer – das damals Kalinin hieß und lediglich vom 17. Oktober bis zum 16. Dezember 1941 von der Wehrmacht besetzt gewesen war – hatte der Mann einige Hundert Exponate gestohlen und nach Deutschland verbracht. Der Mann war nach dem Krieg verstorben, sein Sohn hatte die Objekte gefunden und sich nunmehr entschlossen, sie zurückzugeben. Wir arrangierten die Übergabe an das Staatliche Museum in Twer.

Oder: Am 20. September 2017 konnten wir 45 einzigartige historische Fotografien an das Staatliche kunsthistorische Schloss- und Parkmuseum Gatschina übergeben. Die überwiegend nach der Revolution gemachten Aufnahmen zeigen Interieurs und Kunstgegenstände des ehemaligen Zarenpalastes vor dessen Zerstörung im Zweiten Weltkrieg. Die Fotos waren von Wehrmachtsoldaten gestohlen und bei einer Online-Versteigerung im April 2017 im

Internet angeboten worden. Die Berliner Kriminalpolizei beschlagnahmte das Raubgut. Die Beauftragte der Bundesregierung für Kultur und Medien, Staatsministerin Prof. Dr. Monika Grütters, übergab in meinem Beisein die Bilder an die Hauptarchivarin des Schloss- und Parkmuseums Gatschina, Elena Efimowa, und an die wissenschaftliche Mitarbeiterin des Museums, Maria Kirpichnikowa. Die Fotos waren wichtig für die Wiederherstellung der Palastanlage und des originalen Interieurs, an deren Restaurierung bereits gearbeitet wurde.

Die Übergabe hatte der Präsident der Stiftung Preußischer Kulturbesitz, Prof. Dr. Hermann Parzinger, in seiner Funktion als Sprecher des Deutsch-Russischen Museumsdialogs organisiert. Der Zeremonie in unserem Hause wohnten etwa dreißig Vertreter deutscher Museen und Bibliotheken bei. Parzinger erklärte dort: »Wir sind überzeugt, dass die kulturelle Brücke zwischen unseren beiden Ländern eine sehr starke Verbindung ist. Darin liegt die Chance für die Zukunft: das zunächst trennend Wirkende als etwas Verbindendes zu begreifen. Diese Verbindung muss offen bleiben.«[146]

Ganz in diesem Sinne äußerte sich auch die Vertreterin der Bundesregierung. »Der Raub von Kunst und Kulturgut, die barbarischen Raubzüge der Nationalsozialisten und der Wehrmacht in russischen Museen, Bibliotheken, Archiven und historischen Gebäuden gehören zu den von Deutschen begangenen Verbrechen im Zweiten Weltkrieg«, sagte Monika Grütters. »Auch diesen Teil unserer Geschichte gilt es weiterhin aufzuarbeiten. Der deutschrussische Museumsdialog ist uns dabei ein unverzichtbares Element, um im Gespräch zu bleiben.« Und nicht nur ich applaudierte zustimmend, als sie unmissverständlich erklärte: »Ich bin sehr dankbar, dass Wissenschaftlerinnen und Wissenschaftler aus beiden Ländern hier seit mehr als zehn Jahren eng zusammenarbeiten, um zur Aufklärung über kriegsbedingt verbrachte Kulturgüter beizutragen. Die intensive und vertrauensvolle Forschungszusammenarbeit ist ein wichtiges Fundament unserer deutsch-russischen Kulturbeziehungen.«[147]

Regelmäßig suchte ich die sowjetischen Kriegsgräberstätten auf, um Feierlichkeiten und Ehrungen beizuwohnen, die von kommunalen Einrichtungen und regionalen Organisationen vorgenommen wurden. Oder wenn Ehrenfriedhöfe neu oder umgestaltet worden waren. So lud man mich beispielsweise am 21. September 2017 nach Elsterwerda ein, einer Kleinstadt im Süden des Landes Brandenburg. Im Herbst 1945 war dort ein Ehrenfriedhof angelegt worden, auf dem an die dreitausend Sowjetbürger bestattet wurden: Soldaten, die bei der Befreiung der Stadt gefallen waren, Kriegsgefangene und Zwangsarbeiter. Ihre Namen waren unbekannt. In Zusammenarbeit mit unserer Botschaft, dem Brandenburger Innenministerium, dem Landkreis Elbe-Elster, der Brandenburgischen Freundschaftsgesellschaft, der Stadtverwaltung von Elsterwerda und der Initiativgruppe Lager Mühlberg konnten 2.915 Namen ermittelt werden. Sie wurden in Bronze verewigt. Ich wertete in meiner Ansprache die feierliche Übergabe der Tafeln als ein wichtiges Zeichen des Friedens und der Versöhnung zwischen unseren Völkern. »Durch gemeinsame Aktionen zur Sanierung der Kriegsgräberstätten stellen Russen und Deutsche es unter Beweis, dass der immerwährende Auftrag der Aufrechterhaltung des Friedens für uns alle gilt.«[148]

Im bayerischen Hebertshausen wohnte ich einer Gedenkfeier an der dortigen Mordstätte der SS bei, die anlässlich des 70. Jahrestages der Befreiung vom Faschismus neu gestaltet worden war. Es fiel mir nicht leicht, an diesem Ort unweit des ehemaligen Konzentrationslagers Dachau zu sprechen. Die Lager-SS hatte dort 1941/42 etwa viertausend sowjetische Kriegsgefangene erschossen. Sie waren in den Kriegsgefangenenlagern der Wehrkreise München, Nürnberg, Stuttgart, Wiesbaden und Salzburg von Einsatzkommandos der Gestapo nach ideologischen und rassistischen Kriterien »ausgesondert« worden. Insbesondere kommunistische Funktionäre, Angehörige der Intelligenz sowie Juden fielen der Mordaktion zum Opfer. »Orte wie dieser, an denen der Krieg seine schlimmsten Seiten zeigte, mahnen uns nicht zu vergessen. Die Geschichte des Gedenkortes ›Ehemaliger SS-Schießplatz Hebertshausen‹ kennt beschämende Phasen des Vergessens und Verdrängens«, erklärte ich. Und um nicht missverstanden zu werden, fügte ich an: »Doch es reicht nicht, nur nicht zu vergessen. Unsere Erinnerung an die Schreckensherrschaft des Nationalsozialismus muss aktiv gestaltet werden. Die Orte wie dieser mahnen uns, in unserer Erinnerung nicht müde zu werden, nachzuforschen und Fragen nach dem Wieso und Warum zu stellen und – die Hauptsache – Antworten darauf zu suchen.«[149]

Die meisten Ostdeutschen, zumal die Älteren, wussten die Antwort, warum die Nazis einen Eroberungs- und Vernichtungskrieg im Osten geführt hatten. Dieses Wissen konnte ich voraussetzen, wenn ich etwa im Oderbruch an den unzähligen Gedenkstätten weilte oder Ansprachen in Seelow, in Lebus, in Kienitz hielt. In Kienitz hatte die Rote Armee zuerst die Oder überschritten und am 31. Januar 1945 einen Brückenkopf gebildet, der den Ausgangspunkt für die Schlacht um die Seelower Höhen bildete. Ich würdigte bei der Gedenkveranstaltung am 3. Februar 2015, dass »hier über die Nachkriegsjahrzehnte eine Erinnerungskultur entstanden (ist), die wir zu Recht als vorbildlich bezeichnen dürfen. Sie manifestiert sich vor allem im fürsorglichen und respektvollen Umgang mit sowjetischen Kriegsgräberstätten. An dieser Stelle ergreife ich gern die Gelegenheit, um Danke zu sagen. Mein Dank gilt vor allem den Landesbehörden Brandenburgs, Ihnen, sehr geehrter

Herr Platzeck, weil Sie im Laufe Ihrer Amtszeit als Ministerpräsident vortreffliche Rahmenbedingungen dafür
geschaffen haben, die auch weiterhin gepflegt werden.«[150]

Es war eine bewegende Zusammenkunft, an der Deutsche und Russen teilnahmen. Und ich sprach aus, was
wohl die meisten fühlten, die sich am Fuße des Panzer-
denkmals in Kienitz versammelt hatten. »Wir sind heute
zusammengekommen, um gemeinsam Zeichen zu setzen – gegen den Krieg, für Erinnerung, für Frieden und
Freundschaft. Diese Zeichen sind uns sehr wichtig insbesondere in heutigen Zeiten, wo wir immer wieder mit
Schwächen des menschlichen Gedächtnisses konfrontiert
werden. Nie aber darf die Geschichte zur Geisel tages-
politischer Interessen und flüchtiger Konjunktur werden.
Nicht nur Verdrehungen historischer Wahrheiten, sondern auch Neuauflagen des Rassismus, Rechtsextremismus, Antisemitismus bedrohen unser friedliches Miteinander. Nur wenn wir entschieden zusammenhalten,
können wir auch effektiv entgegenwirken. Es ist Aufgabe
gerade zeitgenössischer Generationen, diese Partnerschaft aufrechtzuerhalten, damit niemand sagen kann,
dass die Opfer von damals umsonst waren.«[151]

Als beeindruckend empfand ich das Resultat der
Instandsetzungsarbeiten einschließlich der Anbringung
von Marmorgedenktafeln mit den Namen verstorbener
Kriegsgefangener im Stukenbrock, einem Städtchen bei
Bielefeld in Nordrhein-Westfalen. Und Bundespräsident
Joachim Gauck, der gleich mir am 6. Mai 2015 den sowjetischen Ehrenfriedhof in Schloss Holte-Stukenbrock
aufsuchte, mahnte dort eine stärkere Würdigung des
Leids sowjetischer Kriegsgefangener an. »Das grauen-
hafte Schicksal dieser Gefangenen sei in Deutschland
nie angemessen ins Bewusstsein gekommen, es liege in
einem ›Erinnerungsschatten‹«, sagte Gauck laut Bericht
der *Deutschen Welle*.[152] »›Millionen von Soldaten der Roten

Armee sind in deutscher Kriegsgefangenschaft ums Leben gebracht worden – sie gingen an Krankheiten elendig zugrunde, sie verhungerten, sie wurden ermordet‹, erklärte der Bundespräsident. Es müsse davon ausgegangen werden, dass von über 5,3 Millionen sowjetischen Kriegsgefangenen deutlich mehr als die Hälfte starben.«

In den Massengräbern auf dem Soldatenfriedhof in Schloss Holte-Stukenbrock liegen mehr als 65 000 Tote. In dem nahe gelegenen damaligen Kriegsgefangenenlager »Stalag 326« waren zwischen 1941 und 1945 mehr als 310 000 Kriegsgefangene interniert und zu Tode gekommen, größtenteils russische Rotarmisten. Zehntausende starben und wurden hier begraben.

Der Bundespräsident dankte ausdrücklich den sowjetischen Soldaten für die Befreiung Deutschlands von der Nazi-Diktatur. »Gauck legte zum Gedenken an das Ende des Zweiten Weltkriegs vor siebzig Jahren an dem Mahnmal der westfälischen Kriegsgräberstätte einen Kranz nieder und enthüllte eine Stele mit den Namen der dort bestatteten Kriegstoten. An der Zeremonie nahmen rund zwanzig Botschafter von Ländern auf dem Territorium der ehemaligen Sowjetunion sowie Diplomaten der westlichen Alliierten teil.«[153]

Und in einer anderen Tageszeitung wurde der Bundespräsident so zitiert: »›Für uns bleibt festzuhalten, dass der millionenfache Tod derer, die unter der Verantwortung der Deutschen Wehrmacht starben, eines der größten deutschen Verbrechen des Zweiten Weltkriegs gewesen ist‹, sagte Gauck. Viele hätten es sehr lange nicht wahrhaben wollen, spätestens heute sei aber klar: ›Auch die Wehrmacht hat sich schwerer und schwerster Verbrechen schuldig gemacht.‹«[154]

Zwei Tage später war der Bundespräsident in Lebus, um nicht in Moskau sein zu müssen. Nicht nur die deutsche Führung blieb der Siegesparade in Moskau fern. »68 Spitzenpolitiker waren zur Moskauer Siegesparade am 9. Mai eingeladen, 27 kamen«, schrieb der *Spiegel*.[155] Der Grund ist bekannt, wenngleich nicht überzeugend: »Der Westen wirft Russland vor, die Separatisten in der Ukraine mit Personal, Waffen und auch Panzern zu unterstützen. Die russische Regierung streitet das ab.«[156]

Es war viel Heuchelei und Doppelbödigkeit in den Reden und Handlungen zu beobachten. Im April und Anfang Mai 2015 gab es mehr als einhundert Gedenkveranstaltungen von deutschen Partnern in verschiedenen Städten Deutschlands, an denen Vertreter der Botschaft und unserer Generalkonsulate teilnahmen. Ich möchte nur einige erwähnen, die ich besuchte.

Neben der schon erwähnten in Stukenbrock war ich am 12. April in Buchenwald, wohin auch Thüringens Ministerpräsidenten Bodo Ramelow gekommen war. Am 19. April begleitete ich Außenminister Frank-Walter Steinmeier und eine russische Delegation ehemaliger Häftlinge nach Sachsenhausen nördlich von Berlin. Am 23. April suchte ich mit dem sächsischen Ministerpräsidenten Stanislaw Tillich Zeithain auf, am 26. April Bergen-Belsen mit Joachim Gauck und dem niedersächsischen Ministerpräsidenten Stephan Weil. Am 3. Mai besuchte ich Dachau und traf dort auch Bundeskanzlerin Angela Merkel und Bayerns Ministerpräsidenten Horst Seehofer.

Am 25. April war ich in Torgau, wo man sich an die erste Begegnung sowjetischer und amerikanischer Soldaten am Ufer der Elbe vor siebzig Jahren erinnerte. Dort sprach ich gemeinsam mit meinem US-Kollegen John B. Emerson in Anwesenheit einer großen Anzahl von Gästen, Russen und Amerikanern, Landes- und Bundespolitikern, darunter Sachsens Ministerpräsident Tillich. »Während in Torgau an der Elbe russische und amerikanische Soldaten das Kriegsende feierten, begann am 25. April in San Francisco eine Konferenz. Auf dieser sollte die Charta der Vereinten

Nationen ausgearbeitet werden. Im Entstehen war eine Organisation, der – im Rückblick auf Schrecken und Leiden des Zweiten Weltkriegs – die große Vision vom gegenseitigen Respekt, Verständnis und Vertrauen zugrunde gelegt wurde. Nicht immer hat diese Vision im späteren Verlauf der Geschichte angemessene Umsetzung gefunden. Die eine Konfrontationslinie wurde verwischt, die andere neu gezogen. Der große Traum vom internationalen Einvernehmen lebt aber weiter«, erklärte ich. »Es ist nicht zu übersehen, wie kompliziert die heutigen Zeiten sind. Dennoch hoffe ich, dass wir diese Phase überwinden können. Wir alle leben in einem Raum. Und in unserem Land, das vom Krieg so stark getroffen wurde, wünschen sich die Menschen, dass in diesem euroatlantischen Raum sich eine nachhaltige, gleiche und unteilbare Sicherheitsordnung etabliert und ein normales partnerschaftliches Verhältnis praktiziert wird.«[157]

An den traditionellen Kranzniederlegungen am 8. Mai in Berlin an den Denkmälern für die gefallenen sowjetischen Soldaten im Treptower Park, im Tiergarten und in Pankow sowie am anschließenden Empfang in unserer Botschaft nahmen auch Vertreter der Botschaften Aserbaidschans, Armeniens, Belorusslands, Kasachstans, Kirgisistans, Tadschikistans, Turkmenistans und Usbekistans teil. Während der Festveranstaltung in unserer Botschaft wurde – gemeinsam mit dem Kapitulationsmuseum Berlin-Karlshorst – auch eine Ausstellung mit Lithografien des Blockadekünstlers Alexej Pachomow über die Blockade von Leningrad eröffnet. Ich konnte zahlreiche unserer Veteranen, die in der Bundesrepublik Deutschland lebten, begrüßen. Unter den Gästen war auch Egon Bahr, einer der führenden deutschen Politiker der Nachkriegszeit. Mehr als neunzig Angehörigen der Roten Armee, darunter auch deutschen Staatsbürgern, konnte ich die Medaille »70. Jahrestag des Sieges« verleihen. Es war mir eine Ehre, den

Ausgezeichneten für ihren Beitrag zum Schutze unseres Lebens zu danken.

Darüber hinaus unterstützten wir eine Reihe Gedenkveranstaltungen, Ausstellungen und Aktionen wie etwa die Rallye Moskau-Torgau, die Siegesstraßen-Rallye russischer Biker und die Radtour Moskau-Berlin. Die gemeinsame historisch-dokumentarische Ausstellung über die bilateralen Beziehungen in der Nachkriegszeit mit dem Titel »Russland-Deutschland: Von der Konfrontation zur Zusammenarbeit« wurde zunächst in Moskau und dann von Oktober bis Dezember in Berlin präsentiert. In guter Erinnerung geblieben ist mir auch ein Auftritt des 1930 gegründeten Tschaikowsky-Symphonieorchesters des Moskauer Rundfunks unter der Leitung seines Chefdirigenten Wladimir Fedossejew im Berliner Konzerthaus, von dem das Publikum begeistert war.

Mindestens genauso positiv beeindruckt hat mich die Haltung der Deutschen zum 75. Jahrestag des Beginns des Großen Vaterländischen Krieges, an den 2016 erinnert wurde. Im Berliner Dom fand, wie anderenorts bereits schon erwähnt, am 22. Juni ein Orgelkonzert des Verdienten Künstlers des Volkes, Rubin Abdullin, statt. Der Dom war mit rund zweitausend Menschen überfüllt, Menschen aus allen gesellschaftlichen Kreisen waren erschienen, um sich der doppelten nationalen Katastrophe zu erinnern. Der Überfall auf die Sowjetunion stürzte sowohl die Völker der Sowjetunion als auch das deutsche Volk ins Elend. Bundesratspräsident Tillich und ich ergriffen das Wort.

»Es hat Jahrzehnte gedauert, bis in der Bundesrepublik angemessen des 22. Juni gedacht wurde«, bekundete selbstkritisch der *Spiegel* in seiner Ausgabe am 15. Juni 2016. Der deutsche Historiker Götz Aly schrieb: »Diesen Feldzug führte die Wehrmacht vom ersten Tag an mit den Mitteln barbarischen Terrors gegen die Zivilbevölkerung; deutsche Offiziere ermahnten ihre Soldaten ausdrücklich, das Kriegsvölkerrecht nicht zu beachten. Deutsche verwüsteten das Land, plünderten es hemmungslos aus, wollten die Bevölkerung um 30 bis 50 Millionen Menschen reduzieren.«[158]

In meiner Rede im Dom zitierte ich den Schriftsteller Daniil Granin, der den Krieg vom ersten bis zum letzten Tage mit- und durchgemacht hatte. In einer ergreifenden Rede vor dem Deutschen Bundestag am 27. Januar 2014 – am Tag der Befreiung des Vernichtungslagers Auschwitz durch die Rote Armee, inzwischen als Gedenktag für die Opfer des Holocaust begangen – hatte der weise Schriftsteller festgestellt, dass der Hass immer in eine Sackgasse führe und keine Zukunft habe. Man müsse vergeben können, aber dürfe auch nichts vergessen. Und ich erinnerte an die Rede von Bundespräsident Richard von Weizsäcker am 8. Mai 1985, in der er im gleichen Sinne an die Abgeordneten im Bundestag und an die Deutschen insgesamt appelliert hatte: »Lassen Sie sich nicht hineintreiben in Feindschaft und Hass gegen andere Menschen, gegen Russen oder Amerikaner, gegen Juden oder Türken, gegen Alternative oder Konservative, gegen Schwarz oder Weiß. Lernen Sie, miteinander zu leben, nicht gegeneinander.«[159]

Fünf Jahre zuvor hatte ich am 22. Juni 2011 im Landtag Brandenburg zum gleichen Anlass gesprochen: dem Überfall auf unser Land.

Der 95-jährige Granin, das sollte ich noch erwähnen, hatte auch deshalb am 27. Januar 2014 im Bundestag das Wort erhalten, weil an jenem Tag vor siebzig Jahren die Blockade Leningrads zuende gegangen war. Die fast neunhundert Tage dauernde Belagerung der Stadt durch die Wehrmacht kostete wahrscheinlich mehr als einer Million Menschen das Leben. Granin hatte überlebt – und schilderte in einfachen, schlichten Worten jene Zeit, dass einem die Tränen in die Augen stiegen. In seiner einleitenden Ansprache zitierte Bundestagspräsident Lammert aus einem Schreiben der deutschen Seekriegsleitung an die Heeresgruppe Nord vom 29. September 1941, in dem es hieß: »Ein Interesse an der Erhaltung auch nur eines Teiles dieser großstädtischen Bevölkerung besteht in diesem Existenzkrieg unsererseits nicht.«

Norbert Lammert verwies auf den Datumszufall, wonach die Befreiung des Konzentrations- und Vernichtungslagers Auschwitz durch die Rote Armee und das Ende der Leningrader Blockade auf den Tag genau ein Jahr auseinanderlagen. Kein Zufall hingegen sei der Zusammenhang zwischen Auschwitz und Leningrad, dem Völkermord an den europäischen Juden und dem mörderischen Raum- und Vernichtungsfeldzug im Osten Europas.[160] Unter zustimmendem Beifall sagte Bundestagspräsident Lammert weiter: »Nie wieder dürfen Staat und Gesellschaft zulassen, dass Menschen wegen ihrer Herkunft, ihrer Religion, ihrer politischen Einstellung, ihrer sexuellen Orientierung, wegen ihrer Andersartigkeit zum Feindbild einer schweigenden Mehrheit gemacht, verachtet, gedemütigt oder bedroht werden.«

Was hier so klar und eindeutig erschien, war es keineswegs. Jahrelang wurde auf der diplomatischen Ebene über eine Entschädigung der Blockadeopfer gestritten. 2008 entschloss sich die Bundesregierung, den jüdischen Opfern der Belagerung Leningrads eine kleine Beihilfe zu zahlen – für jüdische Überlebende, die in westlichen Ländern lebten. Vier Jahre später bedachte man die jüdischen Opfer, die in Russland lebten, wobei man auf die Feststellung Wert legte, dass sie nicht als Blockadeopfer, sondern als Opfer des Holocaust entschädigt würden. Wir hingegen waren der Auffassung, dass alle Leningrader – egal, welcher Ethnie sie angehört hatten – unterschiedslos Opfer eines deutschen Kriegsverbrechen geworden waren und folglich Anspruch auf eine Entschädigung hatten.

Am 27. Januar 2019 – 75 Jahre nach dem Ende der Blockade – erklärte die Bundesregierung, die noch lebenden Opfer und Projekte zur deutsch-russischen Verständigung mit rund zwölf Millionen Euro zu unterstützen. »Wie das Auswärtige Amt mitteilte, beruht die Entscheidung auf der Anerkennung der Verantwortung für das im deutschen Namen begangene Unrecht jener Jahre. Ein Teil des Geldes soll demnach direkt an die Opfer der Blockade gehen. Zudem sollen ein Krankenhaus für Kriegsveteranen in St. Petersburg modernisiert und ein deutsch-russisches Begegnungszentrum eingerichtet werden«, schrieb *Die Zeit.*[161] Dazu gaben die beiden Außenminister Maas und Lawrow eine gemeinsame Erklärung ab.

Es war ein Höchstmaß an diplomatischer Zurückhaltung nötig, um die Beendigung eines unwürdigen Streits mit diesen Worten hinzunehmen: »Die freiwillige Aktion der Bundesregierung werde ›die Lebensqualität der noch lebenden Blockadeopfer verbessern‹ und diene der ›historischen Aussöhnung zwischen den Völkern der beiden Länder als Grundlage unserer bilateralen Beziehungen in der Zukunft‹, hieß es in der Erklärung weiter«, so die Hamburger Wochenzeitung *Die Zeit.* »Maas sagte, die Geste sei ›ein Symbol dafür, dass wir uns unserer Verantwortung bewusst sind, aber auch ein Signal, dass so etwas niemals wieder geschehen darf‹.«[162]

In den Jahren meiner Tätigkeit als Botschafter in Berlin begegneten wir immer wieder Deutsche, die als aufrechte Demokraten, Sozialisten und Kommunisten sich gegen Terror und Diktatur aufgelehnt und auf unterschiedliche Weise widerstanden hatten. Zeitlebens folgten sie ihrem Gewissen und der menschlichen Vernunft, weshalb sie Ablehnung und Ausgrenzung Russlands, was mitunter bis zur Russophie ging, nicht hinnahmen und sich mehr oder minder deutlich von dieser Politik distanzierten. Das bedeutete nicht, dass sie die Politik Moskaus in jedem Falle kritiklos billigten. Aber sie unterschieden zwischen denen, die den Frieden gefährdeten und Hass und Zwietracht zwischen den Völkern säten, und jenen, die sich um Rücksicht, Menschlichkeit und Gleichberechtigung bemühten. Sie zogen die Grenze zwischen Unanständigkeit und Anstand, zwischen Rücksichtslosigkeit und Verständnis und handelten dementsprechend.

Eine von diesen bemerkenswerten Persönlichkeiten war Winfried Vogel, ein ehemaliger Brigadegeneral der Bundeswehr und würdiger Repräsentant der »Weißen Rose«. Das war eine studentische Widerstandsgruppe in München, die 1943 von den Nazis zerschlagen wurde. Hans und Sophie Scholl, Willi Graf, Christoph Propst und Alexander Schmorell wurden hingerichtet, viele ihrer Mitstreiter kamen in Haft. Diese tapferen Antifaschisten verkörperten das andere, das bessere Deutschland. Vogel engagierte sich sehr, die Erinnerung an diese Widerstandskämpfer aufrechtzuerhalten. Auch in Russland, wo er im Oktober 2017 in Orenburg Gast der »Deutschen Kulturtage« war und an Alexander Schmorell erinnerte, der dort vor einhundert Jahren geboren wurde. Aus dem gleichen Grunde zeigte das Haus der Russischen Kultur und Wissenschaft in der Berliner Friedrichstraße eine Ausstellung über das kurze Leben des Mannes, der mit 25 Jahren in München-Stadelheim unter dem Fallbeil starb.

Schmorell war vier Jahre alt, als sein Vater nach München ging. Er wuchs zweisprachig auf, denn das russische Kindermädchen sprach kaum Deutsch. Es ist nicht vermessen zu behaupten: der Märtyrer Alexander Schmorell war unser Landsmann. Die russisch-orthodoxe Kirche – er war in Orenburg getauft worden, seine verstorbene Mutter war die Tochter eines orthodoxen Priesters – sprach ihn 2012 in der Münchner Kathedralkirche heilig. In Orenburg vergibt die Weiße-Rose-Stiftung alljährlich an vier Studierende ein Alexander-Schmorell-Stipendium. Es gibt in Rostock und Kassel Schulen, die nach ihm benannt sind, und Plätze in zehn deutschen Orten tragen seinen Namen ...

Winfried Vogel, inzwischen hochbetagt, war in Schmorells und im Namen der Weißen Rose viel unterwegs. Er kam auch zu uns nach Berlin zur Eröffnung der Schmorell-Ausstellung. Ich durfte ihm das Ehrenzeichen des Außenministeriums der Russischen Föderation überreichen, was mir eine Ehre war. Er nahm sichtlich bewegt den Orden und die Urkunde, die Minister Lawrow unterschrieben hatte, entgegen. Es war, wie ich erklärte, die Anerkennung für sein unermüdliches Eintreten für die deutsch-russische Zusammenarbeit. Allein in Russland hatte er in 35 Städten Vorträge über die Weiße Rose und ihren antifaschistischen Widerstand gehalten. Vogel, Jahrgang 1937, gehörte vier Jahrzehnte der Bundeswehr an, hatte aber nie ein Hehl aus seiner Gesinnung gemacht. Er war im Vorstand des Vereins »Geschichte und Erinnerung. Verein zur Förderung der Ausstellung ›Vernichtungskrieg – Verbrechen der Wehrmacht 1941–1944‹« an und im Beirat des »Weiße Rose e. V.« und publizierte antifaschistische, antimilitaristische Bücher wie »Dienen und Verdienen. Hitlers Geschenke an seine Eliten«.

In die Reihe der bemerkenswerten Persönlichkeiten, die mich nachhaltig beeindruckten, gehört Prof. Moritz Mebel, ein bekannter Berliner Urologe. Er stammte aus einer jüdischen Familie in Erfurt, die 1932/33 nach Moskau emigriert war. Mebel meldete sich als Medizinstudent im Oktober 1941 zur Roten Armee, er erlebte das Kriegsende in Europa als Oberleutnant. Danach kämpfte er in der Mongolei gegen die Japaner. Ihn und seine Frau Sonja Podymachina traf ich gleich nach meiner Ankunft in Deutschland 2010, um ihm das Ehrenzeichen »65 Jahre des Sieges« zu überreichen. Wir trafen uns in der Folgezeit regelmäßig – bei offiziellen Anlässen in der Botschaft und auch außerhalb. Er und seine Frau waren beeindruckende Menschen. Sonja, eine

Mikrobiologin, verstarb leider Ende 2015. Im Jahr zuvor war Moritz Mebel als Auswärtiges Mitglied in die Akademie der Russischen Wissenschaften aufgenommen worden.

Mir begegneten auch Persönlichkeiten, die einst auf der deutschen Seite gegen uns gekämpft hatten, aber aufgrund ihrer Kriegserfahrungen zu einer anderen Gesinnung gekommen waren und kritisch zu ihrer eigenen Vergangenheit standen. So etwa Erhard Eppler, ein sozialdemokratischer Politiker, der einst Bundesminister unter Willy Brandt und Helmut Schmidt gewesen war. Er sprach am 22. Juni 2016 anlässlich des 75. Jahrestages des Überfalls vor unserem Denkmal im Tiergarten auf einer Kundgebung. Er hielt die Rede »als einer der Letzten der Flak-Helfer-Generation, als einer, der das letzte Jahr des Krieges als normaler Soldat überlebt hat«, sprach gegen »alten Hass und neuen Unverstand«.[163] Selbstkritisch und ehrlich ging Eppler auf die Vergangenheit der alten BRD und deren Verhältnis zum Krieg im Osten ein. »Dass wir über den Feldzug, der heute vor 75 Jahren begann, sehr viel weniger wissen, hat einen ganz einfachen Grund, nämlich den Kalten Krieg. Auch im Kalten Krieg gab es Freund und Feind, und für uns in Westdeutschland war der neue Feind der alte. Und die Propaganda gegen den neuen Feind knüpfte manchmal da an, wo die gegen den alten aufgehört hatte.«[164] Damit hatte er ein grundsätzliches Problem angesprochen, das unverändert nachwirkt und das Denken vieler Menschen bis auf den heutigen Tag bestimmt. Das ist der Resonanzboden für rechte Demagogen und Nationalisten, in diesem Raum wachsen auch antirussische Ressentiments.

Als der Vernichtungskrieg gegen die Sowjetunion begann, war Eppler vierzehn Jahre alt, als dieser endete achtzehn, und er kämpfte an der Westfront in den Niederlanden. »Wir Deutschen wissen von Oradour in Frankreich, von Lidice in Tschechien, wo Dörfer mitsamt ihrer Bevölkerung ausgelöscht wurden. Aber wir wissen nicht, wie viele Hundert Oradours und Lidices es im Bereich der Sowjetunion gegeben hat. Allein in Weißrussland waren es über 200.«

Und Eppler, dessen durchaus berührende Rede auch kritische Untertöne wegen der Ukraine-Krise an die Moskauer Adresse enthielt, appellierte zum Schluss an die Anwesenden: »Ich möchte, dass dieser Jahrestag, an dem die Völker der Sowjetunion ihren großen opfervollen vaterländischen Krieg feiern und wir Deutschen an einen der dunkelsten Abschnitte unserer Geschichte erinnert werden, ich möchte, dass dies zu einem politischen Willen führt: nämlich die neue und völlig unzeitgemäße Spaltung unseres Kontinents zu verhindern.«[165]

In die Reihe der mich beeindruckenden Persönlichkeiten gehört Reinhard Führer, den ich als Vorsitzenden des Volksbundes Deutsche Kriegsgräberfürsorge e. V. kennenlernte. Der ehemalige CDU-Politiker weitete, nicht zuletzt wegen seiner Haltung zu den Russen, die Sicht und das Aufgabenspektrum des seit 1919 bestehenden Volksbundes. Diese im Auftrag der Bundesrepublik und mit Mitteln des Auswärtigen Amtes tätige Einrichtung betreut 459 Friedhöfe in 34 Ländern. Dort befinden sich weit mehr als anderthalb Millionen Kriegsgräber. Der Volksbund versteht sich inzwischen als eine Bürgerinitiative für den Frieden und schloss unter Volksbund-Präsident Führer Rechtsextremisten aus, die meinten, dort Heldenkult betreiben zu können. Stattdessen forcierte er den Dialog mit Gleichgesinnten in Mittel- und Osteuropa, um dort gemeinsam zu wirken. Der Volksbund schrieb sich auf die Fahne und verbreitete dies demonstrativ am Jahrestag des Überfalls auf die Sowjetunion: »Die Überwindung von Nationalismus und Rassismus, von Hass und Intoleranz, von Unterdrückung und Verfolgung braucht Mut und Ausdauer. Heute wächst der Nationalismus erneut. Gerade deshalb ist es wichtig, dass wir gemeinsam der Opfer der

Kriege gedenken und uns über Grenzen hinweg über vergangenes Leid, dessen Ursachen und die Voraussetzungen für ein friedliches Miteinander austauschen. Der Volksbund bringt junge Menschen aus ganz Europa zusammen. Der Austausch trägt dazu bei, die Perspektive der anderen besser zu verstehen, er stiftet Freundschaften und schärft das Bewusstsein dafür, dass Frieden ein Gut ist, das es gemeinsam zu bewahren gilt.«[166]

Der Volksbund arbeitet in Russland mit dem Verband der Soldatengedenkstätten zusammen und sucht auf Schlachtfeldern nach den Gebeinen toter Soldaten, die dann würdig bestattet werden. Gemeinsam pflegt man die Kriegsgräber.

In der Zeit von Führers Präsidentschaft wurde der größte sowjetische Soldatenfriedhof in Deutschland mit 13 200 Gräbern – der in der Schönholzer Heide im Norden Berlins – aufwendig restauriert. Zwölf Millionen Euro wurden dafür aufgewandt. Führer initiierte auch das Programm für gegenseitige Besuche junger Militärangehöriger zur gemeinsamen Pflege der Soldatenfriedhöfe in beiden Ländern. In Jugendlagern in Deutschland sowie in West- und Osteuropa mit Teilnehmern aus vielen Ländern, sogenannten Workcamps, wurden deutsche Kriegsgräberstätten, Gräber anderer Nationen und KZ-Gedenkstätten im Sinne der internationalen Jugendbegegnung instandgesetzt. Ferner wurden Seminare zur historisch-politischen Bildung gehalten und Jugendgruppenleiter ausgebildet.

Wir beschlossen, den 70. Geburtstag von Reinhard Führer am 22. November 2015 mit besonderer Herzlichkeit in unserer Botschaft zu begehen und luden dazu eine große Anzahl von Weggefährten, Freunden und Bekannten ein. Regelmäßig war ich Gast auf seinem Anwesen am Rande Berlins.

Ich könnte noch viele Namen aufführen und deutsche Persönlichkeiten nennen, mit denen ich im Rahmen meiner diplomatischen Tätigkeit zusammenkam. Sie halfen mir, Deutschland zu verstehen, mir die reichhaltige Kultur zu erschließen und meinen Blick für ökonomische Belange zu weiten. Sie halfen mir auf unterschiedliche Weise in meiner Mission, Brücken zwischen unseren Völkern zu bauen. Ohne diese vielfältigen Kontakte ist keine erfolgreiche Botschaftertätigkeit möglich. Diese darf sich nicht auf offizielle Reden und auf die Abgabe von Presseerklärung, auf die protokollarische Vorbereitung von Besuchen, die Begleitung politischer Funktionsträger und die Analyse der Vorgänge im Gastland beschränken. Man muss auf die Menschen zugehen. Und wenn man ihre Sprache spricht, versteht man auch, wie sie fühlen und was sie denken.

Kapitel 6
Wie denkt eigentlich Deutschland?

Der Kontakt vor allem zu Prominenten ermöglicht erfahrungsgemäß ein gutes Verständnis für die Stimmung in der Gesellschaft. Das galt auch in Deutschland. Mein dritter Aufenthalt war in dieser Hinsicht sehr ergiebig. Beobachtete ich die VIPs und Politik-Stars bisher nur aus der Distanz, begrüßte sie allenfalls auf Empfängen oder saß bei Verhandlungen am Tisch, konnte ich nun als Botschafter auf Tuchfühlung mit ihnen gehen.

Mein erstes Gespräch mit Egon Bahr fand bald nach meiner Ankunft in Berlin statt. Walentin Falin stellte mich ihm bei einer öffentlichen Veranstaltung vor. Trotz seines vorgerückten Alters war Bahr sehr aktiv und nahm an vielen Zusammenkünften und Veranstaltungen teil. So begrüßte ich ihn zum Beispiel am 25. Mai 2011, als Igor Maximytschew im Russischen Haus für Kultur und Wissenschaft in Berlin sein Buch über den Fall der Berliner Mauer vorstellte.[167] Bald kamen regelmäßige Essen hinzu, zu denen ich ihn gemeinsam mit seiner Begleiterin Adelheid Boehner, die bald darauf seine Ehefrau wurde, in die Botschaft einlud. Sie fuhr den Wagen, Egon Bahr saß auf dem Beifahrersitz. Gemeinsam traten wir auch in Talkshows auf – mit durchaus wohlwollenden Reaktionen in den Medien.

Der ehemalige Journalist Egon Bahr schrieb noch immer recht gern und viel. Seine Beiträge zur Nachkriegs-Zeit, zur Teilung und über die Wiedervereinigung und die daraus resultierenden Probleme, zu den Beziehungen zwischen den Vereinigten Staaten und unserem Land, zur Rolle Europas in der Welt schätzte ich sehr. Sein 90. Geburtstag, der am 18. März 2012 war und einen Monat später in der Friedrich-Ebert-Gesellschaft gefeiert wurde, war ein gesellschaftliches Ereignis.

Frank-Walter Steinmeier, Vorsitzender der SPD-Bundestagsfraktion, begann seine Rede mit der Feststellung, dass dieser runde Jahrestag vor dem nächsten Jubiläum liege, das im kommenden Jahr gefeiert werden würde. »Dann wird man sich in ganz Deutschland und in Europa an die legendäre Rede erinnern, die Sie vor 50 Jahren, im Jahr 1963, im Political Club der Evangelischen Akademie Tutzing gehalten haben.« Diese Rede unter der Überschrift »Wandel durch Annäherung« hatte in der Tat Geschichte geschrieben, und es ist kaum übertrieben zu sagen, dass sie letztlich die Welt verändert hat.

Eine weitere Veranstaltung, die im Zusammenhang mit Egon Bahr erwähnenswert ist, war das Treffen des Deutsch-Russischen Forums unter Vorsitz von Matthias Platzeck am 26. März 2015 in Berlin. Bahr wurde damals für seine Verdienste beim Aufbau der russisch-deutschen Beziehungen mit dem Friedrich-Josef-Haass-Preis ausgezeichnet. In meinem Vortrag zitierte ich aus einem Dossier, das Walentin Falin kurz vor der ersten Moskau-Reise Bahrs vorgelegt worden war: »Eine komplizierte Persönlichkeit. War Mitarbeiter beim RIAS. Wurde in Amerika dafür geschult. Im Gespräch mit unseren Diplomaten hielt er sich an bekannte westliche Richtlinien.« Und dann, was wohl noch wichtiger und zutreffender war: »Keiner bezweifelt seine Klugheit und seine umfangreichen Kenntnisse.«[168] Ich schloss mit der Bemerkung: »Heute ehren wir einen großen Brückenbauer aus der Zeit, wo es tatsächlich eine starke ideologische Ost-West-Konfrontation gab. Lassen Sie uns alles dafür tun, dass diese Polarisierung sich in den Köpfen der Russen und Deutschen heute nicht festsetzt.«[169]

Aus heutiger Sicht muss ich sagen: Offenkundig waren wir in unseren Bemühungen nicht unbedingt erfolgreich.

Bei verschiedenen öffentlichen Auftritten zitierte ich oft und gern Egon Bahr. Einer seiner geistreichen, pointierten Sätze lautete: »Die Meinung der Nachbarn muss man nicht unbedingt teilen, aber man sollte sie zumindest respektieren.«

Die letzte Auslandsreise von Egon Bahr im Juli 2015, wenige Wochen vor seinem Tod am 19. August 2015, führte ihn nach Moskau, wo er mit einer ganzen Reihe von Politik-Veteranen – darunter auch Michail Gorbatschow – der Präsentation des Buches von Wilfried Scharnagl, von 1977 bis 2001 Chefredakteur des *Bayernkurier*, beiwohnte.[170] Es sollte Scharnagels letztes Buch sein, er starb 2018. Bis dahin konnte ich ihn jedoch wiederholt in unserer Botschaft begrüßen.

In seiner Trauerrede bei Bahrs Beisetzung am 7. September 2015 auf dem Dorotheenstädtischen Friedhof erwähnte Frank-Walter Steinmeier, inzwischen Außenminister, dass es kein Zufall gewesen sei, dass Egon Bahr seine letzte große Rede in Moskau gehalten habe. Er sei dorthin geflogen, sagte er, in großer Sorge um die Beziehungen zu Russland, und erinnerte dabei alle erneut an sein Vermächtnis, bei dessen Inhalt er sich einig war mit Willy Brandt: Die Kraft des Verstandes ist letztlich stärker als die Kraft der Waffe.

Erwähnenswert war auch meine Verbindung zu Hans-Dietrich Genscher, einst Vorsitzender der FDP und langjähriger Außenminister der Bundesrepublik. Obwohl der Kontakt nicht so eng und herzlich war wie der zu Egon Bahr, blieb er dennoch in angenehmer Erinnerung. Ich entsinne mich eines gemeinsamen Fernsehauftritts, bei dem neben Katja Petrowskaja, einer deutschen Schriftstellerin ukrainischer Herkunft, auch der Historiker Michael Wolffsohn und Martin Schulz als Präsident des Europäischen Parlaments auftraten. In der kontroversen Debatte über die Ukraine-Krise urteilte Genscher sehr differenziert über die

Vorgänge dort. In der Presse wurde Genscher anschließend vor allem mit der Forderung nach Schaffung eines politisch stabilen Europas zitiert, und dass Europa größer sei als die EU und erst am Ural ende. »Russland gehört zu Europa.«

Genscher warnte 2014 in einem Essay im *Handelsblatt* vor einem neuen Kalten Krieg und erklärte: »Stabilität gibt es nur mit Russland.«[171] Es sei wichtig, wieder den Dialog mit Russland zu suchen statt die Konfrontation zu wählen. »Stabilität in und für Europa gibt es nur mit Russland und nicht ohne und erst recht nicht gegen Russland«, mahnte der 87-jährige FDP-Politiker. »Verbale Aufrüstung war noch immer der Anfang von Schlimmerem. Deshalb sollten wir jetzt mit der verbalen Abrüstung beginnen.«[172]

Bei einer Veranstaltung zum 25. Jahrestag der Unterzeichnung des 2+4-Vertrages, an der ich teilnahm, beschrieb Genscher in seinem Beitrag das Ereignis mit eindrücklichen, mich sehr bewegenden Worten: »Ich wollte die Teilung Europas beenden und nicht die Trennungslinie Europas nach Osten verschieben.«

Zu diesem Zeitpunkt hatte Hans-Dietrich Genscher bereits gesundheitliche Probleme. Als ich in Berlin ankam und Verbindung zu ihm aufnahm, lud er mich ins Hotel Adlon, in dem er abstieg, wenn er in Berlin weilte. Wir trafen uns dort einige Male. Er war hauptsächlich an Informationen über unsere Einschätzungen der internationalen Politik interessiert.

Ich erinnerte mich auch an eine Begegnung, die auf Genschers Initiative in seinem Haus in Meckenheim bei Bonn stattfand. Er lud mich ein, weil er erfahren hatte, dass ich an der Bonner Akademie für Studium und Lehre der praktischen Politik an einer Podiumsdiskussion mit Wolfgang Ischinger und Ronald Pofalla zum Thema »Kalter Frieden? Die deutsch-russischen Beziehungen im Wandel« teilnehmen würde. Ich suchte ihn vor der Veranstaltung auf und traf einen Mann im Rollstuhl. Er stellte Fragen und beantwortete sie. Er selbst wiederholte auf verschiedene Weise immer wieder: Es sei notwendig, eine russisch-deutsche Annäherung und die europäische Einheit zu erreichen. Vor dem Abschied reichte mir Hans-Dietrich Genscher sein letztes Buch[173], und ich schrieb meine besten Wünsche für ihn hinein. Es sollte unser letztes Gespräch gewesen sein. Er starb vier Wochen später im März 2016.

Wolfgang Ischinger erkundigte sich anschließend bei mir, wie das Gespräch mit Genscher verlaufen sei. Er war vor mir bei Genscher gewesen, für den er früher als Mitarbeiter tätig gewesen war. Wie Ischinger mit leicht ironischem Unterton erzählte, habe Genscher während des Gespräches mit ihm immer wieder auf die Uhr geschaut und ihn aufgefordert »abzuschwirren«, weil gleich der russische Botschafter zu ihm käme.

Die Trauerfeier fand am 17. April 2016 in Bonn im Gebäude des ehemaligen Bundestages statt. Ich nahm daran gemeinsam mit Wolfgang Ischinger und vielen Hundert Menschen teil.

Ich traf auch mit Altbundeskanzler Helmut Schmidt zusammen. Es war unsere einzige Begegnung, die auf seine Bitte hin erfolgte. Ich hatte ihn schon mehrere Male gesehen. Zum Beispiel beim Besuch von Leonid Breshnew im Mai 1978 in Bonn. Oder im September 2010 bei der Enthüllung der Skulpturen von George Bush, Helmut Kohl und Michail Gorbatschow. Als »Väter der deutschen Einheit« standen sie vor der Zentrale des Springer-Verlages in Berlin. Im September 2013 lud mich Schmidt ein, auf einem Treffen der Hamburger Freitags-Gesellschaft zu sprechen, die regelmäßig in seinem Haus in Hamburg-Langenhorn zusammenkam. Die Einladung kam überraschend, natürlich war ich interessiert. Nachdem ich mich mit der mir zugesandten Sammlung einiger seiner Reden vertraut gemacht hatte, stimmte ich schnell zu und erhielt sofort eine Einladung zum 172. Treffen dieser

Gesellschaft am 11. Oktober 2013. Das Thema, über das ich gebeten wurde zu reden, lautete: Die Zukunft der russisch-deutschen Beziehungen. Der Vortrag sollte um 21.15 Uhr beginnen und nicht kürzer als 45 Minuten sein, für die sich anschließende Diskussion war mindestens eine Stunde vorgesehen. Der Beginn des Abendessens war auf 19.00 Uhr festgesetzt, und Helmut Schmidt bat mich, eine Stunde vorher zu erscheinen. Es war alles präzise geplant, eine Verzögerung nicht vorgesehen oder erlaubt.

Bei der Ankunft wurde ich sofort in die zweite Etage geführt, wo mich Schmidt in einem Rollstuhl erwartete. Nachdem wir uns bekannt gemacht hatten und zu aktuellen Fragen uns austauschten, hielt er plötzlich inne und erklärte, dass er in Anbetracht seines Alters noch Reisen in einige für ihn wichtige Länder geplant habe und gern Russland besuchen würde, aber Putin sei nicht sein Fall.

Ich antwortete diplomatisch ausweichend, ich glaube nicht, dass heutzutage persönliche Beziehungen oder Abneigungen der Maßstab für zwischenstaatliche Beziehungen sein sollten. Im Gegenteil: Wenn wir Kriege verhindern und den Konflikt zwischen unseren Ländern entschärfen wollten, sollte man nach einer gemeinsamen Basis suchen. Bis vor kurzem hätten wir ausschließlich auf eine Annäherung hingearbeitet. Diese müsse in jeder Hinsicht gefördert werden, auch durch die Kontakte zwischen politischen Entscheidungsträgern.

Nachdem er mir aufmerksam zugehört hatte, meinte er, dass er auf jeden Fall versuchen würde, in naher Zukunft nach Russland zu reisen. Er bat um Unterstützung, die ich ihm natürlich zusagte.

Die Reise des 94-Jährigen fand vom 9. bis 11. Dezember 2013 statt, und das Gespräch zwischen Helmut Schmidt und Wladimir Putin in dessen Residenz bei Moskau hinterließ, meiner Meinung nach, einen positiven Eindruck bei Schmidt. Ich habe darüber auch in der deutschen Presse nicht nur Kritisches gelesen. Und die in Moskau geführten Gespräche besaßen Langzeitwirkung. Noch Monate später kam der Altkanzler, von Putin als »Patriarch nicht nur der europäischen, sondern auch der Weltpolitik« bezeichnet, darauf zurück. »Russland sei von den Beschlüssen der EU zur Ost-Erweiterung Anfang der neunziger Jahre in einer ›Wild-West-Periode‹ unter dem damaligen Präsidenten Boris Jelzin überrascht worden. ›Das rächt sich heute‹, sagte Schmidt, denn Jelzins Nachfolger Putin habe Russland wieder internationale Beachtung verschafft. ›Putins Politik muss uns nicht gefallen. Aber wir müssen sie aus der Geschichte verstehen und ernst nehmen.‹«[174]

Mein Vortrag vor dem Publikum der Freitags-Gesellschaft fand in einer sehr freundlichen Atmosphäre statt. Ich hatte mich mit der Lektüre von Schmidts »Die Mächte der Zukunft«[175] gründlich darauf vorbereitet. In diesem Buch kritisierte er insbesondere die US-Politik und hoffte auf eine weitere wirtschaftliche und vor allem politische Stärkung Russlands. Auf besonders offene Ohren bei mir traf seine Empfehlung, die Entwicklung kleiner und mittlerer Unternehmen in Russland aktiv voranzutreiben, was meine Überzeugung von der Notwendigkeit energischer Maßnahmen in dieser Richtung voll und ganz bestätigte.

Gegen Mitternacht verließ ich das Treffen. Aus dem mir später zugesandten Protokoll ging hervor, dass wir in vielen Fragen eine gemeinsame Sprache gefunden hatten, einschließlich der Bedeutung und der Notwendigkeit, die russisch-deutsche Annäherung in einer Reihe spezifischer Bereiche zu fördern. Mein Appell zur Abschaffung der Visumpflicht für gegenseitige Reisen wurde ebenfalls unterstützt. Das Ergebnis steht bis heute aus.

Danach hatte ich keine Gelegenheit mehr, mich mit Helmut Schmidt zu treffen. Ich sah ihn erst aufgebahrt bei der Trauerfeier im Hamburger Dom am 21. November 2015 wieder.

Die Kommunikation mit Schmidts Nachfolger war sehr intensiv. Dr. Helmut Kohl hatte nach seiner Kanzlerschaft, die 1998 geendet hatte, ein Büro gegenüber unserer Botschaft bezogen. Seine Frau Maike Kohl-Richter bat mich über die Straße, wenn sie aus Ludwigshafen nach Berlin gekommen waren. An diesen Begegnungen nahm in der Regel Philipp Mißfelder, Chef der Jungen Union, teil. Mißfelder saß im Bundestag, war ein glühender Verehrer Kohls und zugleich ein Verfechter guter Beziehungen zu Russland. Ich gewann bald den Eindruck, dass er die Begegnungen mit Kohl arrangierte und mich zu diversen CDU-Veranstaltungen einlud, auf denen ich mitunter reden durfte. Er selbst war oft Gast in unserer Botschaft. Als Gerhard Schröder im Mai 2015 seinen 70. Geburtstag in St. Petersburg feierte, war Mißfelder ebenfalls dort und bezog anschließend dafür in den deutschen Medien, aber auch in seiner Partei viel Prügel. »Seiner Meinung nach sei es besser, solche Gesprächsmöglichkeiten zu nutzen, als sich ihnen zu verweigern«, schrieb die *Welt.* »Den Umgang mit der Krise um Russland und die Ukraine verfolge er mit ›großer Sorge‹. Er warne davor, ›dass hier Sachverhalte dämonisiert werden, die man mit etwas Vernunft anders bewerten würde und sollte‹«, so seine Reaktion auf die Vorhaltung, wie er mit Putin feiern könne, wenn in der Ukraine geschossen werde.[176] Philipp Mißfelder hatte noch viel vor – doch er verstarb mit 35 Jahren an einer Lungenembolie im Juli 2015.

Helmut Kohl war bereits gesundheitlich stark geschwächt. Tauschten wir uns miteinander über aktuelle politische Themen aus, saß er im Rollstuhl. Wenn er, was oft geschah, nur schlecht zu verstehen war, schaltete sich Maike als »Dolmetscherin« ein. Am 27. September 2012 hatte die CDU-nahe Konrad-Adenauer-Stiftung im Schlüterhof des Deutschen Historischen Museums die Veranstaltung »Kanzler der Einheit – Ehrenbürger Europas«

organisiert. Dreißig Jahre zuvor war er nach einem konstruktiven Misstrauensvotum im Bundestag zum Kanzler gewählt worden. Die Stabführung bei der Ehrung im Schlüterhof lag bei Hans-Gert Pöttering, seit 1979 Mitglied des Europäischen Parlaments und von 2007 bis 2009 dessen Vorsitzender. Er bat meinen US-Kollegen Philip Murphy und mich, Grußworte zu sprechen.

Wir standen auf einer illustren Rednerliste. Nach der Begrüßung durch Hans-Gert Pöttering sprach Kardinal Karl Lehmann, d. h. er sollte reden, war aber erkrankt, weshalb Prälat Karl Justen die Rede vorlas. Dann sprach Italiens Ministerpräsident als Ex-Präsident der Europäischen Kommission für den erkrankten Jacques Delors und so weiter. Die Festrede hielt die Bundeskanzlerin und CDU-Vorsitzende Angela Merkel. Helmut Kohl dankte in einem kurzen Schlusswort für die Ehrung.

Ich würdigte Kohls Verdienste im Zusammenhang mit der deutschen Einheit, machte aber auch deutlich, »dass Russland bzw. die damalige UdSSR eine entscheidende Rolle bei der deutschen Wiedervereinigung gespielt hat«. Die Geschichte sei nur deshalb so gelaufen, »weil die Russen den Deutschen geglaubt haben – zunächst den Deutschen in der DDR, natürlich. Doch auch den Deutschen in der Bundesrepublik. Und das, obwohl wir die Westdeutschen viel weniger kannten.«[177] Ich verwies ferner darauf, dass zwar die Berliner Mauer niedergerissen worden wäre, aber neue errichtet worden sind. »Die neulich in Stein gemeißelten Worte von Präsident Reagan würde ich daher im Hinblick auf den Wandel der Zeit und der Geschichte so umformulieren: Let us tear down this visa fence!«, womit ich nicht nur auf die russischen Staatsbürgern verweigerte Visa-Freiheit durch die EU anspielte. Ich appellierte zudem: Wir »müssen wir uns schnell an die Gestaltung eines gemeinsamen Wirtschafts-, Rechts-, Sicherheits- und Kulturraums zwischen Atlantik und Pazifik machen«.[178]

In der Folge fanden noch einige Kohl-Ehrungen statt. Am 21. Mai 2013 wurde eine Gedenktafel im Dorf Mödlareuth enthüllt, durch das einst die Grenze führte. Der 83-jährige Altkanzler nahm im Rollstuhl die Würdigung entgegen, Bayerns Ministerpräsident Seehofer und sein sächsischer Kollege Tillich hielten staatsmännische Reden. Auch der österreichische Altkanzler Wolfgang Schüssel ergriff das Wort.

Am 9. November 2014, dem 25. Jahrestag des »Mauerfalls«, lud der Springer-Verlag ein. Die Botschafter aller EU-Staaten sowie der USA und Israels waren erschienen, auch ich hatte eine Einladung erhalten. Prinz Georg Friedrich, Chef des »Hauses Preußen«, hielt die Hauptrede, in der er sagte, die Wiedervereinigung sei damals eine Streitfrage gewesen. Die Haltung Helmut Kohls beschrieb er als »sorgfältige Überprüfung des Widerstands gegen die Wiedervereinigung von innen und außen«. Zum Schluss sprach Helmut Kohl kurz zu den Gästen.

Am Tag nach dem Treffen mit den Botschaftern kam Helmut Kohl mit Michail Gorbatschow zusammen, der ebenfalls nach Berlin gekommen war. An der abendlichen Veranstaltung mit CDU-Veteranen konnte der schwerkranke Altkanzler schon nicht mehr teilnehmen, so saßen Michail Gorbatschow und ich allein dort. Nach diesem kräftezehrenden Marathon zog sich Kohl weitgehend aus der Öffentlichkeit zurück. Er starb mit 87 Jahren am 16. Juni 2017 in seinem Haus in Oggersheim. Einen Staatsakt lehnte seine Witwe ab. An der Totenmesse im Dom zu Speyer nahmen etliche Staats- und Regierungschefs teil. Auch Ministerpräsident Medwedew war gekommen, den ich begleitete.

Den Kontakt zum ehemaligen Bundespräsidenten Walter Scheel, ich erwähnte ihn bereits im Zusammenhang mit meinen Auftritten in Bad Krozingen vor dem nach ihm benannten Forum, stellte seine Frau Barbara her. Ich lernte sie gleich zu Beginn meiner Amtsaufnahme kennen. Sie informierte mich über die Intentionen ihres Mannes, mit dem von ihm geplanten Forum die deutsch-russischen Beziehungen zu stärken. Allerdings sei es nicht zum Besten mit der Gesundheit bestellt, ihr Mann verbringe die meiste Zeit im Krankenhaus und müsse rund um die Uhr auch medizinisch versorgt werden, er leide an Demenz.

Umso überraschter war ich, als er mich am Eingang des Saales, wo das Forum stattfinden sollte, persönlich begrüßte. Er wurde zwar von seiner Frau gestützt, und das Reden fiel ihm erkennbar schwer, aber er war physisch präsent. In meiner Rede würdigte ich Walter Scheel als eine Persönlichkeit, die einen besonderen Platz in der Reihe derjenigen einnehme, die ihr Herz und ihre Seele in den Dialog zwischen Russland und Deutschland einbrächten. Ich hob seine politische Weitsicht und menschliche Weisheit hervor und würdigte seine Verdienste um die Entspannung als Außenminister neben Kanzler Willy Brandt.

Barbara Scheel arrangierte solche Kontakte mit ihrem Ehemann auch bei der Eröffnung der folgenden Veranstaltungen. Im August 2016 starb Walter Scheel mit 97 Jahren. Der Abschied fand am 7. September im Kammersaal der Berliner Philharmoniker statt, wo Bundespräsident Joachim Gauck, Außenminister Frank-Walter Steinmeier und der Vorstandsvorsitzende der FDP-nahen Friedrich-Naumann-Stiftung, Dr. Wolfgang Gerhardt, den Verstorbenen würdigten. Er sei ein Glücksfall für Deutschland gewesen, hieß es, er habe den Weg für eine offene tolerante Gesellschaft und für die Aussöhnung mit Osteuropa geebnet.

Ich hatte auch den Wunsch, Richard von Weizsäcker zu treffen, der von 1984 bis 1994 Staatsoberhaupt der Bundesrepublik war. Ich wollte mir selbst ein Bild machen von einem Mann, der als Soldat in Polen einmarschiert und auch beim Überfall auf die Sowjetunion dabei war. Im Juli 1941 war er verwundet worden, und nach dem Lazarett kam er wieder an die Ostfront: in die Einheit, die bis 35 Kilometer an die Moskauer Innenstadt herangerückt war. Sein Regiment wurde in der Schlacht um die sowjetische Hauptstadt völlig aufgerieben. Dann kam er in den Norden zu den Blockadetruppen vor Leningrad (wie übrigens auch Helmut Schmidt). Bei der Belagerung verdiente er sich das Eiserne Kreuz 1. Klasse und die Beförderung zum Hauptmann der Reserve … Und dann diese fulminante, Geschichte machende Rede am 8. Mai 1985 vor dem Deutschen Bundestag, in der er als erstes BRD-Staatsoberhaupt überhaupt – vierzig Jahre nach der Zerschlagung des faschistischen Terrorstaates! – vom Tag der Befreiung sprach. Das bedeutete eine Zäsur im westdeutschen Geschichtsverständnis.

Am 10. Dezember 2014 ergab sich die Gelegenheit zu einem Gespräch, hoffte ich. Marion Gräfin Dönhoff, die ostpreußische Verlegerin in Hamburg, und er hatten 1996 einen Gesprächskreis gegründet, den sie Mittwochsgesellschaft nannten. Dort kamen Vertreter aus Politik, Kultur und Wissenschaft zum Gedankenaustausch zusammen. Ich wurde dazu eingeladen, was mich erfreute. In einer vorbereiteten Rede sprach ich über die dramatische Zuspitzung der russisch-deutschen Beziehungen. Allerdings erfüllte sich meine Erwartung nicht, mit Richard von Weizsäcker zu sprechen. Er ließ sich entschuldigen, weil er unerwartet von heftigen Schmerzen gequält wurde. Irgendwie bedrückte alle die Nachricht, und die Diskussion, deren Mittelpunkt Egon Bahr war, schien irgendwie sehr gedämpft. Die Ahnung trog nicht. Richard von Weizsäcker starb wenig später am 31. Januar 2015, einige Wochen vor Vollendung seines 95. Lebensjahres. Am 11. Februar 2015 fand im Berliner Dom der Staatsakt statt. Nach Außenminister Frank-Walter Steinmeier sprach Antje Vollmer von Bündnis 90/Die Grünen. Die Pastorin und ehemalige Vizepräsidentin des Deutschen Bundestages bezeichnete von Weizäcker als eine der bedeutendsten Persönlichkeiten der deutschen politischen Szene. Sie würdigte insbesondere seine Rede von 1985 und verwies auch auf die Mittwochsgesellschaften, die er fast zwanzig Jahre lang geführt hatte. Sie bemerkte, dass der russische Botschafter, keineswegs aus Versehen, zu dem Treffen eingeladen war, dass das letzte sein würde. Erstmals habe der Gründer des Forums krankheitshalber gefehlt.

Weizäckers Nachfolger im Amt des Bundespräsidenten, Roman Herzog, ebenfalls ein Christdemokrat, fiel mir erstmals bei einer Rede auf, die er am 26. April 1997 im Hotel Adlon hielt. Sie sollte als »Ruck-Rede« in die Geschichte eingehen. Der ehemalige Jurist konzentrierte sich auf die innenpolitischen Probleme, beschrieb die aktuelle Lage und nannte sie unbefriedigend, weshalb er forderte: »Durch Deutschland muss ein Ruck gehen. Wir müssen Abschied nehmen von liebgewordenen Besitzständen. Alle sind angesprochen, alle müssen Opfer bringen, alle müssen mitmachen.«[179]

Das nächste Mal begegnete mir Roman Herzog unerwartet am 4. Oktober 2013 bei der Eröffnung der großen Schau im Landesmuseum Stuttgart »Im Glanz der Zaren: Die Romanows, Württemberg und Europa«, deren Mitorganisator und Mäzen unser Honorarkonsul Prof. Dr. Klaus Mangold war. Ich wechselte mit Herzog während der Veranstaltung im größten Konzertsaal der Landeshauptstadt einige Worte. Als Botschafter nahm ich am 24. Januar 2017 an der Trauerfeier im Berliner Dom teil.

Während meiner Tätigkeit in Deutschland hatte ich Gelegenheit, mit fast allen führenden Politikern des Landes ins Gespräch zu kommen, die sich um eine Annäherung oder zumindest um eine Normalisierung der Beziehungen zu unserem Land bemühten. Ich hätte viel dafür gegeben, auch mit Willy Brandt zu sprechen, doch der Altkanzler und langjährige SPD-Chef, der als Antifaschist gegen die Nazis gekämpft hatte – im Übrigen der einzige westdeutsche Spitzpolitiker mit dieser Vergangenheit –, war im Oktober 1992 im Alter von 78 Jahren verstorben. Als junger Diplomat hatte ich ihn in den siebziger Jahren in Bonn einige Male gesehen, bei einem Empfang auch einmal mit ihm auf die sich entwickelnden Beziehungen zwischen unseren Ländern angestoßen. Aber die Gespräche führten meine Vorgesetzten Semjonow und Falin.

Gerhard Schröder lernte ich 1978 in Bonn kennen, als er Juso-Vorsitzender war. Gleich nach meiner Ankunft in Berlin erneuerte ich die Bekanntschaft. Nach sieben Jahren Kanzlerschaft, die 2005 endete, zog sich Schröder aus der Politik zurück. Allerdings war er gut vernetzt mit der deutschen und russischen Wirtschaft. Auf seine Empfehlung organisierte ich in der Botschaft Kamingespräche mit führenden Vertretern der deutschen Wirtschaft, bei denen politische und wirtschaftliche Themen diskutiert wurden. Schröder war ein Vordenker und Stratege, der die Bedeutung der Beziehungen zwischen unseren Ländern, zwischen Deutschen und Russen, bestens verstand und darum auf diesem Feld sehr aktiv war und noch immer ist. Seine Feststellung: »Europa und Deutschland brauchen Russland, und Russland braucht Europa«, klingt wie ein Naturgesetz und man meint, sein berühmtes »Basta!« zu vernehmen. Nach seiner Auffassung versuchten die Amerikaner durch Fehden mit Russland zu verhindern, dass die Frage der globalen Sicherheit durch eine multipolare Welt mit Russland und China partnerschaftlich beantwortet wird. »America first« lasse keine konstruktive kollektive Lösung zu.

Auch Christian Wulff bleibt mir als kluger Politiker in Erinnerung. Nicht nur, weil er mich akkreditierte, sondern auch durch sein weiteres Handeln in einer recht kurzen Amtszeit. Obgleich er 2012 aus für mich nicht durchschaubaren Gründen zurücktrat, blieben wir bis zu meiner

Abreise aus Berlin in Kontakt und führten sehr interessante und nützliche Gespräche.

Meine Beziehung zu Frank-Walter Steinmeier, der im Februar 2017 zum Bundespräsidenten gewählt wurde, ist langjährig und von unschätzbarem Wert. Wir sahen uns, als er Oppositionsführer und Außenminister war, wir trafen uns in der Botschaft und an anderen Orten. Er war ein durchsetzungsfähiger Politiker, der an der Verbesserung der deutschen Beziehungen zu Russland interessiert war und ist. In öffentlichen Reden zeigte er sich diesbezüglich sehr zurückhaltend, und nach den Ereignissen in der Ukraine im Februar 2014 mischten sich auch kritische Töne an unsere Adresse in seine Äußerungen. Dies war und ist nicht überraschend für einen Diplomaten, insbesondere für hochrangige Beamte, die zunächst die Positionen ihres Landes und der internationalen Gemeinschaft vertreten müssen, wozu es gehörte, manchmal die eigenen Wahrnehmungen und Gefühle nicht deutlich werden zu lassen. Der französische Außenminister Charles-Maurice de Talleyrand soll 1807 zum spanischen Gesandten gesagt haben: Die Sprache ist dem Menschen gegeben, um seine Gedanken zu verbergen.

Vor meiner Abreise gab ich meine Bevollmächtigung an den kurz zuvor gewählten deutschen Bundespräsidenten Frank-Walter Steinmeier zurück. Er lud mich dann zu einem persönlichen Gespräch ein.

Sein Nachfolger im Amt des Außenminister wurde der Sozialdemokrat Sigmar Gabriel, ebenso prinzipiell und konsequent wie Frank-Walter Steinmeier. Gabriel war nur ein Jahr und zwei Monate Chef des Auswärtigen Amtes, während er sich zuvor acht Jahre als Bundesminister der Umwelt- und der Wirtschaftspolitik gewidmet hatte. Vielleicht waren deshalb von ihm mitunter Äußerungen zu vernehmen, die wie Angriffe auf uns wirkten. Insgesamt war sein Bestreben jedoch darauf ausgerichtet, schrittweise

Beziehungen zu uns aufzubauen. Hier war zunächst auffällig, dass er darlegte, wo Politik in gewissem Maße mit der Wirtschaft verflochten war. Genau dies wurde deutlich in den Erklärungen zur Notwendigkeit einer Aufhebung der Sanktionen gegen Russland, parallel zur schrittweisen Lösung der Ukraine-Krise, und nicht erst nach deren Beilegung. Mit dieser Haltung verteidigte er auch das Projekt Nord Stream 2.

Ich sprach mehrmals mit Gabriel, auch bei Veranstaltungen des Deutsch-Russischen Forums, auf denen er redete. Ich erinnere mich besonders an seinen Auftritt als deutscher Wirtschaftsminister in unserer Botschaft am 17. März 2015. Er stellte ein Buch vor mit dem Titel »Russland – Menschen und Orte in einem fast unbekannten Land«[180], geschrieben von zwei jungen Journalistinnen, einer russischen und einer deutschen, die ebenfalls an dieser Veranstaltung teilnahmen. Ich war angetan von der positiven Stimmung des Abends.

Ein ähnliches Gefühl durchströmte mich, als ich sein Glückwunschschreiben zu meinem Geburtstag las: »Die Beziehungen zwischen den Menschen in unseren Ländern liegen mir besonders am Herzen.« Ähnlich äußerte er sich auf dem internationalen Symposium zu Ehren von Hans-Dietrich Genscher im März 2017. Dort erklärte der Vizekanzler Gabriel, dass es notwendig sei, ein starkes und verantwortungsbewusstes Europa zu entwickeln. Die Wahrnehmung in der Welt von morgen sei nur möglich, wenn Europa mit einer Stimme spräche.

Zu dieser besonderen Kategorie von Repräsentanten der heutigen deutschen Gesellschaft gehörten für mich auch einige Vertreter der DDR, mit denen ich engeren Kontakt hatte. Besonders deswegen, weil sie mit großem Engagement ihren Beitrag zur Annäherung zwischen unseren Ländern leisteten. Dies waren der letzte Staats- und Parteichef Egon Krenz und Hans Modrow, heute Vorsitzender des Ältestenrates der Linkspartei und von November 1989 bis April 1990 Ministerpräsident der DDR. Modrow war Abgeordneter der Volkskammer, des Bundestages und des Europaparlaments. Diesen beiden war namentlich zu danken, dass der Herbst 1989 in der DDR friedlich blieb und kein Blut floss.

Und zu diesem Kreis rechnete ich auch den Rechtsanwalt Gregor Gysi, der auf einem Sonderparteitag der SED im Dezember 1989 an die Spitze dieser Partei gewählt worden war. Sie wurde dann – nach programmatischer, struktureller und personeller Erneuerung – zur Partei des Demokratischen Sozialismus (PDS), die sich 2007 mit der westdeutschen »Wahlalternative Arbeit und Soziale Gerechtigkeit« (WASG) zur Partei Die Linke vereinte. Gysi war lange Zeit Vorsitzender der Partei und der Bundestagsfraktion. Den Fraktionsvorsitz gab er 2015, mit 67 Jahren, ab. Danach war er einige Zeit Präsident der Europäischen Linken, dort aber weniger erfolgreich als in Deutschland. Hier hatte er es vermocht, seine Partei im politischen Spektrum in Deutschland dauerhaft zu etablieren. Bei genauer Betrachtung scheint sie unter seiner Führung stetig sozialdemokratischer geworden und perspektivisch eine Vereinigung mit der SPD nicht ausgeschlossen zu sein. Schließlich kam die KPD 1919 aus dieser Partei. 1946 vereinigten sich beide Parteien zur SED, wobei die kommunistische Linie schon bald dominierte. Es spricht einiges dafür, dass die beiden Strömungen sich irgendwann wieder vereinen.

Wichtige Gesprächspartner für mich waren auch Bruno Mahlow, der 1937 als Kind deutscher Emigranten in Moskau geboren wurde und in der ZK-Abteilung Internationale Verbindungen gearbeitet hatte, sowie der letzte Regierungschef der DDR Lothar de Maizière, ein Rechtsanwalt und ehemaliger Musiker. Im Herbst 1989 war er an die Spitze der DDR-CDU gewählt worden. Lothar de Maizière, ein Freund Gysis, hielt es aber nicht lange in der Politik aus, er war ein durch und durch musischer Mensch und kein Politiker.

Mit Krenz traf ich mich wiederholt in der Botschaft. Er gehörte viele Jahre der DDR-Führung an und besaß darum detaillierte Kenntnisse über Hintergründe und Zusammenhänge der Beziehungen zwischen Berlin und Moskau. Er hatte in den sechziger Jahren in Moskau studiert, war erkennbar ein Freund des russischen Volkes und oft auch jetzt noch in Russland unterwegs. Krenz, unverändert Kommunist, sah Vergangenheit und Gegenwart kritisch und analysierte in Reden, Zeitungsbeiträgen und Büchern auch das Verhältnis zwischen Deutschen und Russen.[181] Der Zusammenbruch der Sowjetunion war für ihn, und da unterschied sich sein Urteil nicht von dem Wladimir Putins, die größte geopolitische Katastrophe des 20. Jahrhunderts. An den Folgen trage die ganze Welt bis auf den heutigen Tag, meinte er. Und auch den Untergang der DDR schrieb er dieser Tatsache zu, weil die zweite deutsche Republik ohne eine enge Beziehung zur UdSSR allein nicht lebensfähig gewesen sei. Für das Ende der Sowjetunion machte Krenz innere und äußere Faktoren verantwortlich, vornehmlich aber, dass sich Moskau auf das Wettrüsten mit den USA eingelassen hatte. Die Strategie der Amerikaner habe darin bestanden, die UdSSR totzurüsten. Der Rüstungswettlauf habe die sowjetischen Ressourcen aufgezehrt und die von ihm kritisierte Politik der Perestroika den Prozess des wirtschaftlichen Niedergangs und des Zerfalls der Gesellschaft noch beschleunigt. Dennoch hob Krenz immer wieder hervor, dass die militärische Stärke der Sowjetunion und ihre auf Verständigung ausgerichtete Außenpolitik dafür gesorgt hatten, dass von 1945 bis zum Ende der neunziger Jahre Frieden in Europa herrschte. Erst der NATO-Krieg in Jugoslawien 1999 – nach dem Ende der Sowjetunion und des Warschauer Paktes – beendete die längste Friedensperiode in der modernen Geschichte. Und heute stünden die Panzer der von den USA geführten NATO an der russischen Grenze. Mit dabei auch Kriegsgerät der deutschen Bundeswehr. Das fand Egon Krenz auch wegen der deutschen Vergangenheit mehr als empörend.

Hans Modrow war um einiges älter als Egon Krenz und noch gegen Ende des Krieges als 17-Jähriger in eine Uniform gesteckt worden. Ohne einen Schuss gegen »den Feind« abgegeben zu haben, kam er für vier Jahre in sowjetische Kriegsgefangenschaft. Dort hatte er eine Antifa-Schule besucht, nach seiner Rückkehr in Deutschland eine Maschinenbauerlehre absolviert und danach eine politische Laufbahn eingeschlagen. Er hatte auf vielen Ebenen zunächst im Jugendverband Freie Deutsche Jugend (FDJ), dann im Parteiapparat gearbeitet, bevor er im November 1989 von der Volkskammer mit der Regierungsbildung beauftragt wurde. Zuvor war er seit 1973 in Dresden als Chef der SED-Bezirksorganisation tätig gewesen. Das war der Partnerbezirk der Leningrader Parteiorganisation, weshalb Modrow viele enge und freundschaftliche Beziehungen zu Sowjetbürgern unterhielt.

Modrows Sicht auf die DDR und ihre Beziehungen zur UdSSR deckte sich im Wesentlichen mit der von Krenz. Allein die Tatsache, dass sie verschiedenen Generationen angehörten und aufgrund ihrer Stellung in der Partei unterschiedliche Erfahrungen sammelten, ließ sie manches unterschiedlich beurteilen. Das war aber auch dem Umstand geschuldet, dass Modrow nach 1990 weiter politische Funktionen ausübte, während Krenz inhaftiert war und gesellschaftlich mehr oder minder geächtet wurde. Das änderte sich nach einiger Zeit. Beide sind heute hoch geachtet und erfahren zumindest in der Bevölkerung jene Anerkennung, die ihnen die politische Klasse der BRD bis heute verweigert. Als exklusive Zeitzeugen sind sie heute von den Medien gefragt.

Und auch ich konsultierte sie gern, was nicht nur daran lag, dass sie meine Muttersprache beherrschten. Wir hatten gemeinsame Freunde und Bekannte. Modrow war zum Beispiel der letzte ausländische Gast im ZK der KPdSU vor dem Augustputsch 1991, ehe er zum Urlaub auf die Krim weiterreiste und als Nachbar von Gorbatschow miterlebte, wie dieser unter Hausarrest gestellt wurde. Modrow und Krenz hatten am 24. November 1989 in unserer Botschaft ein konspiratives Treffen mit Falin, bei dem sie sich gemeinsam über weitere Schritte zur Konsolidierung der Lage verständigten.

Bruno Mahlow sprach Russisch wie ein Russe und war mir vertraut, wir standen seit meiner zweiten deutschen Mission von 1986 bis 1992 in engem Kontakt. Zu jener Zeit war Bruno Mahlow stellvertretender Leiter, später Leiter der Abteilung Internationale Beziehungen im Zentralkomitee der SED, außerdem gehörte er der Führung der Gesellschaft für Deutsch-Sowjetische Freundschaft an. Heute ist er im Ältestenrat der Partei Die Linke.

Bei meinem dritten Aufenthalt in der Bundesrepublik Deutschland profitierte ich von dieser freundschaftlichen Verbindung, indem wir uns regelmäßig zu Fragen austauschten, die die Interessen unser beider Länder betrafen. Bruno Brunowitsch schickte mir seine Texte, die er bei Zusammenkünften, bei Jahrestagen oder Treffen vorgetragen oder in Buchform herausgebracht hatte. Sein zentrales Thema war der Umgang mit Russland, das Verhältnis zu den Russen, die Verantwortung der Deutschen und der Platz Russlands in der Welt. Für ihn stand außer Frage, dass ein starkes Russland notwendig sei, um als Gegengewicht zum Hegemonialanspruch der USA zu wirken.

Aus ganz anderem Holz und von ganz anderer Denkungsart war der Christdemokrat und letzte Ministerpräsident der Deutschen Demokratischen Republik, Lothar de Maizière. Er sah und sieht vieles anders als seine linken Landsleute, aber das ostdeutsche Hemd stand ihm stets näher als der westdeutsche Rock, auch wenn ihm viele persönlich vorwarfen, die DDR an die BRD übergeben zu haben. Das traf zwar im historischen Sinne zu, aber man kann ihm nicht vorwerfen, sich nicht für die Belange und Interessen der Ostdeutschen engagiert zu haben. Auch später bezog er Stellung und dafür von der politischen Klasse Prügel. Gerade als ich meine dritte Dienstzeit begann, fiel die Presse und die politische Klasse über ihn kollektiv her. Lothar de Maizière hatte in einem Zeitungs-Interview mit der *Passauer Neuen Presse* der vorgegebenen Lesart widersprochen, die DDR sei ein »Unrechtsstaat« gewesen. »Ich halte diese Vokabel für unglücklich. Die DDR war kein vollkommener Rechtsstaat, aber auch kein Unrechtsstaat. Der Begriff unterstellt, dass alles, was dort im Namen des Rechts geschehen ist, unrecht war.« Wenn das so gewesen wäre, hätte im Einigungsvertrag nicht vereinbart werden können, dass Urteile aus dieser Zeit weiter vollstreckt werden können, so der CDU-Politiker. Auch in der DDR sei Mord Mord und Diebstahl Diebstahl gewesen.[182]

Äußerungen wie diese machten ihn in den Augen vieler Vertreter der politischen Klasse suspekt. Seit 2005 war de Maizière zudem Co-Vorsitzender des Petersburger Dialogs, wofür ihm schon mal das Etikett »Russlandgläubiger«[183] verpasst wurde, was gleich hinter »Russlandversteher« rangierte. Der Petersburger Dialog war bestimmten Kreisen schon immer ein Dorn im Auge. Der Vize-Chef der Unionsfraktion im Bundestag, Andreas Schockenhoff, unternahm 2014, nach den Vorgängen in der Ukraine, einen Vorstoß: »Putins Vertreter bei dem Forum sind allesamt gesteuert, um die Politik Moskaus salonfähig zu machen.«[184] Und bezogen auf Lothar de Maizière behauptete Schockenhoff: »Er will eine ganz enge und exklusive Gesprächsbasis mit Russland, und jede Kritik daran ist abgeblockt oder als eine Beleidigung der deutsch-russischen Beziehungen abgetan worden.« Kritische und neue Organisationen seien als Teilnehmer des Dialogs von de Maizière nicht erwünscht und würden nicht zugelassen. Deshalb sei er für die Position des Vorsitzenden nicht mehr geeignet.

Bereits 2013 hatte es Versuche gegeben, de Maizière vom Vorsitz zu verdrängen. Und auch Matthias Platzeck, der im 25-köpfigen Lenkungsausschuss des Petersburger Dialogs das Deutsch-Russische Forum vertrat, sollte gleich mitgehen. Im Mai 2015 hatten sich die de Maizière-Kritiker durchgesetzt und ersetzten den ostdeutschen Ko-Vorsitzenden durch den Westdeutschen Ronald Pofalla, der einst CDU-Generalsekretär und vier Jahre lang Chef des Bundeskanzleramtes war. Möglicherweise hatte ein Interview in der *Frankfurter Allgemeinen Zeitung* dafür den letzten Ausschlag gegeben. In der *FAZ* hatte Lothar de Maizière erklärt: »Ich halte von den Wirtschaftssanktionen nicht viel. Sie schwächen Russland, was ja auch die Absicht ist. Wir müssen aber ein Interesse an einem stabilen Russland haben. Wirtschaftssanktionen schwächen die Ukraine und die europäische Wirtschaft. Ich frage mich, in welchem Interesse sie liegen.« Worauf der Journalist natürlich fragte: »Und in welchem Interesse liegen die Sanktionen?«

Die unmissverständliche Antwort de Maizières: »Nach meinem Eindruck liegen sie im amerikanischen und nicht im europäischen Interesse.«[185]

Und auch zu den Kämpfen in den Kulissen des Petersburger Dialogs hatte er in der *FAZ* offen und unverblümt Stellung bezogen: »Das Bundeskanzleramt hat uns am Mittwoch mit einer Bitte bedrängt, die Mitgliederversammlung, die in der nächsten Woche stattfinden sollte, wegen der politischen Großwetterlage abzusagen. Dieser Bitte musste ich nachkommen. Ich habe es ungern getan. Ein für Anfang Dezember geplantes Treffen der beiden Vorstände – des deutschen und des russischen – werden wir durchführen, auch wenn das Kanzleramt auch dieses Treffen absagen will.«[186] Soviel Eigenständigkeit und Selbstbewusstsein bekam dem sympathischen Ex-Premier der DDR nicht, er wurde nun auch aus dieser Funktion entfernt ...

Krenz, Modrow, Mahlow, de Maizière und andere Ostdeutsche kamen gern zu Veranstaltungen in die Botschaft, wir tauschten uns aus und blieben im persönlichen Kontakt. Die meisten von ihnen hatten in guten wie in schweren Zeiten zur Sowjetunion gestanden und waren Freunde Russlands geblieben. Wir waren durch unsere gemeinsame Geschichte verbunden. Und sie widersprachen der antirussischen Propaganda, verurteilten die westlichen Maßnahmen gegen Russland und zeigten sich solidarisch mit uns. Ich betrachtete sie immer als Mitstreiter.

Auch in den Bundesländern und Regionen, die ich nach meiner Amtseinführung zu bereisen begann, lernte ich viele interessante, aufgeschlossene Persönlichkeiten kennen, die für ordentliche und partnerschaftliche Beziehungen zu Russland eintraten und differenziert unsere Politik be- und nicht pauschal verurteilten. Insbesondere in Bayern war man sehr aktiv. Ministerpräsident Horst Seehofer und sein Vorgänger Edmund Stoiber, der politisch sehr einflussreich war, unser Honorarkonsul Nikolaus Knauf und andere bayerische Unternehmer wünschten sich in und für Russland zu engagieren. Eine nicht minder intensive Förderung der wirtschaftlichen Kooperation mit Russland erlebte ich im Bundesland Baden-Württemberg. Ihr hatte sich mit erstaunlicher Energie und Leidenschaft unser Honorarkonsul Klaus Mangold verschrieben. Erfreulich entwickelt sich die Zusammenarbeit mit Nordrhein-Westfalen, wo nach Burckhard Bergmann Klaus Schäfer unser Honorarkonsul geworden war.

In Niedersachsen lernte ich den Sozialdemokraten Stephan Weil kennen. Mit unserer organisatorischen Unterstützung reiste der niedersächsische Ministerpräsident in Begleitung einer sechzigköpfigen Wirtschaftsdelegation im November 2013 nach Moskau und St. Petersburg, es war seine erste Auslandsreise als Regierungschef. Im Volkswagen-Werk in Kaluga rollte während seines Besuchs das 700 000. Fahrzeug vom Band. Der deutsche Automobilkonzern investierte seit der Eröffnung 2006 weitere 1,3 Milliarden Euro in den Produktionsaufbau in der Region Kaluga. »Zuletzt hat 2006 der damalige Regierungschef Christian Wulff Russland besucht. Nach nunmehr sieben Jahren halte ich es an der Zeit, wenn wieder ein Ministerpräsident dort hin reist«, hatte Weil seine Reise öffentlich begründet. Nach den USA und China war Russland die Nummer drei der außereuropäischen Handelspartner Niedersachsens. Dreihundert klein- und mittelständische Unternehmen aus dem Bundesland waren bereits vor Ort aktiv, zudem pflegte das Land seit Jahren eine enge Partnerschaft mit der für seine Erdöl- und Gasvorräte bekannten Gegend Tjumen.[187]

Gemeinsam mit dem niedersächsischen Honorarkonsul Heino Wiese organisierten wir sehr nützliche Wirtschaftstreffen in unserer Botschaft in Berlin.

Einen offenen und beiderseits nützlichen Austausch von Ansichten pflegte ich mit dem Ersten Bürgermeister der Freien und Hansestadt Hamburg, Olaf Scholz, und seinem Amtskollegen aus Bremen Jens Böhrnsen, mit Thüringens Ministerpräsidenten Bodo Ramelow und seiner Vorgängerin im Amte, Christine Lieberknecht, sowie mit Rainer Haseloff, Ministerpräsident in Sachsen-Anhalt. Die Zahl der von ihnen mitgetragenen Veranstaltungen zur Förderung der russisch-deutschen Beziehungen, an denen auch die Botschaft teilnahm, war beachtlich, ebenso die Zahl der Besucher.

Dass man sich auf dieser Ebene nicht von Berlin oder Washington vorschreiben ließ, wie sie ihr Verhältnis zu Russland gestalteten, demonstrierte Bremens Bürgermeister Böhrnsen auf beeindruckende Weise. Er hatte mich am 31. März 2014 in die Bremer Kunsthalle eingeladen, wo Bilder des süddeutschen Malers Johann Conrad Dorner gezeigt wurden. Sie waren ein Geschenk zweier Bremer Mäzene für die Isaak-Kathedrale in St. Petersburg, die der Bremer Wirtschaftssenator in den kommenden Tagen der größten Kirche Russlands im Rahmen der Deutschen Woche übergeben wollte. Dorner (1809-1866) hatte fast zwanzig Jahre in Russland gelebt. *Radio Bremen* kündigte meinen Besuch unter der Überschrift an: »Bremen geht eigenen Weg in der Krim-Krise« und zitierte den Regierungschef mit der Aussage: »Ich habe den russischen Botschafter mit großer Überzeugung nach Bremen eingeladen, weil ich glaube, die Verbindungen, die wir haben, müssen wir pflegen und sie nicht abbrechen. Das scheint mir die richtige Richtung zu sein.« Eine Ausladung des Botschafters vor dem Hintergrund der Krim-Krise käme für ihn nicht in Frage.[188]

Die Regionalpresse berichtete anschließend ausführlich. »›Russen und Deutsche sind auf das engste verflochten‹, sagte Grinin, das sei ihm erst jetzt wieder bei seinem Besuch in Bremen deutlich geworden. Die intensiven Beziehungen, gerade auch im kulturellen Bereich zwischen der Hansestadt Bremen und Russland seien ein weiterer wichtiger Beitrag zur Völkerverständigung zwischen beiden Ländern. Grinin hatte sich im Rahmen seines Bremen-Besuches außerdem das hiesige Airbus-Werk und das Raumfahrtunternehmen Astrium angesehen und sich im Rathaus in das Goldene Buch der Stadt eingetragen.«[189] Die *Deutsche Presseagentur* meldet dazu: »Bremer Unternehmen importierten nach Angaben des Statistischen Landesamtes im vergangenen Jahr Waren für gut 763 Millionen Euro aus Russland. An erster Stelle standen Mineralölerzeugnisse, die fast 71 Prozent der Importe ausmachten. Der Export belief sich auf mehr als 412 Millionen Euro.«[190]

Mit drei Regierungschefs wurde ich näher bekannt, und wir haben sehr gut zusammengearbeitet. Als erstes nenne ich Erwin Sellering (SPD), der seit 2008 Mecklenburg-Vorpommern regierte und im Sommer 2017 wegen einer Krebserkrankung zurücktrat. Sachsens Ministerpräsident Stanislaw Tillich (CDU) stand mir ebenfalls nah. Er war ebenfalls 2008 ins Amt gewählt worden, das er im Dezember 2017 abgab. Seit Juni 2019 ist er Berater der russischen Fracht-Airline Volga-Dnepr, die mit Großraum-Transportflugzeugen AN-124 hauptsächlich für die Bundeswehr unterwegs ist und im Flughafen Leipzig/Halle einen Dauer-Start- und Landeplatz mit eigenem Wartungshangar hat.

Besonders enge Beziehungen unterhielt ich zum Brandenburger Ministerpräsidenten Dietmar Woidke und seinen Vorgängern Manfred Stolpe und Matthias Platzeck. Zu meinen letzten Amtshandlungen gehörte die Vorbereitung einer Reise Woidkes nach Russland und ein Treffen mit dem Gouverneur des Moskauer Gebietes, Andrej Worobjow, Anfang 2018.

Seit vielen Jahren pflegten wir einen freundschaftlichen Kontakt, Dietmar Woidke nahm an unseren Veranstaltungen teil, einige organisierten wir auch zusammen. Bei einer meiner letzten öffentlichen Diskussionen in Deutschland – es war ein Russlandforum der Industrie- und Handelskammer in Potsdam im Januar 2017 – traten wir gemeinsam auf. Kurz zuvor hatten die USA angekündigt, dauerhaft eine Panzerbrigade mit 4200 Mann in Polen zu stationieren. Dabei sollten die Militärfahrzeuge nach ihrer Anlandung in Bremerhaven durch Deutschland rollen, was natürlich eine Demonstration war: Die Transportschiffe hätten auch einen polnischen Hafen ansteuern können. Die eigentliche Provokation war jedoch die Stationierung selbst, was auch Woidkes leidenschaftliche Kritik hervorrief, er warnte vor einem »Säbelrasseln« und einer »Eskalation gegenüber Russland«. Daraufhin belehrte ihn der CDU-Bundestagsabgeordnete Karl-Georg Wellmann: »Es ist nicht Sache eines Landespolitikers, sich zu Themen zu äußern, die wie in diesem Fall ausschließlich die Bundespolitik und die NATO betreffen.«[191]

Und die *Bild* überschrieb ihren Beitrag mit: »Russlands Botschafter lobt Woidkes US-Kritik«. Was hatte ich gesagt? »Wenn Russland aggressives Verhalten unterstellt wird, steht das nicht im Einklang mit der menschlichen Vernunft – während durch Brandenburg amerikanische Panzer Richtung Osten rollen. In diesem Zusammenhang möchte ich mich bei Ministerpräsident Woidke für die Worte bedanken, denen ich mich anschließe.«[192]

Woidke hatte überdies das Ende der Sanktionen gegen Russland gefordert: »Wenn wir erkennen müssen, dass die Sanktionen nicht den gewünschten Erfolg gebracht haben, sollten wir den Mut haben, die Maßnahmen zu überdenken.« Auch der brandenburgische CDU-Generalsekretär entrüstete sich darüber: »Mit seiner Russlandtreue taugt Woidke zwar zum Kreml-Liebling, ändert aber nichts an Putins Militäreinsatz in der Ukraine.«[193]

Unvergesslich sind mir auch die Begegnungen mit Manfred Stolpe, der Vorstandsmitglied des Petersburger Dialogs und Mitorganisator deutsch-russischer Freundschaftsgruppen in Bundestag und Bundesrat war. Bemerkenswert waren seine Reden bei Gedenkveranstaltungen an Gräbern gefallener sowjetischer Soldaten, von denen im Land Brandenburg sehr viele existieren. Hier, im Umland von Berlin, fanden die opferreichsten Schlachten auf deutschem Boden statt, verloren Hunderttausende Menschen ihr Leben. Russen und Deutsche. Am 17. November 2015 fand in der Botschaft der Russischen Föderation auf Initiative der Stiftung Garnisonkirche Potsdam und seines Kuratoriumsmitglieds Manfred Stolpe ein Benefizkonzert zugunsten des Wiederaufbaus der Potsdamer Garnisonkirche statt. Natürlich war dieses Vorhaben in der deutschen Öffentlichkeit nicht unumstritten, für viele war der Ort insbesondere wegen des Handschlags zwischen Hitler und Hindenburg am 21. März 1933, am »Tag von Potsdam«, ein Denkmal der Reaktion. Ich versuchte unsere positive

Haltung mit dem Blick in die Geschichte zu erklären: »Wie einige andere Bauwerke Potsdams war die Garnisonkirche eng mit der Geschichte Russlands und mit dem Schicksal Europas verbunden – vor allem im 19. Jahrhundert. In dieser Kirche gelobten der russische Zar Alexander I. und der preußische König Friedrich Wilhelm III. im November 1805, Napoleons räuberischen Bestrebungen gemeinsam entgegenzutreten. Später, 1813, nach der Flucht der Grande Armee aus Russland, sicherte der ›Eid von Potsdam‹ die Waffenbrüderschaft Russlands und Preußens sowie ihren Sieg in einer der blutigsten Schlachten der Weltgeschichte – der Völkerschlacht bei Leipzig, die den Ausgang des Feldzugs zur Vertreibung Napoleons aus Deutschland bestimmte. Russland erinnert sich gut an diese ruhmreiche Seite unserer gemeinsamen Geschichte.«

Mit Matthias Platzeck wurde ich sehr schnell warm, selten habe ich es mit einer so einnehmenden und offenherzigen Persönlichkeit zu tun gehabt. Kaum hatte ich meinen Botschafterposten in Berlin angetreten, meldete er sich bei mir. Er war 2002 in der Nachfolge Manfred Stolpes Ministerpräsident geworden. Platzeck informierte mich über den Stand der Beziehungen Brandenburgs zu Russland und welche Vorstellungen es gebe, diese zu entwickeln. Wir sahen uns oft, mal in Berlin, mal in Potsdam, wo es unzählige architektonische Schätze der Weltkultur zu sehen gab. Bevor er Ministerpräsident wurde, war er Oberbürgermeister der Landeshauptstadt gewesen. Platzeck war in Potsdam geboren, wo auch dreißigtausend Sowjetsoldaten stationiert waren. In Potsdam gab es die Glienicker Brücke, auf der im Kalten Krieg Agenten ausgetauscht wurden, und Schloss Cecilienhof, wo im Sommer 1945 das Abkommen zwischen den Siegermächten geschlossen und von US-Präsident Truman der Befehl zum Abwurf der Atombomben auf Hiroshima und Nagasaki erteilt worden waren. Platzeck steckte voller

Geschichten aus der Geschichte, er lebte und liebte seine Stadt und auch das Land.

Im Februar 2013 besuchten wir gemeinsam Götschendorf in der Uckermark, in welchem sich das russisch-orthodoxe Kloster St. Georg befand, ein Deutsch-Russisches Zentrum für geistliche und kulturelle Zusammenarbeit. Das Anwesen, ein ehemaliges Gut mit Herrenhaus, gehörte jahrhundertelang der Familie von Arnim, in den dreißiger und vierziger Jahren war es ein Jagd- und Gästehaus des Naziführer Hermann Göring gewesen. In der DDR nutzte es die NVA und auch das MfS als Ferienheim, seit 1996 stand es leer und verfiel. Auf der Suche nach einem Standort für ein Kloster der Berliner Diözese der Russisch-Orthodoxen Kirche stießen die Späher auf dieses Objekt. Nach anfänglichem Zögern der Verantwortlichen vor Ort halfen schließlich Kontakte in die Potsdamer Staatskanzlei und die Fürsprache von Pfarrer Horst Kasner aus Templin – der Vater von Angela Merkel – bei der Verwirklichung des Projekts. Das Gelände wurde für einen symbolischen Euro gekauft mit der Auflage, mindestens drei Millionen Euro in den nächsten fünfzehn Jahren zu investieren. Ein Gespräch mit Präsident Putin brachte einen Teil der benötigten finanziellen Unterstützung. 2007 wurde das Kloster offiziell gegründet, eine Kirche mit Zwiebelturm errichtet. 2011 zogen die ersten Mönche ein, 2013 wurde ein Kreuz auf der Kuppel durch Erzbischof Feofan geweiht. Ich kannte Feofan gut, sein Tod im September 2017 schmerzte mich sehr. Noch mehr betrübte mich der Tod eines seiner Gefährten, des Erzbischofs Longin von Klin, der ständige Vertreter der Russisch-Orthodoxen Kirche in Deutschland, im August 2014. Der Geistliche stand mir sehr nahe.

Uns führte der Prior des Klosters, Abt Daniil Irbits, übers Gelände. Er war Mitte der siebziger Jahre in Riga zur Welt gekommen. Die Mutter war eine Wolgadeutsche, der Vater bei der Baltischen Rotbannerflotte und Kapitän zur See. Seit Mitte der neunziger Jahre lebte Daniil in Deutschland, er absolvierte die Priesterakademie in Kiew und wurde 2012 ins Amt des Priors in Götschendorf eingeführt. Wie er uns berichtete, war er auch ständiges Mitglied des Beirates der Beauftragten für Migration, Flüchtlinge und Integration im Bundeskanzleramt sowie Mitglied der Arbeitsgruppe 6 »Gegen Rassismus und Extremismus« im Bundesintegrationsbeirat.

Das Kloster sollte nicht nur ein Ort für Gläubige, sondern auch eine Begegnungsstätte von Russen und Deutschen, von Vertretern verschiedener Glaubensrichtungen sein, eine Art »ökumenische interreligiöse Festung« , wie ich in meiner Rede zur Weihe des fünf Meter großen Bronzekreuzes auf einem Sockel vor der Kirche erklärte. An diesem Festakt nahm auch Norbert Kuchinke teil, der in der Nähe des Klosters lebte und am Bau mitwirkte. Kuchinke hatte seinerzeit das Objekt entdeckt, er hatte auch mit Putin gesprochen. In den siebziger Jahren hatte er als Korrespondent des *Spiegel* und des *Stern* in Moskau gearbeitet und sein Herz an Russland verloren – er sollte auch der einzige Westeuropäer sein und bleiben, der zwei Mal mit der Medaille »Für Mitarbeit in der Russischen Orthodoxen Kirche« geehrt wurde. Kuchinke war ein gläubiger Katholik und wollte, wie er bei der Einweihung des Klosters 2011 erklärte, eine »Nahtstelle zwischen westlichen und orthodoxen Religionen« schaffen.

Wir kamen uns nahe, pflegten die Verbindung. Ende 2013 verstarb er mit 73 Jahren. Ich nahm an der bewegenden Trauerfeier auf dem Dorffriedhof in Götschendorf teil.

Idealisten wie Kuchinke, die selbstlos und selbstbestimmt Brücken bauten, gab es nicht wenige. Auch wenn manchem für sein Engagement der Wind scharf ins Gesicht blies, offen oder heimlich als »Russlandversteher« oder gar »Putin-Freund« geschmäht oder verhöhnt wurde, hielten die meisten an ihrer Überzeugung fest. Manche schützte das Alter, das Amt oder ihre Autorität vor Angriffen. Oder weil sich schlecht etwas gegen ihr soziales Engagement einwenden ließ.

Ich denke da etwa an André Schmitz, der Berliner Staatssekretär für Kultur war, als ich meine Botschaftertätigkeit aufnahm. Nebenbei aber war er auch Vorstandsvorsitzender der Schwarzkopf-Stiftung Junges Europa – unter seinem Doppelnamen Schmitz-Schwarzkopf. Die Stiftung war 1971 mit der Absicht gegründet worden, »jungen Menschen auf ihrem Weg zu politisch bewussten und verantwortungsbereiten Persönlichkeiten zu fördern und den europäischen Einigungsprozess zu stärken«. In der Stiftungs-Satzung war auch als Ziel verankert, Rechtsextremismus, Rassismus und Antisemitismus zu bekämpfen. Im Laufe der Jahre nahmen Zehntausende Jugendliche an tausenden politischen Bildungsveranstaltungen in rund vierzig Ländern teil. Unsere Botschaft unterstützte die Stiftung in ihrem Anliegen und stellte Räume zur Verfügung. André Schmitz-Schwarzkopf schrieb mir, wie wichtig es sei, »junge Menschen mit unterschiedlichen Ansichten zusammenzubringen, Mauern und Grenzen in unseren Köpfen niederzureißen und den offenen Meinungsaustausch über die Zukunft Europas aktiv voranzutreiben«. Ich beteiligte mich aktiv an zahlreichen Veranstaltungen der Stiftung. So diskutierte ich im April 2016 im Festsaal der Botschaft mit rund 250 jungen Deutschen das Thema »Russisch-europäische Beziehungen: Wie kann das Vertrauen wieder hergestellt werden?«. Das Co-Referat hielt Juliane Schäuble, Tochter von Wolfgang Schäuble, die als Journalistin bei einer Berliner Tageszeitung arbeitete.

Die Stiftung beging am 26. September 2017 mit einer Festveranstaltung den sechzigsten Geburtstag ihres Vorstandsvorsitzenden in der Berlin-Brandenburgischen Akademie der Wissenschaften in der Berliner Jägerstraße. Ich saß in der ersten Reihe neben Dieter Kosslick, der dem

Vorstand der Stiftung angehörte und ein umtriebiger Chef der Berlinale war, ein rundum sympathischer und beliebter Kulturmacher. Kosslick sprach ein Grußwort, Christoph Markschies, Professor für Ältere Kirchengeschichte an der Humboldt-Universität, hielt den Festvortrag. Er hatte diesen unter die Zeile gestellt: »Die Schönheit und Europa«.

Der Jubilar André Schmitz erinnerte in seiner Dankesrede an die Vergangenheit. »Mein Vater musste noch als Achtzehnjähriger in den Krieg ziehen und hat ihn nur knapp überlebt. Meine Mutter hat Teile ihrer frühen Kindheit im Luftschutzbunker verbracht«, sagte er. »Meine Generation, unsere Generation ist jetzt aufgefordert, die Errungenschaften des politisch vereinten Europas, das unsere Mütter und Väter mühsam aufgebaut haben, zu verteidigen und zu sichern; zu verteidigen gegen Menschen, die aus der Geschichte offensichtlich nicht lernen wollen; gegen deutsche Politiker und deutsche Wählerinnen und Wähler, die das Holocaust-Denkmal für eine Schande unseres Landes halten. Wir alle müssen Gesicht zeigen und eintreten für ein Deutschland, das frei von neuer rechter Gewalt ist und für eine Gesellschaft, in der Andersaussehende und -denkende mitten unter uns nicht um ihr Leben fürchten müssen. Ein weltoffenes, demokratisches und solidarisches Europa zu verteidigen – das sind wir uns selbst schuldig.«[194] Er sagte »Europa« und nicht »West-Europa« oder EU.

Und zu Europa gehört auch Russland.

Zu den von mir geschätzten Kontakten rechnete ich auch die zu Wolfgang Ischinger und Horst Teltschik. Ischinger hatte ich als Mitarbeiter von Hans-Dietrich Genscher kennengelernt. Seit 2008 leitete der Diplomat die Münchner Sicherheitskonferenz, in dieser Funktion hatte ich regelmäßig mit ihm zu tun. Er schenkte mir den gedruckten Text seiner Antrittsvorlesung, die er im Mai 2011 als Professor an der Eberhard-Karls-Universität Tübin-

gen gehalten hatte. Darin bezeichnete er die vertrauensvolle Zusammenarbeit mit Russland als »conditio sine
qua non«, also als eine unabdingbare Voraussetzung für
Sicherheit und Frieden auf dem Kontinent.

Horst Teltschik, sein Vorgänger in München und einst
Berater Kohls, fiel mir wiederholt auf mit vernünftigen
Stellungnahmen insbesondere nach der sogenannten
Ukraine- und Krim-Krise. Gemeinsam mit dem General-
inspekteur der Bundeswehr, Harald Kujat, dem Spitzen-
diplomaten Frank Elbe und Bruno Redeker, Vorsitzender
der Carl-Friedrich-von-Weizsäcker-Stiftung, wandte sich
Teltschik im September 2015 mit der Denkschrift »In den
Krisen unserer Zeit« an die Öffentlichkeit. Die vier Vor-
denker verlangten darin eine stärkere Berücksichtigung
der Interessen Russlands bei der Lösung von Konflikten.
Die Welt dokumentierte den Appell unter der Überschrift:
»Keine Sicherheit ohne Russland«[195].

Die Unterzeichner skizzierten darin die gefährliche Lage
in der Welt, die zunehmend von nationalen Interessen
beherrscht werde. »Verträge haben seit je der Verhütung
von Kriegen gedient. Die Gefahr der heutigen Situation
besteht vor allem darin, dass sich die beiden Großmächte
nicht mehr als stabilisierende Führungsmacht übergrei-
fender, wenngleich entgegengesetzter Systeme oder auch
Ideologien, aber doch gegenseitig respektierter strategischer Interessen wahrnehmen, sondern vor allem als Vertreter nationaler Interessen.«[196]

Und Teltschik und seine drei Mitverfasser erinnerten
an das gemeinsame europäische Haus, von dem einst
Gorbatschow geträumt hatte und zitierten das ehemalige sowjetische Staatsoberhaupt. »›Wir stehen an einer
Wegscheide der Beziehung zwischen Amerika und Russland‹, mahnt Michail Gorbatschow eindringlich in einem
kürzlich geführten Interview. Das ›Vertrauen‹, so Gorbatschow, ›dass wir so mühevoll aufgebaut haben‹, steht auf

dem Spiel, u. a. auch das Vertrauen, mit der Abschreckung durch ein unkalkulierbares nukleares Risiko nicht wirklich und im Ernst rechnen zu müssen. Das Gleichgewicht des Schreckens durch die gesicherte nukleare Zweitschlagskapazität der beiden Großmächte mag heute noch oder vielleicht wieder das stärkste Argument der Friedenssicherung sein. Aber dieses Gleichgewicht ist hochgradig instabil. Und die Kubakrise lehrt: Ein Versagen genügt. Das zwingt uns, neue Wege zu gehen. Neue Wege aber liegen zumeist in einer Renaissance, hier in einer Renaissance der Verhandlungen und Verträge, der gegenseitigen Berechenbarkeit und des gegenseitigen Vertrauens.«[197]

Bruno Redeker, der mich wiederholt zu Veranstaltungen der Carl-Friedrich-von-Weizsäcker-Stiftung einlud und dort zu reden bat, was ich gern tat, schenkte mir zum Abschied ein Buch – eine Sammlung von Vorträgen Carl-Friedrich von Weizsäckers, die er herausgegeben hatte. Und er erinnerte mich daran, was ich bei einem Besuch am 10. Juni 2016 vor dem Stiftungsforum erklärt hatte: »Die Ziele unserer Politik gegenüber unseren Partnern, einschließlich Deutschland, haben sich nicht geändert. Wir unterstützen nach wie vor die Schaffung einer Architektur gleicher und unteilbarer Sicherheit im euro-atlantischen Raum.« Er hoffe, sagte Redeker mit einem festen Händedruck, dass dies weiterhin die Politik Moskaus bleibe.

Das konnte ich ihm mit Nachdruck versichern.

Als ich Botschafter in Berlin wurde, berief man Gabor Steingart zum Chefredakteur der in Düsseldorf erscheinenden Wirtschafts- und Finanzzeitung *Handelsblatt.* Er organisierte regelmäßig Konferenzen mit deutschen Wirtschaftskapitänen. Zu der Konferenz im Februar 2016 in Frankfurt am Main lud er mich ein, zu der im folgenden Jahr in Düsseldorf stattfindenden ebenfalls. Der aufgeschlossene Journalist bot mir und meinem chinesischen Botschafter-Kollegen die Möglichkeit, unsere Sichten vorzutragen. Darüber hinaus bat er mich regelmäßig zu Interviews und Hintergrundgesprächen.

Von ganz anderer Denkungsart waren die Exponenten des Springer-Verlages Friede Springer, die letzte Ehefrau des Verlagsgründers, Matthias Döpfner und Kai Diekmann, mit denen ich gelegentlich zu tun hatte. Die politische Ausrichtung des Verlagshauses und der dort erscheinenden Zeitungen war klar proamerikanisch, gleichwohl nahmen sie die Aktivitäten unserer Botschaft zur Kenntnis. Ich wurde häufig um Stellungnahmen und Interviews gebeten, und wenn ich offiziell an Veranstaltungen teilnahm, verschwieg man meine Anwesenheit nicht. So war ich im Axel-Springer-Haus bei der Übergabe des bei Ilja Kabakov in Auftrag gegebenen Bildes »On the way to Communism«. Peter Altmaier, der Kanzleramtsminister, hielt die Laudatio und machte die Präsentation zum Staatsakt. Das zeigte schon, wie kurz der Draht zwischen den Führungen des Verlagshauses und der Bundesrepublik war. Am Abend des 9. November 2014 luden »Helmut Kohl und *Bild*« zum »Botschafter-Dinner«. Mit den Diplomaten der EU-Staaten, den USA, Israels und Russlands feierte das Verlagshaus den 25. Jahrestag des Mauerfalls. Wir durften unsere Unterschriften auf Mauerstücken verewigen und dem im Rollstuhl sitzenden Helmut Kohl die Hand reichen. Anderntags traf der Altkanzler in einem Berliner Hotel Michail Gorbatschow.

Der Widerspruch war nicht zu übersehen zwischen den Umgangsformen der Journalisten und dem, was anderentags in der Zeitung zu lesen war. In den Gesprächen und Diskussionen zeigten sie sich aufgeschlossen und interessiert, sie waren höflich und verständnisvoll und offenkundig neugierig auf das, wie Russland und ich als dessen Vertreter dieses und jenes bewertete. Davon spürte man später im Gedruckten wenig bis nichts. Es kamen meist die üblichen Vorhaltungen, Versatzstücke und Stereotype.

Allerdings gab es, wie immer, auch hier Ausnahmen. Zu ihnen gehörte Michael Stürmer. Wir hatten uns in den siebziger Jahren in Bonn kennengelernt und angefreundet. Stürmer war promovierter Historiker und journalistisch tätig, in den achtziger Jahren bei der *Frankfurter Allgemeinen Zeitung*, dann für die *Neue Zürcher Zeitung*, und seit Ende der neunziger Jahre war er Chefkorrespondent der *Welt* und der *Welt am Sonntag*. In den achtziger Jahren beriet er Kanzler Kohl außenpolitisch und wurde damals auch in den Vorstand der Konrad-Adenauer-Stiftung berufen. Man sagte ihm nach, dass er zu den besten mit den sogenannten Eliten vernetzten Journalisten gehörte. Das mochte zutreffen, er kannte wirklich Hinz und Kunz und hatte von fast jedem die private Telefonnummer. Einmal schrieb er in der *Welt*: »Die Erfahrung lehrt uns, dass es schwierig mit Russland ist. Aber ohne Russland wäre es noch schwieriger.« Ich antwortete ihm: »Obwohl ich nicht mit allen Punkten dieser Aussage einverstanden bin, sind wir uns im Prinzip einig.«

Am 28. November 2017 forderte Stürmer in einem Beitrag in der *Welt* »Eine andere westliche Ostpolitik«. Die Weltordnung sei aus den Fugen, meinte er, und schloss daraus: »Die moderne Welt wird gemeinsam überleben – oder sich selbst zerstören.«[198] Stürmers Haltung zu Russland war nicht eben freundlich, aber nüchtern – was aber immer noch besser war als verbale Attacken und Sanktionen. »Die amerikanische Rechnung, dass wirtschaftliche Schmerzen politische Reue oder gar Systemwechsel bewirken würden, ist nun wirklich nicht aufgegangen. ›It's the economy, stupid‹ ist amerikanisch gedacht, nicht russisch. Es herrscht feindseliges Schweigen und Abwarten, wer zuerst nachgibt.«[199]

In den Jahren meiner Tätigkeit in Berlin bin ich vielen Persönlichkeiten begegnet, deren Bekanntschaft mich auf die eine oder andere Weise bereichert hat. Das betraf sowohl die persönliche als auch die berufliche Seite. Die zwischenmenschlichen Beziehungen und das Dienstliche waren oft miteinander verwoben. Zu jenen, die mir in angenehmer Erinnerung blieben, gehörte Uwe Lehmann-Brauns, der eine Zeitlang die Berliner CDU führte und auch Anwalt war. Er gab 2015 ein Buch[200] heraus, in welchem dreißig Autoren über die Nachkriegszeit, die Teilung der Stadt und deren Aufstieg als deutsche Hauptstadt und europäische Metropole schrieben. Ich lieferte ihm den erbetenen Beitrag »Wie Berlin die Welt verändern kann«.

Sehr häufigen Kontakt hatte ich mit Werner Sonne, einem freundlichen und aufgeschlossenen Fernsehjournalisten, der nach Beendigung seiner Tätigkeit bei der ARD – er ging 2012 mit 65 Jahren in den Ruhestand – schriftstellerisch tätig wurde. Gegen Ende meines Aufenthalts in Deutschland veröffentlichte er ein bemerkenswertes Buch mit dem Titel »Leben mit der Bombe. Atomwaffen in Deutschland«. Darin beschrieb er ausführlich die Rolle der Bundesrepublik Deutschland bei der Einführung, Verbreitung und Begrenzung des Vorrats dieser Waffen. Er nannte die aktuelle Situation um diese Waffen als extrem gefährlich und das politische Klima in der Welt als »wenig optimistisch«.

Den Wunsch nach einem ruhigen und freundlichen Zusammenleben unserer Völker teilte auch Volker Tschapke, erst Präsident, dann Ehrenpräsident der Preußischen Gesellschaft von Berlin-Brandenburg. Diese hatte sich Bewahrung und Pflege »preußisch-fridericianischen Gedankengutes und preußischer Tugenden« ins Statut geschrieben und »dem Ungeist der Aggression, der Menschenverachtung und des Kadavergehorsams« eine Absage erteilt. Tschapke nahm oft an Veranstaltungen in der Botschaft teil, fand stets ein freundliches Wort und lud mich zur Neujahrsversammlung seiner Gesellschaft ins Hilton am Gendarmenmarkt. Das war auch die Geschäftsadresse der Preußischen Gesellschaft. Ich sprach dort am 18. Januar 2015 über die Freundschaft zwischen Russland und Deutschland, welchen Nutzen sie für beide Seiten habe und wie sie zu schaffen sei.

Und natürlich hatte ich auch mit unseren Landsleuten zu tun, die inzwischen in Deutschland lebten oder arbeiteten. Bei meiner Ankunft gab mir die deutsche Seite die Zahl 200 000 an, was ich nicht wirklich glaubte. Ich meine, wir können aktuell von sechs bis sieben Millionen Menschen sprechen, die seit dem Untergang der UdSSR ihre Heimat verließen, nicht immer mit den besten Erinnerungen an die Sowjetunion. Allerdings ändert sich das in den letzten Jahren. Ich registrierte, dass beispielsweise eine beträchtliche Anzahl von nach Israel ausgereisten Juden, einschließlich ehemaliger Kriegsveteranen, wieder in die Heimat zurückkehrten. Auch bei den sogenannten deutschen Spätaussiedlern gab es einen solchen Trend. Die meisten unserer Landsleute integrierten sich jedoch erfolgreich in die deutsche Gesellschaft. Zahlreiche Vereine und Verbände in der BRD boten ihnen Möglichkeiten des Austauschs und der politischen und kulturellen Betätigung. Nicht zum Geringsten trug der »Gesamtdeutsche Koordinationsrat russischer Landsleute« unter der Leitung von Larissa Jurtschenko dazu bei. Das war die bundesweit aktive Vertretung russischsprachiger Bürger in Deutschland. In diesem Netzwerk waren inzwischen über vierhundert Organisationen zusammengeschlossen.

Unbedingt erwähnen muss ich in diesem Kontext Alexander Rahr, deutscher Osteuropa-Historiker, Unternehmensberater, Politologe und Publizist, 1959 als Nachfahre russischer Emigranten in China geboren und in München promoviert. Rahr war und ist Mittler zwischen den Kulturen und in unzähligen Projekten auf diesem Felde eingebunden. Gemeinsam mit Matthias Platzeck initiierte er beispielsweise die Kamingespräche in der russischen Botschaft. Er pflegte eine klare, unverschlüsselte Sprache auch im Umgang mit Russland, was nicht von jedem goutiert wurde. Insbesondere nach der sogenannten Ukraine- und Krim-Krise 2014 wurde er verschiedentlich öffentlich in Deutschland angegriffen und als »Lobbyist des Kreml«[201] denunziert. Der Europapolitiker der Grünen, Werner Schulz, ging noch weiter. »Herr Rahr agiert in Deutschland als eine Art Einflussagent des Kreml«, sagte er der *Welt am Sonntag*.[202] Das alles beeindruckte diesen wunderbaren Menschen nicht. Ich freute mich immer, wenn ich etwas von ihm hörte oder las. Das ist noch immer so.

Zu meinen zahlreichen deutschen Freunden und Bekannten rechne ich auch Andrea von Knoop, eine kluge, aufrichtige, herzliche und immer positiv denkende Frau. Sie war auf Vorschlag von Otto Wolff von Amerongen als Vertreterin der deutschen Wirtschaft in die Deutsch-Russische Außenhandelskammer delegiert worden, deren Ehrenpräsidentin sie inzwischen ist. Und sie war von 1995 bis 2007 Vorstandsvorsitzende des Verbandes der Deutschen Wirtschaft in der Russischen Föderation. Für ihre Verdienste verlieh ihr 2016 Präsident Putin die russische Staatsbürgerschaft. Sie ist zudem Vorstandsmitglied des Deutsch-Russischen Forums. »Russland ist kein Land, das einen lauwarm lässt. Entweder man liebt es oder man hasst es«, erklärte sie einmal in einem Interview. Ihre »Liebesgeschichte« habe 1965 begonnen, als sie unmittelbar nach dem Abitur nach Moskau gefahren sei, um eine Industrieausstellung zu besuchen. Später studierte sie – als Westdeutsche – in der Sowjetunion.[203]

Zu den Aktivposten in der deutsch-russischen Verständigung rechnete ich Andreas Meyer-Landrut, der insgesamt fünf Mal in Moskau als Botschafter arbeitete. Der in Tallinn geborene Sohn einer deutsch-baltischen Industriellenfamilie leitete zwischen 1989 und 1994 das Bundespräsidialamt unter Richard von Weizsäcker und war überdies der Opa der Sängerin Lena Meyer-Landrut, die 2010 den Eurovision Song Contest für Deutschland gewann ... Von 1993 bis 1999 war Andreas Meyer-Landrut Vorsitzender und seit 1999 Ehrenvorsitzender des Deutsch-Russischen Forums.

In diese Kategorie gehört auch Hans-Friedrich von Plötz, der in den Jahren 2002 bis 2005 als Botschafter die BRD in Moskau vertrat. Er war von 2006 bis 2010 Erster Geschäftsführer der Stiftung Deutsch-Russischer Jugendaustausch und dessen engagiertes und organisierendes Zentrum.

Explizit erwähnen will ich den Politiker Michael Glos, einst Bundesminister für Wirtschaft und Technologie und Chef der CSU-Landesgruppe in Berlin. Er wirkte hilfreich und nützlich im Kuratorium der Young Leaders Initiative Deutschland-Russland – Die neue Generation.

Hartnäckig und unermüdlich setzte sich Hermann Sturm, Ehrenpräsident der Union Mittelständischer Unternehmen, für die Entwicklung der russisch-deutschen Wirtschaftskooperation ein.

Zu den besonderen Menschen, die ich während meiner Tätigkeit in Deutschland kennenlernen konnte, gehörten auch Christiane Hoffmann vom *Spiegel,* Alexandra Oetker und Isa von Hardenberg, die mich beide durch ihr soziales Engagement beeindruckten.

Angela Merkel und Joachim Gauck kommen in meiner Liste auch deshalb nicht vor, weil es keine Gespräche mit ihnen gab. Unsere Kontakte beschränkten sich auf den Austausch von Freundlichkeiten am Rande von irgendwelchen offiziellen Begegnungen. In den wenigen persönlichen Wortwechseln hatte ich jedoch den Eindruck, dass ihre Auffassungen erheblich von ihren öffentlich geäußerten politischen Aussagen abwichen.

Der Mitarbeiter der Kanzlerin, Christoph Heusgen, nahm mir gleich zu Beginn die Illusion eines Gedankenaustausches mit Angela Merkel, indem er mir mitteilte, dass das deutsche Protokoll den Empfang von Botschaftern durch den Regierungschef nicht vorsehe. Er vertröstete mich aber darauf, dass er mich bei einer gesellschaftspolitischen Veranstaltung der Kanzlerin vorstellen und ich kurz mit ihr sprechen könne. Dies geschah, unsere Konversation dauerte nicht länger als zehn Minuten. Es blieb mir nicht verborgen, dass mein amerikanischer Kollege ganz anders behandelt wurde.

Bei der Festveranstaltung zum 200. Geburtstag des Firmengründers Werner von Siemens wohnte ich der Rede von Angela Merkel bei. Anschließend überreichten ihr die Siemens-Erben ein Buch.[204] Nachdem die Kanzlerin darin geblättert hatte, kam sie plötzlich auf mich zu, zeigte auf ein Kapitel mit der Überschrift »Russland über alles!« und bat mich, ein Exemplar an Präsident Putin zu übermitteln. Was ich natürlich tat. Ansonsten kamen wir nie auf einen grünen Zweig, sie gehörte unverändert zu unseren scharfen Kritikern und wich kaum von der amerikanischen Linie ab.

Gegen Ende meines Aufenthalts in Deutschland, im November 2017, traf ich Bundespräsident Gauck bei einem Konzert am Gedankenmarkt, das dem berühmten Musiker, Dirigenten, Komponisten und Humanisten Mstislaw »Slawa« Rostropowitsch gewidmet war. Dieser war vor zehn Jahren verstorben. Rostropowitsch hatte Mitte der siebziger Jahre die Sowjetunion verlassen und spielte am 11. November 1989, zwei Tage nach der Maueröffnung, am Checkpoint Charly Johann Sebastian Bach. Die russische Staatsbürgerschaft, die ihm Michail Gorbatschow 1990 nach der Rehabilitierung anbot, lehnte er ab, reiste aber in der Folgezeit oft nach Moskau. Ich hatte Gauck wiederholt gefragt, ob er nicht Russland besuchen wolle, um sich persönlich ein Bild zu machen. Auch an diesem Abend stellte ich ihm diese Frage – mit Hinweis auf Rostropowitsch, der aus dem Land vergrault worden und dennoch immer wieder gekommen war.

Meine Frage blieb unbeantwortet.

Kapitel 7
Gedanken über die Zukunft

Der von mir sehr geschätzte Matthias Platzeck brachte wenige Wochen vor dem 75. Jahrestag der Befreiung ein bemerkenswertes Buch heraus. Der Titel ist ein Aufruf, ein Appell: »Wir brauchen eine neue Ostpolitik«. Deutschland und Russland haben sich entfremdet, eine neue Ost-West-Konfrontation sei ausgebrochen, befand der erfahrene Politiker. Das deutsch-russische Verhältnis gleiche einem Scherbenhaufen.

Wenn ich mich an die unzähligen Kontakte und Verbindungen erinnere, die noch vor wenigen Jahren bestanden und an denen ich aktiv mitgeknüpft und mitgewirkt habe, konnte ich schwerlich widersprechen. In den deutschen Medien, die mir Dank des Internets auch in Moskau zugänglich sind, lese und höre ich mitunter Aussagen und Kommentare, wie sie vor zehn Jahren undenkbar gewesen waren. Nun kann man immer sagen: Das sind die Stimmen einzelner Journalisten, die man nicht überbewerten dürfe. Doch viele Stimmen sind ein Chor. Und dann gibt es noch die Reaktionen von Politikern, wortlos oder wortreich, egal. Sie zielen in die gleiche Richtung. Und nicht nur gegen Russland, sondern auch gegen jene, die für normale, vernünftige Beziehungen mit Russland eintreten. Sie werden als »Putin-« oder »Russland-Versteher« denunziert, als Unterstützer des »hybriden Krieges« gegen die Ukraine und »die Demokratien«. Für alle Probleme und Konflikte in der Welt wird Russland, wahlweise auch China, verantwortlich gemacht.

Im Berliner *Tagesspiegel*, einst ein liberal-bürgerliches Blatt, lebt der Kalte Krieg wieder auf. »Der Kreml nutzt die Corona-Krise aus, um dort weiterzumachen, wo er bereits vor Jahren angefangen hatte: Ziel der fortgesetzten Kampagnen ist es, die westlichen demokratischen Gesellschaften von innen zu erschüttern.«[205] 2014 habe »der Kreml« – eine Benennung, die in der Hochzeit des Kalten Krieges und der Blockkonfrontation gang und gäbe war – »Russlands Intervention in der Ostukraine zu verschleiern und die neue Führung in Kiew als faschistisch darzustellen« versucht, worauf »viele Europäer« noch reingefallen wären. »Doch spätestens der US-Wahlkampf 2016 hat gezeigt, wie die russische Einflussnahme darauf abzielte, das gesellschaftliche Klima zu vergiften. Bereits in der Flüchtlingskrise hatte der Kreml versucht, Einfluss auf die Debatte in Deutschland zu nehmen und die Stimmung aufzuheizen.«

2015 war ich Russlands Botschafter in Berlin. Ich kann mich an keine Stellungnahme, an keine Note oder Rede erinnern, mit der »die Stimmung« aufgeheizt worden wäre. Es gehört nicht zu den Aufgaben von russischen Botschaftern oder der russischen Außenpolitik, sich in die innenpolitischen Belange fremder Länder einzumischen. Die Vorhaltung, russische »Hacker« hätten sich im Regierungsauftrag in Wahlkämpfe eingemischt, wies ich in Interviews, die ich am Ende meiner Dienstzeit in Berlin gab, oder in Talkshows und in anderen Stellungnahmen energisch als unwahr zurück.[206]

Ungeachtet dessen behauptete der Tagesspiegel weiter: »In der Coronakrise beabsichtigen russische Akteure, das Vertrauen der Menschen in das Gesundheitssystem zu beschädigen und Panik und Angst zu verschärfen?«[207]

Warum sollten sie das?

Solche primitiven Thesen besitzen nicht einmal die Höhe eines deutschen Stammtisches.

Der Kern des darunter hockenden Pudels findet sich im letzten Satz: »Zu hoffen wäre, dass auch diejenigen in Deutschland das zur Kenntnis nehmen, die für eine

Normalisierung der Beziehungen zu Putins Russland werben.«[208]

Ich verstehe Platzeck, wenn er angesichts derartiger Desinformationskampagnen deutscher Medien von einem Scherbenhaufen spricht.

Und es ist viel Arbeit nötig, um zerschlagenes Porzellan zu kitten und die Tassen wieder in den Schrank zu räumen, die verloren gingen.

Ich bin optimistisch. Es hat in der Vergangenheit nicht wenige kulturelle und wirtschaftliche Projekte gegeben, von denen beide Seiten profitiert haben. Sie wird es weiter geben. In diesem Jahr noch wird es auf Anregung des Petersburger Dialogs beispielsweise die Ausstellung »Einheit durch Vielfalt. Europäische Kunst in Moskau« öffnen. Und ich bin der Überzeugung, dass die deutsche Wirtschaft nicht nur die Kraft, sondern auch den Willen hat, die Zusammenarbeit mit Russland fortzusetzen und auszubauen.

Im März 2016 antwortete Altbundeskanzler Gerhard Schröder unter vier Augen auf meine Frage, welchen Ausweg er aus der Krise in den Beziehungen zwischen Russland und Deutschland sehe. Er meinte, es sei vor allem notwendig, die Handels- und Wirtschaftskomponenten zu stärken und die Kontakte zwischen kleinen und mittleren Unternehmen, Familienbetrieben und den Industrieverbänden umfassender und effektiver zu gestalten. Das Business sei wie Wasser, es findet immer seinen Weg.

In dieser Hinsicht ist die Tätigkeit der Deutsch-Russischen Außenhandelskammer in Russland zu loben, die nahezu alle in unserem Land tätigen deutschen Unternehmen vereint und vertritt. Ich bin sicher, dass es durch diese Einrichtung sowie unmittelbar durch den Ost-Ausschuss der Deutschen Wirtschaft – Osteuropa-Verein durch Rat und Hilfe möglich sein wird, diesen bedeutenden Teil der Wirtschaft in unserem Land erfolgreich zu entwickeln.

Und nicht nur in der Industrie. Von der deutschen Land- und Fortwirtschaft – auch in Hinblick auf ökologische Aspekte – lässt sich viel lernen. Auch dort sollten wir uns zusammensetzen.

Auf den vorangegangenen Seiten habe ich die verschiedenen Bereiche und die angeschobenen Vorhaben erwähnt. Das muss ich hier nicht wiederholen. Und auch wenn davon manches auf Eis oder als Scherben auf dem Boden liegt, müssen wir nicht so tun, als sei es nicht existent. Wir sollten auch Neues probieren. Es wäre zum Beispiel die Frage zu stellen, warum es zum Goethe-Institut in Russland nichts Analoges in Deutschland gibt. Ich erinnere mich, dass zu Beginn meines Aufenthalts in Deutschland von kompetenter russischer Seite der Vorschlag kam, ein Puschkin-Institut in Deutschland zu schaffen. Die Idee blieb auf der Strecke.

Sinnvoll wäre es auch, den Deutschen unsere Bewegungen und Parteien vorzustellen, Kenntnisse über unser politisches System zu vermitteln. Und wir sollten darüber nachdenken, ob man wie in Deutschland parteinahe Stiftungen schafft, die – wie die deutschen parteinahen Stiftungen – in Deutschland (und in anderen Ländern) Repräsentanzen einrichten.

Es sollten viele Kanäle geschaffen werden, die einen vordringlichen Zweck erfüllten: aufklären, aufklären, aufklären!

Es gibt ein indisches Sprichwort, das mir sehr gefällt, weil es einen komplexen Sachverhalt mit einfachen Worten benennt: Nur der Unwissende wird böse. Der Weise versteht.

Schlusswort

Am Ende meines Textes möchte ich noch einmal auf meinen verehrten Lehrer Julij Kwizinski zurückkommen. Er hatte mir auf den Weg nach Berlin mitgegeben: »Man muss davon ausgehen, dass es in den russisch-deutschen Beziehungen nichts Unerschütterliches, Dauerhaftes, Endgültiges gibt.«

Ich teile diese Auffassung und schaue dennoch zuversichtlich in die Zukunft, wenngleich es aktuell kaum Indikatoren gibt, die auf eine spürbare Verbesserung der Beziehungen in der nächsten Zeit hinweisen. Aber dass plötzlich gravierende Veränderungen im gesellschaftlichen Leben eintreten können, die vorher als unmöglich erschienen, hat die Pandemie mit dem Corona-Virus nachdrücklich bewiesen. Plötzlich standen fast alle Räder still, das öffentliche Leben kam zum Erliegen. Und trotzdem wird sich irgendwann unser Leben auch wieder normalisieren, aber es wird gewiss anders sein als zuvor.

Die internationalen Beziehungen werden auch eines Tages gesunden. Aber das in den letzten Jahren zerstörte wechselseitige Vertrauen, in jahrzehntelanger mühsamer diplomatischer Arbeit entwickelt, wird nicht in kurzer Zeit wieder hergestellt werden. Verlässlichkeit und Berechenbarkeit sind erst einmal dahin.

Ich will eine Prognose wagen.

Trotz aller Verwerfungen hat die Zusammenarbeit zwischen Russland und Deutschland ein hohes Niveau, Ausmaß und Qualität übertreffen frühere Indizes. Der wechselseitige Besucherverkehr hat zugenommen, auch die Assimilation unserer Bürger und die Integration in die jeweils andere Gesellschaft. Das sind Faktoren, die auf lange Sicht Folgen haben werden.

Und dann gibt es noch den amerikanischen Faktor. So lange die USA so sind, wie sie sind, und sich die deutsche

Führung nicht als Partner, sondern als deren Mündel fühlt und auch so handelt, sich also nicht emanzipiert, wird sich nur schwerlich etwas ändern. Otto von Bismarck, der deutsche Reichskanzler, war keineswegs ein Friedensfürst, die Geburt des deutschen Kaiserreichs war eine blutige Angelegenheit. Aber er handelte strategisch weitsichtig und geopolitisch bedächtig. Das imponierte auch Gerhard Schröder, der in einem *Spiegel*-Gespräch zum 200. Geburtstag des Eisernen Kanzlers 2015 erklärte: Bismarck »zählte zu denjenigen, die die preußischen Militärs zur Zurückhaltung mahnten und von einem Präventivkrieg, insbesondere gegen Russland, abhielten«.[209] Und auch der Zwiespalt in der aktuellen deutschen Politik sei nichts Neues, wie Schröder bemerkte. »Bei ihm – und im deutschen Konservatismus sowieso – hat es immer beides gegeben: die Angst vor den Russen und eine russlandfreundliche Position, die aus unseren vielen kulturellen Gemeinsamkeiten resultiert, bei der Literatur etwa oder der Musik.«[210]

Auf die Frage, warum die Russen so allergisch auf die Politik des Westens reagieren, sagte Schröder: »Sie müssen sehen: So lange ist es ja noch nicht her, dass bis zu 30 Millionen Menschen im Zweiten Weltkrieg umgekommen sind. Dass Russland Einkreisungsängste hat, kann doch nicht fraglich sein. Die sind nicht neu und beziehen sich weniger auf die EU als vielmehr auf die NATO. Ich fand es weitsichtig, dass die Bundesregierung 2008 verhindert hat, dass die Ukraine in die NATO aufgenommen wird, wie es die Amerikaner wollten. Dass deren Vorgehen russische Ängste hervorruft, kann man nicht ernsthaft bestreiten.«[211] Und Schröder erklärte weiter: »Wenn man einem so großen Land wie Russland, das ja etliche Erfahrungen in seiner Geschichte hat machen müssen, mit einem Bündnis, das aus dem Kalten Krieg stammt, so nahe rückt, darf man sich über empfindliche Reaktionen nicht wundern. Vergessen Sie nicht: Mit dem Ende der Sowjetunion hat der Warschauer Pakt aufgehört zu existieren, während die NATO nicht nur weiterbestand, sondern sich erheblich nach Osten ausgedehnt hat.«²¹²

Auf die Frage der *Spiegel*-Journalisten, ob es »eine Spaltung zwischen Amerikanern und Europäern in der Russland-Politik« gebe, stellte der ehemalige Kanzler der Bundesrepublik Deutschland klar: »Es gibt kein gemeinsames Interesse des Westens. Die Amerikaner sehen in der Auseinandersetzung mit Russland ein globales Problem. Man will keinen weiteren Konkurrenten neben China. Die Europäer hingegen wissen aus historischer Erfahrung, dass es immer dann gut ging, wenn es einen Ausgleich mit Russland gab, und immer schwierig wurde, wenn der fehlte. Das allerdings wusste schon Bismarck.« Schröder bekräftigte abschließend erneut: »Europa, gerade auch Deutschland, braucht Russland, und Russland braucht Europa. An dieser Tatsache hat sich seit den Tagen Otto von Bismarcks nichts geändert.«²¹³

Auch andere Quellen sind der Auffassung, dass es die Strategie der USA sei, einen Keil zwischen Westeuropa und Russland zu treiben. Das Ziel der USA seit über hundert Jahren war und ist, eine gute wirtschaftliche Zusammenarbeit zwischen dem Technologie-Land Deutschland und dem Ressourcen-Giganten Russland zu verhindern, denn eine Kombination aus deutschem Ingenieurwissen und russischen Rohstoffen könnte die weltbeherrschende Dominanz der USA empfindlich stören. George Friedman, ein Vertreter des *Chicago Council on Global Affairs*, ein führender Thinktank, erklärte 2015 unumwunden: »Also, das primäre Interesse der Vereinigten Staaten durch das letzte Jahrhundert hindurch – also im Ersten, Zweiten und im Kalten Krieg – sind die Beziehungen zwischen Deutschland und Russland gewesen, denn vereinigt wären diese beiden die einzige Macht, die uns bedrohen könnte – und daher sicherzustellen, dass das nicht passiert.«²¹⁴

Eine solche Politik zwingt uns, über konkrete Maßnahmen nachdenken, um die sichtbaren positiven Trends für die Zukunft zu bewahren. Meiner Meinung nach macht es Sinn, zunächst mit dem Erreichen einer russisch-deutschen politischen Einheit zu beginnen, bei einer vollständigen Absage an eine sowohl einseitige wie auch kollektive Bestrebung nach dominierenden Positionen in Europa sowie in der ganzen Welt. In dieser Hinsicht traten bemerkenswerte Symptome auf, unter anderem als individuelle Empfindungen. Eine meiner langjährigen Bekannten war und ist Margarita Mathiopoulos, Publizistin, Geschäftsfrau und lange Zeit im FDP-Apparat tätig. Sie erlangte bundesweite Bekanntheit, als 1987 der SPD-Vorsitzende Willy Brandt die damals Parteilose als Sprecherin der SPD nominierte, was heftige Reaktionen auslöste. Um Brandt nicht zu schaden, zog Mathiopoulos ihre Bewerbung zurück. Gemeinsam mit Sabine Leutheusser-Schnarrenberger und Eicke Weber verfasste sie ein Liberales Manifest, das sie im *Handelsblatt* kurz vor den Bundestagswahlen 2017 veröffentlichte.[215] Darin erinnerten die drei Liberalen an die Vergangenheit: »Die verlässliche deutsche Außenpolitik in den letzten vierzig Jahren war vor allem durch die Liberalen Walter Scheel und Hans-Dietrich Genscher geprägt. Ihr Erfolg war die Fähigkeit, die eigenen Interessen mit den Interessen anderer zu verbinden. Dem Architekten der deutschen Einheit, Helmut Kohl, gelang diese meisterhafte diplomatische Inszenierung gemeinsam mit Hans-Dietrich Genscher nicht zuletzt deshalb, weil sie den Amerikanern und Russen sowie den Europäern ein europäisches Deutschland garantierten und ein deutsches Europa ausschlossen.«

Das liberale Selbstlob einmal beiseite gestellt: Die Botschaft passt voll und ganz zu den Vorstellungen über unsere gemeinsame Zukunft. Ein sehr nützlicher Schritt in dieser Hinsicht könnte beispielsweise die Verwirklichung der Idee eines einheitlichen Wirtschaftsraumes von

Lissabon bis Wladiwostok sein, die mit der Intensivierung der Zusammenarbeit zwischen der 2015 formierten *Eurasischen Wirtschaftsunion* (EAWU), der 2001 gegründeten *Shanghaier Organisation für Zusammenarbeit* (SOZ) und dem *Verband Südostasiatischer Nationen* (AEAN) bereits begann. Es geht um die Schaffung einer globalen Sicherheitsstruktur unter Einschluss der Vereinigten Staaten von Amerika – auf gleichberechtigter Basis und nicht nach dem Prinzip »America first«. Dafür brauchen wir einen Übergang zu Prinzipien des Miteinanders, zu einer guten Nachbarschaft, die diese Bezeichnung auch verdient. Dazu müssen die Russen wie die Deutschen ihren Beitrag leisten.

Immanuel Kant, der große deutsche Philosoph, der in Königsberg lebte, das heute Kaliningrad heißt und zur Russischen Föderation gehört, äußerte sich in seiner Altersschrift »Zum ewigen Frieden«, ob und wie ein dauerhafter Frieden zwischen den Staaten möglich sei. Ja, sagte er, dazu müssten die von der Vernunft geleiteten Maximen eingehalten werden. Womit klar ist, dass für Kant Frieden kein natürlicher Zustand zwischen den Menschen war, sondern gestiftet und abgesichert werden sollte. Das sei Sache der Politik – die dabei alle anderen Interessen einem allgemeingültigen, also weltweit geltenden Rechtssystem unterordnen müsste. Dieser Gedanke ging in die Charta der Vereinten Nationen ein, und Willy Brandt goss ihn in die verständliche Formel: Frieden ist nicht alles – aber ohne Frieden ist alles nichts.

Am 22. April 2024 begehen wir den 300. Geburtstag von Immanuel Kant. Ein guter Anlass, in Russland und in Deutschland, in Europa und in anderen Regionen über diese Vorstellung nachzudenken. Und gemeinsam zu feiern.

Personenverzeichnis

Anmerkungen

1   Im April/Mai 1940 waren in einem Wald bei Katyn, zwanzig Kilometer vor Smolensk, über viertausend polnische Offiziere erschossen worden. Dabei handelte es sich vermutlich auch um einen Reflex auf den Umgang mit russischen Soldaten, die während des polnisch-sowjetischen Krieges 1919–1921 in polnische Gefangenschaft geraten waren. In jenem Krieg hatte das wiedererstandene Polen Territorien jenseits der Curzon-Linie erobert, die in Versailles als Polens Ostgrenze bestimmt worden war. Die polnische Zeitschrift *Newsweek Polska* veröffentlichte am 27. September 2009 einen Beitrag, in dem sich der Verfasser auf das Tagebuch von Kazimierz Switalski, Sekretär und Adjutant des seinerzeitigen polnischen Staatschefs, Marschall Piłsudski, berief: »Nach der Niederlage der von Michail Tuchatschewski befehligten Armee bei Warschau waren rund 110 000 Rotarmisten gefangengenommen worden. Für sie wurde ein ganzes Netz von Konzentrationslagern – in Brest, Lukow, Wadowice, Dabie, Tuchola und Strtalkowo – errichtet. Die Häftlinge wurden durch Hunger gequält und gefoltert, hatten praktisch keine Kleidung und erhielten keine medizinische Hilfe.« Die polnische Zeitschrift bezeichnete die Haftbedingungen für die Rotarmisten als »polnische Infamie« und führte ein Zitat von Switalski an: Es war »die harte und mitleidslose Liquidierung der Gefangenen durch unsere Soldaten«. Resümierend hieß es in dem Text: »Hinter dem Stacheldraht der polnischen Konzentrationslager starben sowjetische Kriegsgefangene wie die Fliegen. In der für die Häftlinge schlimmsten Zeit – im Winter 1920/21 – waren es Tausende.« Die Zahl der in den genannten polnischen Lagern Umgekommenen ist nicht bekannt. Eine Delegation des Internationalen Roten Kreuzes inspizierte das Internierungslager Nr. 7 bei Tuchola, dort soll die Sterberate allein im Winter 1920/21 bei 25 Prozent gelegen haben. Die Rotkreuz-Kommission kehrte nicht zurück. Die Leichen der Inspizienten fand man unweit des Lagers. Der Mord wurde nie aufgeklärt ...
Das alles gehört zum Hintergrund des Massakers im Wald von Katyn keine zwanzig Jahre später. Dieses Wissen entschuldigt nichts – hilft aber verstehen, warum es seinerzeit zu dem auch von Präsident Putin als »Verbrechen« bezeichneten Massenmord kam

2   Verbreitet am 18. April 2010, *https://www.nybooks.com/contributors/adam-michnik/*. Michnik hatte darin u. a. geschrieben: »Die Geschichte hat Polen und Russen oft getrennt. Auf beiden Seiten wurden die Herzen dann von Hass und Unverständnis erfüllt. Häufige Schmerzen, häufige Tränen und allgemeine Trauer sind in der Lage, es zu ändern. Selbst in den schwierigsten Momenten unserer gemeinsamen Geschichte gab es auf beiden Seiten Menschen, die in der Lage waren, sich über die Ressentiments zu erheben. (...) Heute entsteht aus dem Blut, das vor siebzig Jahren in Katyn und am vergangenen Samstag in Smolensk vergossen wurde, eine authentische Gemeinschaft polnischer und russischer Schicksale. Wir danken Ihnen, Moskauer Brüder, für Ihr Mitgefühl, Ihr Verständnis, Ihre spontane Solidaritätsbekundungen und all die Hilfe, die mit dieser Katastrophe verbunden ist.«

3   Das »Weimarer Dreieck« war bei einer Begegnung der Außenminister Hans-Dietrich Genscher, Roland Dumas und Krzysztof Skubiszewski im August 1991 als loses außenpolitisches Gesprächs- und Konsultationsforum gebildet worden. Nach der Ostausdehnung der EU 2004 weitete es sich immer mehr zu einem Gesprächsforum gleichberechtigter Partner, die aktuelle europapolitische Fragen erörterten

4   Der Petersburger Dialog war 2001 von Bundeskanzler Gerhard Schröder und Präsident Wladimir Putin als bilaterales Diskussionsforum ins Leben gerufen worden, um die Verständigung zwischen den Zivilgesellschaften beider Staaten zu fördern

5   Wortprotokoll der Rede Wladimir Putins im Deutschen Bundestag am 25. September 2001, auf: *https://www.bundestag.de/parlament/geschichte/ gastredner/putin/putin_wort-244966*

6   Bis 2015 sollte Skolkovo entstehen. Der Berliner *Tagesspiegel* schrieb in seiner Ausgabe vom 5. März 2012: »Russland stampft vor den Toren Moskaus die Wissenschaftsstadt Skolkovo aus dem Boden. Bis zu 30 000 Menschen sollen dort forschen, studieren und leben, Spitzenforscher aus aller Welt angelockt werden. Auch Berliner Unis sind mit dabei.« Russland werde jährlich dafür anderthalb Milliarden Dollar investieren, in den kommenden drei Jahren würden zusätzlich weitere zwei Milliarden in die Infrastruktur gesteckt werden, hieß es in dem Beitrag

7   Aufschlussreich die gemeinsame Pressekonferenz von Präsident Medwedew und Bundeskanzlerin Merkel, siehe: *https://archiv.bundesregierung. de/archiv-de/dokumente/pressekonferenz-zu-den-12-deutsch-russischen- regierungskonsultationen-von-praesident-dmitrij-medwedew-und-bundes- kanzlerin-merkel-in-jekaterinburg-842894*

8   Christian Wulff, Jahrgang 1959, Rechtsanwalt und CDU-Mitglied, war von 2003 bis 2010 Ministerpräsident des Landes Niedersachsen. Die Bundesversammlung, in der die Wahlmänner und -frauen der Regierungsparteien CDU, CSU und FDP die Mehrheit bildeten, wählten ihn – in der Nachfolge des zurückgetretenen Bundespräsidenten Horst Köhler – am 30. Juni 2010 ins höchste deutsche Staatsamt. Am 17. Februar 2012 trat er wegen einer medial aufgebauschten Kredit-Affäre zurück

9   Während der Leningrader Blockade durch die Wehrmacht verhungerten mehr als eine Million Menschen in der Stadt, dies war ein deutsches Kriegsverbrechen. Der Sammelfriedhof in Sologubowka wurde zwischen 1996 und 2000 angelegt und soll bis zu 80 000 Gräber aufnehmen, womit er die weltweit größte deutsche Kriegsgräberstätte sein wird. Auf der fünf Hektar großen Anlage befinden sich noch ein Friedenspark und die Kirche Mariä Himmelfahrt. Die 1851 errichtete Kirche war bei der Belagerung als deutsches Lazarett genutzt, beim Rückzug zerstört, von Deutschland wieder aufgebaut und 2003 der russischen Gemeinde übergeben worden

10   Der FDP-Politiker Guido Westerwelle (1961–2016) war von 2009 bis 2013 Außenminister und Vizekanzler in der konservativ-liberalen Koalition. Bei seinem Moskau-Besuch sprach er am 1. November 2010 vor der Vereinigung Russischer Juristen. Dort erklärte er: »Die Beziehungen zwischen Deutschland und Russland haben heute eine Intensität erreicht, wie man sie noch vor zwanzig Jahren kaum für möglich gehalten hätte. Die wirtschaftliche Verflechtung, die politische Zusammenarbeit, der kulturelle Austausch, die zivilgesellschaftlichen Kontakte – in allen Bereichen stehen unsere Beziehungen heute auf einem breiten und soliden Fundament. Mir liegt viel an einer weiteren Annäherung zwischen Russland und Deutschland, zwischen Russland und der Europäischen Union, ja dem Westen insgesamt. Von seiner Geschichte, seiner Geographie, seiner Kultur ist Russland unzweifelhaft Teil der europäischen Familie.«

11 OMV ist neben Wintershall, Shell, den deutschen Energieunternehmen Uniper und dem französischen Engie sowie Gazprom Investor von Nord Stream 2

12 Als von der 2100 Kilometer langen Ostseepipeline Nord Stream 2 bereits 1800 Kilometer verlegt waren, verhängte US-Präsident Trump kurz vor Weihnachten 2019 Sanktionen gegen die am Bau beteiligten Firmen, so gegen das schweizerisch-niederländische Unternehmen »Allseas«, das die Spezialschiffe betreibt, welche die Rohre verlegen. Die Bundesregierung wies diese Maßnahmen als »Einmischung in unsere inneren Angelegenheiten« noch am gleichen Tag zurück. Die Regierungspartei SPD kritisierte durch ihren Fraktionschef Rolf Mützenich, dass dieser Sanktionsbeschluss »erheblich in die energiepolitische Souveränität der Europäischen Union« eingreife und das transatlantische Verhältnis weiter belaste. Er erklärte: »Die EU und Deutschland sind für Trump offenbar keine verbündeten Partner, sondern tributpflichtige Vasallen. Eigenständigkeit werde sanktioniert. Diesen erpresserischen Methoden werden wir uns nicht beugen.«

13 Julij Kwizinski (1936–2010) war 1990/91 Vize-Außenminister der UdSSR und sowjetischer Verhandlungsführer bei den amerikanisch-sowjetischen Gesprächen über Begrenzung und Abbau von Kernwaffen in Europa in den achtziger Jahren. Von 1986 bis 1990 war er Botschafter in der BRD, von 1997 bis 2003 in Norwegen. Zu Beginn der siebziger Jahre war Kwizinski an den Verhandlungen zum Berliner Viermächte-Abkommen beteiligt gewesen. Seit 2003 gehörte er der KP-Fraktion in der Moskauer Duma an. Die aktuelle Weltpolitik sah er als Stellvertretender Vorsitzender des Außenpolitischen Ausschusses des Parlaments laut *Spiegel*-Nachruf vom 8. März 2010 als »altes Theaterstück mit neuen Schauspielern vor neuem Publikum«

14 Mit den Angelsachsen meinte Kwizinski nicht nur die USA und Großbritannien, das im Januar 2020 die Europäische Union verlassen hat. Er bezeichnete damit die sogenannte »westliche Wertegemeinschaft«. Der erste Bundeskanzler, Konrad Adenauer, reklamierte für sich, der einzige Staatsmann zu sein, dem die Beziehungen zu den westlichen Demokratien wichtiger gewesen sind als die Einheit seines Volkes, womit er nicht nur die Spaltung Deutschlands (und seinen persönlichen Beitrag dabei), sondern auch die einseitige Bindung Westdeutschlands an den Westen begründete

15 Als ein Indiz kann der beachtliche Zuspruch auf das 2019 erschienene Buch des letzten Staats- und Parteichefs der DDR gelten. Egon Krenz reflektierte unter dem Titel »Wir und die Russen« kritisch und selbstkritisch das Verhältnis zwischen der DDR und der Sowjetunion, zwischen der SED und der KPdSU in den siebziger und achtziger Jahren. Zu den vielen Lesun-

gen kamen Tausende, allein bei der Buchpremiere im Haus der Russischen Kultur und Wissenschaft in Berlin im Sommer 2019 wurden mehr als fünf-hundert Menschen gezählt. Die Wahrnehmung durch die Medien war er-staunlich. Das Buch schaffte es sogar bis in die Spiegel-Bestsellerliste. Die Diskussionen machten sehr deutlich, dass mehrheitlich die konfrontative Politik der Bundesregierung abgelehnt wurde und der Wunsch nach einer Verbesserung der Beziehungen zu Russland groß ist. Umfragen bestätigen, dass 70 bis 85 Prozent der Deutschen von der Bundesregierung eine Ver-besserung der Beziehungen zu Russland wünschen

16 Vgl. *https://www.bundestag.de/dokumente/textarchiv/2012/41410731_kw45_angenommen_abgelehnt-209908*

17 Vgl. *http://dip21.bundestag.de/dip21/btd/17/113/1711327.pdf*

18 Vgl. *http://dip21.bundestag.de/dip21/btd/17/110/1711005.pdf*

19 ebenda

20 Südossetien und Abchasien, zwei Kaukasusregionen, hatten sich Anfang der neunziger Jahre für unabhängig erklärt, wurden aber von keinem Staat anerkannt. Russland erleichterte naturgemäß allen ehemaligen Sowjet-bürgern die Einbürgerung, wovon die Mehrheit der Abchasier und Südos-seten (85 Prozent) Gebrauch gemacht hatten. Das benachbarte Georgien diente sich den USA als Verbündeter in der »Koalition der Willigen« im Dritten Golfkrieg an, und die USA rüsteten Georgien auf, weil sie das Land als Brückenkopf zur Durchsetzung ihrer strategischen Interessen in Mit-telasien und gegenüber dem Iran brauchten. Seit dem Frühsommer 2008 mehrten sich bewaffnete Provokationen und Konflikte in dieser Region. Die zum Schutz der russischen Staatsbürger in Südossetien abkomman-dierten russischen Friedenstruppen wurden schließlich von georgischen Streitkräften angegriffen, worauf Moskau den UN-Sicherheitsrat anrief. Nach fünf Tagen endeten die kriegerischen Auseinandersetzungen, die während der Olympischen Sommerspiele in Beijing stattfanden, mit einem Sechs-Punkte-Plan für Transkaukasien, der vom Frankreichs Prä-sident Nicolas Sarkozy in seiner Eigenschaft als Präsident des Europäi-schen Rates vorgeschlagen worden war. NATO-Führung und EU hingegen forderten den Abzug der russischen Truppen aus der Region, setzten die direkten Kontakte im NATO-Russland-Rat bis auf Weiteres aus und woll-ten Georgien im Rahmen der NATO-Osterweiterung in den Militärpakt aufnehmen. Das aber wurde von der Mehrheit der NATO-Mitgliedslän-der abgelehnt. Georgien habe »durch den Krieg mit Russland Zweifel an seiner NATO-Reife geweckt. Vor allem an Georgiens Präsident Micheil Saakaschwili gibt es erhebliche Kritik«, begründete das Handelsblatt am 1. Dezember 2008 das Scheitern der US-Pläne

21 *Die Zeit* vom 16. November 2012

22 ebenda

23 *Süddeutsche Zeitung* vom 26. März 2014

24 »Ukraine: Die Wahrheit über den Staatsstreich. Aufzeichnungen des Mi-nisterpräsidenten Nikolai Asarow«, Das Neue Berlin, Berlin 2015, S. 16

25 ebenda, S. 38/39

26 Zit. in: »Steinmeier sieht Sicherheit aller Europäer in Gefahr«, in: *Spiegel* vom 27. August 2008

27 »Nach zehn Jahren hat die Östliche Partnerschaft nicht immer zu der er-
    hofften Annäherung geführt«, in: *Das Parlament* vom 13. Mai 2019
28 »Als Endziel setzen wir uns die Abschaffung des Staates, d. h. jeder or-
    ganisierten und systematischen Gewalt, jeder Gewaltanwendung gegen
    Menschen überhaupt. Wir erwarten nicht, dass eine Gesellschaftsordnung
    anbricht, in der das Prinzip der Unterordnung der Minderheit unter die
    Mehrheit nicht eingehalten werden würde. Doch in unserem Streben zum
    Sozialismus sind wir überzeugt, dass er in den Kommunismus hinüber-
    wachsen wird und dass im Zusammenhang damit jede Notwendigkeit der
    Gewaltanwendung gegen Menschen überhaupt, der UNTERORDNUNG
    eines Menschen unter den anderen, eines Teils der Bevölkerung unter
    den anderen verschwinden wird, denn die Menschen werden sich daran
    GEWÖHNEN, die elementaren Regeln des gesellschaftlichen Zusammen-
    lebens OHNE GEWALT und OHNE UNTERDRÜCKUNG einzuhalten«, in:
    W. I. Lenin: Staat und Revolution, Lenin Werke, Bd. 25, Berlin 1972
29 Manfred Schünemann: Zerbricht die Ukraine? Krisen, Konflikte und Krieg
    seit der Unabhängigkeit 1991. Ursachen und mögliche Folgen, Berlin 2017,
    S. 120f.
30 Zit. ebenda
31 Zit. in: »UN verurteilen Krim-Annexion als illegal« in: *Die Welt* vom
    27. März 2014
32 ebenda
33 Amtsblatt der Europäischen Union vom 12. September 2014, siehe: *https://
    eur-lex.europa.eu/legal-content/DE/TXT/PDF/?uri=OJ:L:2014:271:FULL&fro
    m=DE*
34 »Die Sanktionsspirale dreht sich weiter« in: *Deutschlandfunk* vom 12.
    September 2014 auf: *https://www.deutschlandfunk.de/ukraine-konflikt-die-
    sanktionsspirale-dreht-sich-weiter.2852.de.html?dram:article_id=297321*
35 Zit. in: *Der Spiegel* vom 13. März 2014
36 In: »Petersburger Dialog« auf Druck des Kanzleramtes verschoben, in:
    Frankfurter Allgemeine Zeitung vom 20. November 2014, auf: *https://www.
    faz.net/aktuell/politik/ausland/dialog-mit-russland-petersburger-dialog-
    auf-druck-des-kanzleramts-verschoben-13276902.html*
37 Auch »Minsk II« genannt, nachdem die Zusammenfassung der Ergebnisse
    von Beratungen von Vertretern der Ukraine, Russlands und der Organisa-
    tion für Sicherheit und Zusammenarbeit in Europa (OSZE) im September
    2014 als »Minsk I« bezeichnet worden war
38 Zit. in: »Steinmeier am 7. Mai nach Wolgograd« in: *Neues Deutschland* vom
    25. April 2015
39 Zit. in: »Verständigung über alte Feindbilder stellen« in: *Der Tagesspie-
    gel* vom 7. Mai 2015, auf: *https://www.tagesspiegel.de/politik/steinmeier-
    und-lawrow-in-wolgograd-verstaendigung-ueber-alte-feindbilder-stel-
    len/11747508.html*
40 Zit. in: Kreml lobt »konstruktives« Gespräch mit Merkel und Hollande, in:
    Süddeutsche Zeitung vom 7. Februar 2015, auf: *https://www.sueddeutsche.
    de/politik/friedensplan-fuer-ukraine-kreml-lobt-konstruktives-gespraech-
    mit-merkel-und-hollande-1.2339385*
41 Vgl. *https://www.bundeskanzlerin.de/bkin-de/aktuelles/pressekonferenz-*

von-bundeskanzlerin-merkel-und-staatspraesident-putin-am-10-mai-2015-in-moskau-848730

42 ebenda

43 ebenda

44 Zit. in: »Keine Annexion der Krim« in: *Frankfurter Allgemeine Zeitung* vom 3. Juni 2015, auf *https://www.faz.net/aktuell/politik/ausland/russland-ruegt-angela-merkels-wortwahl-zur-annexion-der-krim-13627911.html*

45 *Zeit online* vom 15. August 2016, auf: *https://www.zeit.de/politik/ausland/2016-08/us-wahl-donald-trump-islamischer-staat-terror-bekaempfung*

46 Zit. in: »Trump steht noch mal zur Wahl«, in: *Neue Zürcher Zeitung* vom 19. Dezember 2016, auf: *https://www.nzz.ch/international/praesidentschaftswahlen-usa/kommt-es-doch-noch-zu-einer-ueberraschung-bei-trump-der-praesident-wird-erst-heute-gewaehlt-ld.135479*

47 *Zeit online* vom 18. Dezember 2016, auf: *https://www.zeit.de/politik/ausland/2018-12/us-wahl-2016-russland-einmischung-soziale-medien*

48 ebenda

49 Zit. in: »Ende der Sanktionen gegen Russland gefordert«, in: *Zeit online* vom 21. November 2016, auf: *https://www.zeit.de/wirtschaft/2016-11/sanktionen-russland-ost-ausschuss-deutsche-wirtschaft*

50 Vgl. *https://www.bmwi.de/Redaktion/DE/Meldung/2016/20161102-strategische-arbeitsgruppe-fuer-wirtschaft-und-finanzen-tagt-in-moskau.html*

51 Vgl. *https://www.bundesrat.de/SharedDocs/texte/16/20160622-gedenken-ueberfall-sowjetunion.html*

52 Zit. in: »USA verhängen Sanktionen gegen Russland«, in: *Zeit online* vom 29. Dezember 2016, auf: *https://www.zeit.de/politik/ausland/2016-12/hacker-angriffe-usa-weisen-35-russische-diplomaten-aus*

53 ebenda

54 Zit. in: »Spalte und herrsche«, in: *Der Spiegel* vom 17. Januar 2017, auf: *https://www.spiegel.de/politik/ausland/donald-trump-und-europa-spalte-und-herrsche-a-1130200.html*

55 Zit. in: Merkel: »Wir sind unterschiedlicher Meinung«, in: *Deutschlandradio* vom 2. Mai 2017, auf: *https://www.deutschlandfunk.de/kanzlerin-bei-putin-merkel-wir-sind-unterschiedlicher.2852.de.html?dram:article_id=385126*

56 Bei der Begegnung mit Putin hatte Gauck für einen Eklat gesorgt. Der Bundespräsident »forderte die Russen zu Scham, Trauer und Reue auf, wenn sie sich mit der Vergangenheit der kommunistischen Diktatur beschäftigen. Russland, so die Botschaft des ehemaligen Beauftragten für die Stasi-Unterlagen, solle sich in Sachen Vergangenheitsbewältigung ein Beispiel an Deutschland nehmen«, entrüstete sich der *Spiegel* über diese Anmaßung. »Darf ein deutscher Präsident solche Lehrstunden erteilen? Es war ein Tabubruch.«

57 ebenda: In dem gleichen Beitrag hieß es an anderer Stelle, »die Eiszeit zwischen Berlin und Moskau (habe) eine neue Kältestufe« erreicht

58 1517 hatte Luther seine Thesen an die Tür der Schlosskirche in Wittenberg genagelt. 500 Jahre später wurde in Deutschland und anderen Ländern ein »Reformationsjahr« begangen

59 Zit. in: »Steinmeier und Putin werben für deutsch-russische Annäherung«, in: *Zeit online* vom 25. Oktober 2017, auf: *https://www.zeit.de/news/2017-*

10/25/bundespraesident-steinmeier-will-mit-russland-neues-vertrauen-auf-
bauen-25100402

60 Vgl. *https://russische-botschaft.ru/de/2017/05/24/die-rede-des-russischen-
botschafters-wladimir-grinin-aus-anlass-der-eroeffnung-des-marina-zwe-
tajewa-zentrums-in-freiburg-23-mai-2017/*

61 ebenda. Gergiew wurde vom Kulturministerium in Kiew auf eine Schwarze
Liste gesetzt, auf der Personen aufgeführt waren, die eine Gefahr für die
»nationale Sicherheit« der Ukraine darstellten. Der Grund: Gergiew hatte
am 11. März 2014 einen Brief russischer Kulturschaffenden unterzeichnet, der die »gemeinsame Geschichte« und »die gemeinsamen Wurzeln,
unserer Kultur und ihrer geistigen Ursprünge, unserer Grundwerte« und
»Sprache« als verbindendes Element beider Staaten hervorgehoben und
der Wunsch nach einer »stabilen Zukunft« zwischen Russland und der
Ukraine ausgesprochen worden war. Dafür war Gergiew in einigen deutschen Medien schwer kritisiert worden, *Die Zeit* (20/2014) überschrieb
einen Text mit »Putins Liebling«. Petrenko wurde im Sommer 2015 von
den Berliner Philharmonikern zum Chefdirigenten gewählt und trat vier
Jahre später diese Funktion an. Unweit unserer Botschaft, vorm Brandenburger Tor, dirigierte er unter freiem Himmel Beethovens 9. Sinfonie – das
umjubelte Konzert war kostenlos

62 Vgl. *https://www.burg-hohenzollern.com/nachricht/items/deutsch-russisch.
html*

63 »Deutsch-russische Wechseljahre« in: *Volksstimme* vom 29. November 2011

64 Vgl. *http://www.herus.info/index.php?article_id=57&clang=0*

65 Zit. in »Farbenfrohe Eindrücke eines Landes«, in: *Volksstimme* vom 6. Februar 2017

66 ebenda

67 *https://www.kultur-port.de/index.php/news/5710-abschlussbilanz-19-usedo-
mer-musikfestival-erfolgreichste-saison-mit-rund-14000-gaesten-und-ueber-
95-auslastung.html*

68 Vgl. *https://www.albrechtshof.net/entdecken/schostakowitsch-tage/schosta-
kowitsch-in-gohrisch/*

69 Vgl. *Die Glocke* vom 9. Dezember 2013 auf: *https://www.die-glocke.de/lokal-
nachrichten/kreisguetersloh/guetersloh/Franz-Kiesl-fuer-20-Jahre-Einsatz-
geehrt-d87e75b0-d321-438d-a83f-0f90c903b33a-ds*

70 Vgl. https://www.drki.de/verein/

71 ebenda

72 ebenda

73 Vgl. *Dresdner Neues Nachrichten* vom 12. Januar 2018 auf: *https://www.dnn.de/
Dresden/Lokales/Russischer-Orden-der-Freundschaft-geht-an-einen-Dresdner*

74 Die Verleihung des Dresdner Dankesordens an Präsident Putin wurde von
Kritik begleitet. Die von Sachsens Ministerpräsident Tillich gelieferte Begründung für die Ehrung – Putin hatte 2001 drei alte Meister an Dresden
zurückgegeben, die in der Nachkriegszeit in die Sowjetunion gekommen
waren – wurde von antirussischen Kräften in der Bevölkerung mit dem
Hinweis auf die fünf Jahre als KGB-Offizier in Dresden kommentiert. Die
kontroverse öffentliche Diskussion führte dazu, dass der Dresdner Dan-
kesorden ab 2010 »St. Georgs Orden des SemperOpernballs« heißt

75 Vgl. *https://russische-botschaft.ru/de/2013/04/19/rede-des-botschafters-wla-dimir-m-grinin-bei-der-eroffnung-der-ausstellung-russische-lackmalerei-munster-16-april-2013/*

76 Vgl. *https://russische-botschaft.ru/de/2012/10/23/gruswort-des-botschaf-ters-wladimir-m-grinin-bei-der-eroffnung-der-ausstellung-schwestern-der-revolution-kunstlerinnen-der-russischen-avantgarde-ludwigshafen-am-rhein-19/*

77 Zit. in: »Zwischen Orient und Okzident: Moskauer Kreml zu Gast in Dres-den«, auf *https://www.bild.de/regional/leipzig/moskauer-kreml-zu-gast-in-dresden-27426202.bild.html*

78 Klaus Hammer in: *Neues Deutschland* vom 14. März 2012

79 vgl. *http://www.russland.news/berlin-deutsch-russische-musikkooperation-als-hoffnungsblick/*

80 Zit. nach *https://de.rbth.com/deutschland_und_russland/politik_und_wirt-schaft/2017/06/28/neues-kreuzjahr-ausgerufen-lawrow-und-gabriel-treffen-sich-in-krasnodar_791795*

81 Zit. in: *http://www.monika-gruetters.de/sites/www.monika-gruetters.de/files/downloads/re_140307_malewitsch.pdf*

82 Zit. in: *https://www.nordart.de/presse-2014-NA-eroeffnung.html*

83 Vgl. »Rainer Marina Rilke war der erste ›Russlandversteher‹«, in: *Die Welt* vom 9. Mai 2017

84 Vgl. *https://www.bundesregierung.de/breg-de/aktuelles/1917-auswirkungen-auf-ganz-europa-356162*

85 Vgl. *https://petersburger-dialog.de/sitzung-der-ag-kultur-beim-18-petersbur-ger-dialog-bonn-koenigswinter-19-juli-2019/*

86 Friedrich Joseph Laurentius Haass (1780–1853) war ein deutsch-russischer Mediziner, genannt der »Heilige Doktor von Moskau«. Insbesondere be-treute er dort über 25 Jahre lang Strafgefangene seelsorgerisch, sozial und medizinisch und trat für eine Humanisierung des Strafvollzugs ein

87 Vgl. *https://www.deutsch-russisches-forum.de/interview-mit-michail-schwydkoj/21434*

88 Vgl. h*ttp://russland-heute.de/wirtschaft/2013/11/06/deutsche_firmen_sind_wirtschaftsmeister_in_sotschi_26713.html*

89 Vgl. *https://russische-botschaft.ru/de/2011/04/28/uber-die-xi-deutsch-russi-sche-stadtepartnerkonferenz/*

90 Vgl. *https://russische-botschaft.ru/de/2011/06/30/die-hauptstadtrede-des-russischen-botschafters/*

91 »Missverständnisse, ja – Entfremdung, nein«, in: *https://owc.de/2017/ 11/28/der-russische-botschafter-wladimir-grinin-im-interview/*

92 Ebenda. Mit dem Beschluss war die Entschließung des Parlaments ge-meint, der mit der Regierungsmehrheit angenommen und erste Maßnah-men zur Druckausübung auf Russland nach sich zog

93 vgl. *https://www.internationales-buero.de/de/deutsch_russisches_jahr_2011_12.php*

94 In: *Frankfurter Allgemeine Zeitung* vom 7. Februar 2016

95 ebenda

96 Vgl. *https://www.uniper.energy/news/nord-stream-2-fur-ein-starkes-europa/*

97 Vgl. *https://www.welt.de/politik/article204947234/Merkel-bei-Putin-Das-deutsche-Bekenntnis-zu-Nord-Stream-2.html*

98 »Schröder wirbt für neues Vertrauen«, in: *Hannoversche Allgemeine* vom 21. November 2017, vgl. *https://www.haz.de/Hannover/Aus-der-Stadt/Ue-bersicht/Gerhard-Schroeder-gratuliert-Russlands-Botschafter-Wladimir-Grinin-in-Hannovers-Musikhochschule-zum-70.Geburtstag*

99 ebenda

100 ebenda

101 Zit. in: *https://de.rbth.com/deutschland_und_russland/politik_und_wirt-schaft/2016/09/02/bad-pyrmont-deutsch-russische-wirtschaftsgespraeche_626429*

102 ebenda

103 Joachim Käppner: *Berthold Beitz. Die Biografie*. Mit einem Vorwort von Helmut Schmidt. Berlin 2010

104 Vgl. *https://web.archive.org/web/20070312021303/http://www.heute.de/ZDFheute/inhalt/25/0,3672,4400185,00.html*

105 Vgl. h*ttps://www.bundesregierung.de/breg-de/service/bulletin/rede-von-bundeskanzlerin-dr-angela-merkel-800692*

106 ebenda

107 Vgl. *https://www.bundeskanzlerin.de/bkin-de/aktuelles/rede-von-bundes-kanzlerin-merkel-zum-tag-des-deutschen-familienunternehmens-der-stif-tung-familienunternehmen-am-10-juni-2016-799620*

108 ebenda

109 Zit. in: *http://blog.webmanager.net/archives/2011/05.html*

110 Zit. in: *https://www.swp.de/suedwesten/staedte/schwaebisch-hall/buehler-und-doering-treffen-grinin-19429821.html*

111 ebenda

112 Zit. in: *https://www.spiegel.de/spiegel/print/d-92079443.html*

113 ebenda

114 ebenda

115 Vgl. *https://blog.zeit.de/joerglau/2013/03/14/wie-soll-deutschland-mit-russ-land-umgehen_5936*

116 ebenda

117 Vgl. *https://blog.zeit.de/joerglau/2013/06/29/warum-die-modernisierungs-partnerschaft-mit-russland-nicht-funktioniert_6048*

118 Vgl. *http://finanzjournalisten.blogspot.com/2013/04/gefahrlicher-kalter-frie-de-mit-russland.html*

119 ebenda

120 Zit. in: *https://www.ostsee-zeitung.de/Nachrichten/MV-aktuell/Sellering-Russische-Seite-ist-froh-dass-wir-Kontakt-aufrechterhalten, 26. Juni 2015*

121 Zit. in: »Was Gabriel und Putin besprochen haben«, in: *Süddeutsche Zei-tung* vom 29. Oktober 2015, auf: *https://www.sueddeutsche.de/politik/russ-land-was-gabriel-und-putin-besprochen-haben-1.2713657*

122 Vgl. https://www.oaoev.de/de/node/1007

123 ebenda

124 Zit. *https://www.mid.ru/de/press_service/minister_speeches/-/asset_publis-her/7OvQR5KJWVmR/content/id/2803584*

125 *https://www.bundesregierung.de/breg-de/service/bulletin/rede-des-bundes-ministers-des-auswaertigen-sigmar-gabriel--793114*

126 ebenda

127 Vgl. *https://www.russland.capital/statement-zur-putin-liste-ost-ausschuss-vorsitzender-wolfgang-buechele-ruft-zu-gelassenheit-auf*

128 ebenda

129 Zit. in: https://www.tagesschau.de/wirtschaft/russland-startups-101.html

130 Zit. in: *https://www.cashkurs.com/hintergrundinfos/beitrag/deutsch-rus-sische-wirtschaftsbeziehungen-das-verlorene-jahrzehnt/*

131 ebenda

132 ebenda

133 Thomas Trepnau, ein international geschätzter Experte in Finanz- und Geopolitik und Berater für Unternehmen und Investoren, am 29. Januar 2019 in:»Deutsch-Russische Wirtschaftsbeziehungen: Das verlorene Jahr-zehnt« auf: *https://www.cashkurs.com/hintergrundinfos/beitrag/deutsch-russische-wirtschaftsbeziehungen-das-verlorene-jahrzehnt/*

134 ebenda

135 Vgl. *https://www.bmbf.de/de/deutschland-und-russland-vertiefen-for-schungszusammenarbeit-7534.html*

136 Zit. in:»Deutsch-russischer Austausch« in: *Badische Zeitung* vom 4. De-zember 2014

137 Zit. in: *http://www.russland.news/koch-metschnikow-forum-petersburger-dialogs/*

138 Zit. in: https://www.bpb.de/nachschlagen/gesetze/zwei-plus-vier-ver-trag/44124/gemeinsamer-brief-des-bundesministers-des-auswaertigen-und-des-amtierenden-aussenministers-der-ddr-im-zusammenhang-mit-der-unterzeichnung-des-vertrages-ueber-die-abschliessende-regelung-in-bezug-auf-deutschland

139 So *Die Zeit* am 5. Juni 2019: *https://www.zeit.de/politik/2019-06/75-jahre-d-day-zweiter-weltkrieg-normandie-alliierte-fs*

140 Vgl. *https://www.bild.de/politik/2019/politik/d-day-der-tag-an-dem-sich-die-freie-welt-vereinte-62409602.bild.html*

141 1986 hatte der konservative Historiker Ernst Nolte erklärt, die Judenver-nichtung durch das nationalsozialistische Deutschland sei die Reaktion auf die sowjetischen Massenverbrechen im Gulag-System gewesen. Diese Ungeheuerlichkeit hatte eine heftige Kontroverse in der deutschen Öffent-lichkeit ausgelöst

142 Zit. in:»Er sagte zuerst, was die AfD jetzt denkt« in: *Die Welt* vom 6. Juni 2016 auf: *https://www.welt.de/kultur/article155985562/Er-sagte-zuerst-was-die-AfD-jetzt-denkt.html*

143 Vgl. *https://www.bz-berlin.de/berlin/weg-mit-den-russen-panzern-am-tor*

144 ebenda

145 *https://russische-botschaft.ru/de/2014/04/16/uber-die-provokative-unter-schriftenaktion-der-bild-und-bz-die-offentlichkeit-in-deutschland-und-russ-land-emport-sich-uber-die-provokative-unterschriftenaktion-der-springer-boulevardzeitungen/*

146 Vgl. *https://www.bundesregierung.de/breg-de/aktuelles/uebergabe-bislang-verschollener-musealer-fotografien-an-das-russische-schloss-und-parkmuseum-gatschina--748128*

147 ebenda

148 Vgl. *https://russische-botschaft.ru/de/2017/09/25/zur-einweihung-der-namenstafeln-auf-dem-sowjetischen-ehrenfriedhof-in-elsterwerda-21-september-2017/*

149 Vgl. *https://russische-botschaft.ru/de/2014/05/02/ansprache-des-botschafters-wladimir-grinin-auf-der-gedenkfeier-anlasslich-der-neugestaltung-des-gedenkortes-ehemaliger-ss-schiesplatz-hebertshausen/*

150 Vgl. *https://russische-botschaft.ru/de/2015/02/03/beitrag-des-botschafters-w-m-grinin-bei-der-zeremonie-in-kienitz/*

151 ebenda

152 Vgl. *https://www.dw.com/de/gauck-thematisiert-leid-der-rotarmisten/a-18431591*

153 ebenda

154 Zit. in: *https://www.welt.de/politik/deutschland/article140548377/Gauck-verneigt-sich-vor-sowjetischen-Kriegsopfern.html*

155 Vgl. *https://www.spiegel.de/politik/ausland/russland-angela-merkel-bei-weltkriegsgedenken-in-moskau-a-1033091.html*

156 Vgl. *https://www.zeit.de/politik/ausland/2015-03/angela-merkel-moskau-militaerparade-absage*

157 Vgl. *https://russische-botschaft.ru/de/2015/04/25/rede-des-botschafters-wladimir-grinin-auf-den-feierlichkeiten-in-torgau/*

158 Zit. in: *https://www.spiegel.de/politik/deutschland/ueberfall-auf-sowjetunion-ukraine-bleibt-gedenken-in-berlin-fern-a-1097338.html*

159 Zit. in: *https://russische-botschaft.ru/de/2016/06/23/ansprache-des-botschafters-wladimir-grinin-vor-dem-gedenkkonzert-im-berliner-dom-22-juni-2016/*

160 Zit. in: *https://www.bundestag.de/dokumente/textarchiv/2014/ 48947121_kw05_gedenkstunde-215180*

161 Zit. in: https://www.zeit.de/politik/ausland/2019-01/blockade-leningrads-belagerung-zweiter-weltkrieg-deutschland-russland-gedenken

162 ebenda

163 Zit. in: *https://www.freitag.de/autoren/hans-springstein/gegen-alten-hass-und-neuen-unverstand*

164 ebenda

165 ebenda

166 Zit. nach einer Anzeige, die am 22. Juni 2019 in der *Süddeutschen Zeitung* vom Volksbund Deutsche Kriegsgräberfürsorge e. V. geschaltet worden war

167 Igor Fjodorowitsch Maximytschew war von 1976 bis 1984 Kulturattaché an unserer Botschaft in Bonn und von 1987 bis 1992 Gesandter und stellvertretender sowjetischer Botschafter in der DDR

168 Vgl. *https://russische-botschaft.ru/de/2015/03/27/rede-des-botschafters-wladimir-grinin-auf-der-jahresversmmlung-des-deutsch-russischen-forums-e-v-berlin-26-marz/*

169 ebenda

170 Wilfried Scharnagl: Am Abgrund: Streitschrift für einen anderen Umgang mit Russland, Berlin 2015

171 Hans-Dietrich Genscher: »Genscher warnt vor neuem Kalten Krieg«, in: *Handelsblatt* vom 20. November 2011 auf: *https://www.handelsblatt. com/politik/deutschland/ukraine-krise-genscher-warnt-vor-neuem-kalten-krieg/11005912.html?ticket=ST-2004246-PaZ90L35TyseFKOD4arK-ap2*

172 ebenda

173 Hans-Dietrich Genscher: Meine Sicht der Dinge. Im Gespräch mit Hans-Dieter Heumann. Berlin, 2015

174 »Helmut Schmidt: Mehr Verständnis für Putin« in: *Frankfurter Allgemeine Zeitung* vom 12. März 2015 auf: *https://www.faz.net/aktuell/politik/ausland/helmut-schmidt-fuer-mehr-verstaendnis-fuer-russland-13478373.html*

175 Helmut Schmidt: Die Mächte der Zukunft: Gewinner und Verlierer in der Welt von morgen, Berlin 2004

176 Zit. auf *https://www.welt.de/politik/deutschland/article127533678/Missfelder-sieht-Schroeder-Putin-Party-als-Chance.html*

177 Vgl. *https://russische-botschaft.ru/de/2012/09/28/rede-des-botschafters-wladimir-m-grinin-anlasslich-des-30-jahrestages-des-regierungsantritts-von-altkanzler-helmut-kohl-27-september-2012/*

178 ebenda

179 Zit. in: *https://www.spiegel.de/politik/deutschland/roman-herzog-die-ruck-rede-im-wortlaut-a-1129316.html*

180 Jessica Schober und Wlada Kolosowa: Russland: Menschen und Orte in einem fast unbekannten Land, Wiesbaden 2015

181 Egon Krenz: Wir und die Russen. Die Beziehungen zwischen Berlin und Moskau im Herbst '89, Berlin 2019

182 Zit. in: »Lothar de Maizière hält DDR nicht für einen Unrechtsstaat« in: *Die Welt* vom 24. August 2010, auf: *https://www.welt.de/welt_print/politik/article9165057/Lothar-de-Maiziere-haelt-DDR-nicht-fuer-einen-Unrechts-staat.html*

183 In: »Wer an Russland glaubt, soll in den Ruhestand«, in: *Die Welt* vom 24. November 2014, auf: *https://www.welt.de/politik/deutschland/article134684180/Wer-an-Russland-glaubt-soll-in-den-Ruhestand.html*

184 ebenda

185 Zit. in: »Sanktionen gegen Russland liegen nicht in Europas Interesse« in *FAZ* vom 21. November 2014, auf: *https://www.faz.net/aktuell/politik/europaeische-union/lothar-de-maiziere-ueber-russland-sanktionen-und-die-krim-13277379.html*

186 ebenda

187 Zit. in: »Weil auf den Spuren von Wulff und Schröder«, in: *Oberhessische Presse* vom 23. November 2013, auf: *https://www.op-marburg.de/Mehr/Welt/Panorama/Auf-den-Spuren-von-Wulff-und-Schroeder-Weil-fliegt-nach-Russland*

188 Vgl. *https://www.radiobremen.de/unternehmen/presse/sonstiges/krimkriese100.html*

189 Vgl. *https://www.weser-kurier.de/startseite_artikel,-Russischer-Botschafter-nimmt-DornerMappe-in-der-Kunsthalle-in-Augenschein-_arid,817960.html*

190 Zit. in: »Russischer Botschafter zu Besuch in Bremen« in *Focus* vom

31. März 2014, auf: *https://www.focus.de/regional/bremen/senat-russischer-botschafter-zu-besuch-in-bremen_id_3731452.html*

191 Zit. in: »Heftige Kritik an Brandenburgs Ministerpräsident Woidke« in: *B. Z.* vom 6. Januar 2017, auf: *https://www.bz-berlin.de/berlin/umland/heftige-cdu-kritik-an-brandenburgs-ministerpraesident-woidke*

192 Vgl. *https://www.bild.de/regional/berlin/dietmar-dr-woidke/russlands-botschafter-lobt-woidke-us-kritik-49967352.bild.html*

193 ebenda

194 Vgl. *https://schwarzkopf-stiftung.de/wordpress/wp-content/uploads/2018/01/Schönheit_und_Europa.pdf*

195 In: *Die Welt* vom 25. September 2015, auf. *https://www.welt.de/print/die_welt/debatte/article146832503/Keine-Sicherheit-ohne-Russland.html*

196 ebenda

197 ebenda

198 Zit. in: Michael Stürmer: »Eine andere westliche Ostpolitik« in: *Die Welt* vom 27. November 2017, auf: *https://www.welt.de/debatte/kommentare/article171006430/Eine-andere-westliche-Ostpolitik.html*

199 ebenda

200 Uwe Lehmann-Brauns: Wer ist Berlin?, Berlin 2015

201 Zit. in: »Die Lobbyisten des Kreml zu Gast in Leipzig« in: *Die Welt* vom 23. April 2014, auf: *https://www.welt.de/politik/deutschland/article127240564/Die-Lobbyisten-des-Kreml-zu-Gast-in-Leipzig.html*

202 ebenda

203 Vgl. *https://russland.ahk.de/infothek/news/detail/andrea-von-knoop-es-ist-keine-schande-russlandversteher-zu-sein*

204 »Der brodelnde Geist. Werner von Siemens in Briefen. Eine moderne Gründergeschichte«, Berlin 2016. Die Redaktion hatte die Urur-Enkelin des Firmengründers Nathalie von Siemens besorgt

205 Claudia von Salzen: »Aus dem Lehrbuch des KGB. Desinformation in der Corona-Krise«, in: *Der Tagesspiegel* vom 21. März 2020

206 So zum Beispiel am 28. November 2017 im Gespräch mit *OWC Außenwirtschaft*, auf: *https://owc.de/2017/11/28/der-russische-botschafter-wladimir-grinin-im-interview/*. Und: In der Talkshow »Anne Will« am 9. Oktober 2016 attackierte mich der Ex-Botschafter der USA John Kornblum. »›Es gibt seit Jahren eine große Frustration über Russland‹, sagte Kornblum. Ob in der Ukraine, im Baltikum oder mit Hackerangriffen – Putin provoziere den Westen andauernd«, berichtete anderntags das *Hamburger Abendblatt* (*https://www.abendblatt.de/kultur-live/tv-und-medien/article208382543/Anne-Will-ueber-die-russischen-Vorstellungen-fuer-Syrien.html*). Und: »Natürlich bestreiten russische Offizielle alle Vorwürfe. Putins Botschafter in Deutschland, Wladimir Grinin, sagte, es fehlten die Beweise für die Existenz staatlicher Online-Trolle, der Präsident höchstselbst wies jüngst jede Beteiligung staatlicher Stellen bei Hackingattacken auf westliche Institutionen und Parteien zurück«, in: *Schweriner Volkszeitung* vom 17. Juni 2017, auf: *https://www.svz.de/deutschland-welt/politik/zeit-fuer-den-gegenschlag-id17065336.html*

207 Claudia von Salzen: »Aus dem Lehrbuch des KGB ...«, a. a. O.

208 ebenda

209 »Wie man Frieden sichert«, Altkanzler Gerhard Schröder im *Spiegel*-Gespräch, in: *Der Spiegel* vom 28. März 2015, auf: *https://www.spiegel.de/spiegel/print/d-132909486.html*

210 ebenda

211 ebenda

212 ebenda

213 ebenda

214 Zit. in: »Deutschland droht den USA« in: Telepolis vom 3. August 2017, auf: *https://www.heise.de/forum/Telepolis/Kommentare/Deutschland-droht-den-USA/Das-aussenpolitische-Primaerziel-der-USA-seit-ueber-100-Jahren/posting-30815886/show/*

215 »Welche Zukunft wollen wir für Deutschland?« in: *Handelsblatt* vom 23. August 2017, auf: *https://www.handelsblatt.com/politik/deutschland/ein-liberales-manifest-welche-zukunft-wollen-wir-fuer-deutschland/20228478.html*

Fotonachweis Bildteil:

Michael Farkas: XVI unten
Archiv Grinin: IV beide, VIII oben, X beide, XI oben, XII beide, XIV,
XV unten
Christina Kuhaupt: IX oben
Frank Schumann: I, II unten, III, V beide, VI beide, VII beide, VIII unten,
IX unten, XI unten, XIII alle drei, XV oben, XVI oben
Niels Starnick: II oben

Übersetzt von Hartmut Hübner

Das Neue Berlin –
eine Marke der Eulenspiegel Verlagsgruppe Buchverlage

ISBN 978-3-360-01360-6

1. Auflage 2020
© für die deutsche Sprache:
Eulenspiegel Verlagsgruppe Buchverlage GmbH, Berlin

Umschlaggestaltung: Verlag, Peter Tiefmann

Druck und Bindung: buchdruckerei.de, Berlin

www.eulenspiegel.com